Prof. Dr. Dietrich
Grönemeyer

Leben
OHNE ANGST

Prof. Dr. Dietrich
Grönemeyer

Leben OHNE ANGST

Wie wir in schwierigen Zeiten innere Stärke und Zuversicht finden

LUDWIG

Die in diesem Buch vorgestellten Informationen und Empfehlungen sind nach bestem Wissen und Gewissen geprüft. Dennoch übernehmen der Autor und der Verlag keinerlei Haftung für Schäden irgendwelcher Art, die sich direkt oder indirekt aus dem Gebrauch der hier beschriebenen Anwendungen ergeben. Bitte nehmen Sie im Zweifelsfall bzw. bei ernsthaften Beschwerden professionelle medizinische/psychologische Hilfe in Anspruch.

Cradle to Cradle Certified® ist eine eingetragene Marke des Cradle to Cradle Products Innovation Institute.
Das Etikett ist kein Bestandteil der erlangten C2C Zertifizierung bei GGP Media.

MIX
Papier | Fördert gute Waldnutzung
FSC® C014496

Penguin Random House Verlagsgruppe FSC® N001967

5. Auflage
Originalausgabe 09/2024

in der Penguin Random House Verlagsgruppe GmbH,
Neumarkter Straße 28, 81673 München
produktsicherheit@penguinrandomhouse.de
(Vorstehende Angaben sind zugleich Pflichtinformationen nach GPSR)

Unter der Mitarbeit von: Anne Jacoby und Georg Francken
Redaktion: Evelyn Boos-Körner
Umschlaggestaltung: wilhelm typo grafisch,
unter Verwendung eines Fotos von © Skaiste Kuss
Illustrationen im Innenteil: Shutterstock: S. 34 (SusannSchr),
S. 35 (Alexander_P); Adobe Stock: S. 84 (designua)
Bildredaktion: Tanja Zielezniak
Satz: satz-bau Leingärtner, Nabburg
Druck und Bindung: GGP Media GmbH, Pößneck
Printed in Germany
ISBN: 978-3-453-28168-4

www.Ludwig-Verlag.de

Für Anja

Mit Dir zusammen durch dick und dünn gehen,
Angst und Sorge umwandeln in neue Kraft und Zuversicht,
selbst in Zeiten von Corona und Kriegen
die Freude am Leben nicht verlieren –
das ist das Geheimnis von großer Liebe!

Leben zu dürfen, was für ein großartiges Geschenk!

Inhalt

Ein Wort zuvor 9

Überall Krise – und kein Ende in Sicht? 10 • Angst ist Natur. Und Kultur. 14
Warum wir Spinnen bedrohlich finden 15 • Fight, Flight, Freeze und Fawn 17
Wie Angst sich zeigt 18 • Leben – jetzt erst recht! 19

I DIAGNOSE Was Angst mit uns macht 21

INTRO Im Wechselbad der Gefühle 22

Angst ist das schwarze Schaf der Gefühlsfamilie 23 • Wie Angst und Mut zusammenhängen 24 • Fokus auf das Leben 25 • Drei Blickwinkel auf das Thema Angst 27

MENSCH Mir fehlt die Luft zum Atmen! 28

Wie Ihr Körper Ihnen sagt, dass Sie Angst haben 29 • Angst ist Chemie 32
Wo beginnt krankhafte Angst? 37

ARBEIT Ackern, bis der Akku leer ist 43

Der Mensch ist kein Tesla 44 • Es begann mit der Angst um die Ernte 48 • Wenn Stress und Angst zu groß werden: Posttraumatische Belastungsstörung 55 • Raus aus der Maschine 58

WIR Was ist dran an der »German Angst«? 60

»Auf der Flucht vor der Wirklichkeit« 60 • Fühlen lernen 65

II URSACHEN Was hinter der Angst steckt 73

INTRO Der Schock meines Lebens 74

Getragen sein in der Angst 76

MENSCH Stress, Angst, Schmerz – eine fatale Triade 78

Trauma: Wenn die Seele schmerzt 79 • Angst entsteht im Kopf – und sitzt dort fest 89 • Angst tut weh 91

ARBEIT Wenn der Job Angst macht 102

Das Krankenhaus ist chronisch krank 103 • Immer schneller, immer länger, immer mehr 104 • Wenn Angst und Stress blind machen 107
Was die Angst vor dem Tod mit uns macht 109

WIR Was uns in Angst und Schrecken versetzt 113

Alles viel zu bunt hier 113 • Wie uns die Angst vor dem Abstieg stresst 115
Wer Angst hat, ist leichter lenkbar 117

III THERAPIE **Wie wir die Angst an die Hand nehmen** 123

INTRO »Meine Seele schlägt Purzelbäume« 124

Das Grönemeyer 2 x 2 für Kopf und Körper 126

Den Kopf freimachen: Mutmacher für Seele und Gehirn 127

Die Natur – eine unterschätzte Heilerin 127 • Zeit für Stille 132 • Ruhe da oben! Angstgedanken stoppen 138 • Social Detox – mal raus aus den Medien 158
Die Angst vergessen? Kann man lernen! 164

Den Körper beruhigen: Wohlsein für Nerven und Epigenom 171

Die Angst-Stress-Spirale durchbrechen 172 • Kalt macht cool 176
Wie Atmung uns beruhigt 181 • Die Gene aufräumen? Das geht! 190

ARBEIT Raus aus dem Angstzirkus 199

Arbeitsangst hat viele Gesichter 199 • Aktiv werden – statt maulen und vermeiden 203 • Rational handeln – statt nur gefühlsgetrieben 204
Kleines Nein, große Wirkung 212 • Knoten lösen 214 • Vom Glück der Leistung (auch mit Angst!) 216 • Wer nicht genießt, wird ungenießbar 217

WIR Zurück zum Miteinander 220

Zusammen gegen die Angst 220 • Eine friedvolle Welt ist keine Utopie 226

EPILOG: Krisen meistern, lachen und … leben! 236

IN ALLER KÜRZE: **Fakten, Tipps und Anti-Angst-Hacks** 239

Angst? 5 Fakten zum Weitersagen 240

Angststörungen: Ein Überblick 243

Generalisierte Angststörung: Angst vor Dauergefahr 243 • Alarmsignal Panikstörung: Wenn die Angst den Körper lahmlegt 244 • Agoraphobie: Wenn der Fluchtweg fehlt 246 • Spezifische Phobien: Angst vor Höhen, Hühnern und Spritzen 247
Soziale Angststörung: »Das kann ich nicht!« 248 • Trennungsangst: Vom Horror des Alleinseins 249

Raus aus dem Trauma 251

Raus aus der Angst! Ihr 8-Punkte-Notfallplan 254

Was tun bei diffuser oder plötzlicher Angst? 254 • Was tun, wenn man in der Grübelfalle sitzt? 255 • Was tun bei Prüfungsangst und Lampenfieber? 256
Was tun, wenn der Humor verloren geht? 257

DANK 258

ANMERKUNGEN 259

»Den Puls des eigenen Herzens fühlen.
Ruhe im Innern, Ruhe im Äußern.
Wieder Atem holen lernen, das ist es.«
Christian Morgenstern

Ein Wort zuvor

Die Sonne brennt auf unser Familienauto. Links von der Straße ragen schroffe Klippen in den Himmel, rechts fällt die Straße Hunderte Meter steil hinab zum glitzernden Wasser. Mit schweißnassen Händen umklammere ich das Steuer und versuche krampfhaft, mich auf die haarnadelengen Kurven zu konzentrieren. Ich fühle die Panik in mir hochkochen, in den Abgrund zu stürzen. Ich schwitze Blut und Wasser … Anja dagegen erfreut die spektakuläre Aussicht: »Ah, schau mal!«, »Boah, das geht ja krass runter!«

Am Ende steige ich nassgeschwitzt und mit schlotternden Knien aus dem Auto, heilfroh, dass wir diese Fahrt bis hierhin überstanden haben. Erleichtert übergebe ich das Steuerrad in vertraute Hände. Eigentlich irrational, denn ich wusste ja, dass ich mich als routinierter Autofahrer nicht hätte fürchten müssen. Eigentlich! Trotzdem weckte diese wunderbare Panoramastraße entlang des Meeres in meinem Gehirn einen uralten Instinkt: die archaische Angst vor Höhe … und das sicher verstärkt durch meinen dramatischen Absturz aus zehn Metern Höhe in den Bergen, den ich einige Jahre zuvor nur knapp überlebt hatte. Er saß mir noch tief in den Knochen. Mir schwindelte.

Das ist akute Angst. Jeder von uns kennt sie, jeder von uns kann mindestens eine Geschichte aus seinem Leben erzählen, in der uns der Schreck in die Glieder gefahren ist, in der uns das Grauen gepackt hat, in der uns die Angst im Nacken saß.

Dann gibt es noch eine andere Angst. Eine diffuse, eine alltägliche Angst, die uns derzeit verunsichert und auch verbindet. Und das zu Recht, denn eine Krise jagt die nächste: in der Welt und in unserem Land, am Arbeitsplatz, in der Familie und oft auch ganz persönlich. Druck und Unsicherheit wachsen, von innen und von außen. Für viele hat sich das Leben auf einen Kampf ums Leben reduziert und seine eigentliche Qualität verloren: die Tatsache, dass es ein Geschenk, ein Wunder ist.

Überall Krise – und kein Ende in Sicht?

Angst und Bammel, Grausen und Furcht schwächen uns Menschen durch und durch: *Angst essen Seele auf.*[1] Dann folgen die körperlichen Symptome: Das Immunsystem macht schlapp, der Rücken, das Herz, der Magen ebenso. Seit mehr als 30 Jahren erlebe ich in meiner medizinischen Praxis tagtäglich Menschen in Stress und Angst. Sie haben Ängste vor Ansteckung und Krankheit, Ängste vor dem Alter, weil es mit Gebrechlichkeit, Vereinsamung, Verlust von Würde oder Wohlstand und sozialem Abstieg verbunden sein könnte, Ängste, das Ersparte zu verlieren. Rationale und irrationale Ängste vor Einbrüchen und Energiekrisen, vor Kriegen und Terroranschlägen, vor randalierenden Jugendlichen und Smartphone-süchtigen Kindern, vor Anderslebenden und Andersdenkenden.

Lang andauernde Angst macht uns Menschen krank. Denn wir ändern, wenn wir ängstlich sind, sofort unsere Haltung. Wollen weglaufen, uns verstecken oder verteidigen. Bekommen Hals- und Rückenschmerzen, fühlen uns bedrückt: Die Angst sitzt uns buchstäblich im Nacken. Chronische Angst kann zu Muskelverspannungen führen, die sich wie ein Bandscheibenvorfall anfühlen. Angst verändert die Durchblutung, Stress verkrampft die Muskeln, erhöht den Blutzuckerspiegel und den Spiegel des Stresshormons Cortisol. Das Immunsystem wird geschwächt. Viren und Bakterien haben freie Bahn, Infektionen breiten sich aus.

Angst ist eine Reaktion des Körpers auf Gefahr, die die Seele regelrecht »auffressen« kann. Angst ist auch eine Haltung der Seele, die auf den Körper einwirkt. Deshalb meine ich, dass sich die Kunst des Heilens nicht nur auf dem Operationstisch bewähren muss, sondern auch im Dialog. Mindestens genauso wie der akuten Erkrankungen hat sich die Medizin der seelischen Seite der Menschen anzunehmen: ihrer Ängste. Ich versuche in jedem Gespräch mit meinen Patientinnen und Patienten, Angst nicht kleinzureden. Nicht zu beschwichtigen. Ich will die Angst vielmehr verstehen, um ihr überhaupt begegnen und sie dann, hoffentlich, auflösen zu können.

»Die Welt nötigt uns zur Angst. Angst ist nicht eine Schwäche des Urteils, sondern sie ist eine zutreffende Erkenntnis«, hat es Carl Friedrich von Weizsäcker auf den Punkt gebracht.[2] Kriege, Terrorismus, Klimawandel, Armut und Ungleichheit sind Herausforderungen, die nicht mehr nur »irgendwo« stattfinden, sondern hier. Mitten in Europa und nebenan. Sie bedrohen das eigene Glück, die eigene Gesundheit, sie bedrohen Frieden und Fortschritt. Menschen sterben, vor allem junge Menschen als Soldaten, Menschen werden vertrieben, ihr Eigentum wird zerstört, Kulturen gehen unter. Wir stehen vor einem Trümmerhaufen, der Extremismus und anderen gefährlichen Ideologien einen Nährboden bietet. Denn, dass hatte schon Bertrand Russell gesehen: »Angst ist die Hauptquelle des Aberglaubens und eine der Hauptquellen der Grausamkeit.«[3] Dass psychische Krankheiten rapide auf dem Vormarsch sind – auch bei nicht unmittelbar von den Krisen und Herausforderungen betroffenen Menschen, ist wenig erstaunlich.

Der russische Angriffskrieg auf die Ukraine im Februar 2022 hat messbar größere Spuren auf die psychische Gesundheit der

Menschen in Europa hinterlassen als die Reaktorkatastrophe von Fukushima 2011 und der Corona-Lockdown 2020. Das zeigt eine Studie eines internationalen Forscherteams um die Psychologen Julian Scharbert und Mitja Back von der Universität Münster, die gerade im Fachmagazin *Nature Communications* veröffentlicht wurde.[4] Mein Leben und das der meisten Menschen in Europa wurde schon viel früher auf den Kopf gestellt: durch die Angst vor dem Atomtod nach der Reaktorkatastrophe von Tschernobyl. Hiroshima und Nagasaki und die unzähligen Atombombentests auf den Bikini-Atollen, in Wüsten usw. hatten mich in meiner Jugend bereits sensibilisiert. Im Jahr 1986 habe ich als Reaktion auf den GAU in der Ukraine damit begonnen, die Strahlung zu messen und die Bevölkerung über die Gefahren aufzuklären. Meine jüngste Tochter war gerade geboren. Die Angst, dass sie, dass wir alle durch die radioaktive Strahlung – auch durch die kontinuierliche Niedrigstrahlung danach – sterben könnten, hat sich bis heute in meinem Kopf eingenistet und ist immer wieder Thema. Zumal als Radiologe, Strahlentherapeut und Onkologe, der ich geworden bin. Fukushima und das Auskippen des radioaktiven Kühlwassers in die Weltmeere hat diese Sorge weiter verstärkt.

Was derzeit in der Welt geschieht, macht Angst. Ich schreibe diese Zeilen im Frühjahr 2024, und das schreibe ich dazu, weil sich die zahllosen »Was-wenn!?« unserer Zeit schon nächste Woche, nächsten Monat, in einem halben Jahr in eine noch beängstigendere Realität verwandelt haben könnten: »Was«, so fragen sich viele Menschen in diesem Land, »was, wenn die Heizung noch teurer wird? Wenn KI meinen Job ruiniert? Wenn ein Bankencrash mein Vermögen zermalmt? Wenn Radikale Demokratien zerstören? Wenn machtmissbrauchende Politiker stabile demokratische Systeme kippen? Wenn die EU an der Migrationsfrage zerbricht und damit dann auch die gemeinsame Euro-Währung? Wenn der Krieg in der Ukraine weiter und weiter getrieben wird, ohne Perspektive auf eine stabile Friedenslösung? Wenn der Krieg im Nahen Osten ausufert? Wenn der Terrorismus unseren Alltag bedroht? Wenn der Golfstrom abreißt und alles ganz kalt wird? Oder viel zu heiß? Oder wie war das noch? Wenn die Atombombe fällt? Was, ja was, wenn? Und was dann?«

Je nach Gemüt reichen zwei, drei Minuten Do-it-yourself-Panikmache im eigenen Hirn völlig aus, um Herz und Lunge, Muskeln und Magen in eine Stressreaktion zu manövrieren, die durchaus vergleichbar ist mit einem steinzeitlichen Säbelzahntigerangriff. Dabei ist (»Ja, noch!«) gar nichts Konkretes passiert (»Ja, aber könnte!«).

Besonnen bleiben, mit Menschen sprechen, Zuversicht verbreiten – das ist mein tägliches Anti-Angst-Mittel. Und doch ist Angst auch für mich (und wohl auch für viele andere Menschen meiner Generation) eine alte Bekannte. Als Kind allein in der kalten Röntgenkammer, klein auf dem riesigen Zahnarztstuhl, dem Zorn und den Strafen der Lehrer, der Fußballtrainer, auch der eigenen Väter schutzlos ausgeliefert – das war Alltag in den 50er und 60er Jahren. Vor allem, wenn es zum Doktor ging, fühlte ich mich bedroht. Trotz der beschwichtigenden, liebevollen und fast mantraartig, meist flüsternd vorgetragenen Worte meiner Mutter: »Didilein, alles wird gut.« Nein, nix wurde gut. Ich wusste, dass »alles wird gut« höchstens halb stimmte, eher gar nicht, und meine Mutter wusste das sicherlich auch. Aber was blieb uns übrig, uns trotz besseren Wissens vorzumachen, die Beschwichtigungen seien wahr, zumindest ein bisschen. Es war das, was meine Mutter der Angst entgegenhalten konnte.[5] Mir schlotterten trotzdem die Knie – ich hatte schlichtweg »Schiss«. Hatte ich nicht gute Gründe, mich zu fürchten? War es nicht so, dass die Angst mir etwas Wichtiges zu sagen hatte?

Und doch war ich lange überzeugt, als Kind ein »Schisser« gewesen zu sein. Ich stelle dieses Bekenntnis voran, weil diese frühen Erfahrungen mich und mein Leben und Handeln als Arzt bis heute prägen. Ich stelle es auch voran, um zu verdeutlichen, dass wir uns nicht immer aussuchen können, wie wir uns fühlen und wie wir auf das Leben reagieren. Die Gene, die Familie, das Umfeld, die Umwelt, die Erfahrungen – es gibt so viel, auf das wir keinen Einfluss haben. Und manchmal gibt es auch keine Strategien und keine Lifehacks, wie man heute so schön sagt, um aus der Nummer rauszukommen. Das Leben ist nun mal eine Achterbahnfahrt der Gefühle. Verschiedene Ängste gehören dazu: Die Achterbahn-Angst auf der Kirmes, die uns lustvoll kribbelig machen kann. Die sinnvolle Angst, die uns warnt und schützt. Und leider auch die irrationale Angst, die uns vom Leben abhält. Die genau ist gemeint, wenn ich im Buchtitel sage: »Leben ohne Angst«!

Angst ist Natur. Und Kultur.

Dabei ist Angst eigentlich gar nichts Schlimmes. Im Gegenteil: Betrachten wir sie als starkes und ursprüngliches Gefühl, das in jedem von uns wohnt. Im Grunde ist Angst ein evolutionärer Überlebensmechanismus, der sich über Millionen von Jahren entwickelt hat, um uns zu helfen, Gefahren in unserer Umwelt zu erkennen und so schnell darauf zu reagieren, dass wir uns selbst und unseren Kindern den Hals retten können. Angst hilft uns leben. Angst ist Natur.

Angst ist aber auch Kultur. Sie ist das Produkt kultureller Routinen und sozialer Konditionierung, die durch persönliche Erfahrungen erlernt und durch gesellschaftliche Erwartungen verstärkt werden. »Denn wenn ich Angst für *Feigheit* halte, verachte ich mich vielleicht für meine Angst, suche womöglich in Einsamkeit mit meiner Angst fertig zu werden, weil ich sie verstecken möchte«, schreibt die Medizinhistorikerin Prof. Bettina Hitzer. »Halte ich Angst für *würdelos*, kann mir das Bemühen um Würde innere Festigkeit geben – oder mich in die Verzweiflung treiben. Erachte ich Angst für *schädlich*, macht mir meine Angst eventuell sogar zusätzlich Angst, sorgt dafür, dass ich mich schuldig fühle …«[6]

Die über Jahrhunderte gewachsenen Ängste einer Gesellschaft formen das Denken und Handeln des Einzelnen: Wächst jemand in einer Gesellschaft auf, die Angst vor Fremden oder »Anderen« kultiviert, kann sich Angst vor diesen »anderen« Menschen breitmachen. Der Einzelne wird dann gar nicht mehr gesehen. Nur noch seine »Anders«artigkeit. Kollektive Überzeugungen rufen auch Ängste vor bestimmten Krankheiten, Nahrungsmitteln oder Aktivitäten hervor – und verändern sich im Laufe der Zeit immer wieder. So hat die in den 1990er Jahren grassierende Angst vor zu viel Fett im Essen (Sie erinnern sich an die »low-fat«-Welle?) Platz gemacht für die Angst vor zu vielen Kohlenhydraten (deswegen lautet das Motto jetzt »low carb«). Natürlich ist es nicht gesund, zu viel Fett oder Kohlenhydrate zu essen. Doch eine übersteigerte, ins Irrationale gehende Angst vor diesen eigentlich normalen Bestandteilen unserer Nahrung ist eben auch nicht gesund.

Warum wir Spinnen bedrohlich finden

Große Höhen, laute Geräusche, Objekte oder »Wesen« (brrr!), die mit hoher Geschwindigkeit auf uns zukommen – es gibt viele Dinge und Situationen, die uns instinktiv Angst machen. Und das aus gutem Grund: Sie alle stehen nicht nur für das Gefühl einer existenziellen Bedrohung, sie können wirklich für uns tödlich sein.

Manchmal kristallisiert sich auch aus diffusen Ängsten eine abstruse konkrete Furcht heraus, etwa vor bestimmten Tieren – vor Käfern, Mäusen, Haien beispielsweise. Nur: Wie hoch ist die Wahrscheinlichkeit, dass man einem Hai über den Weg läuft? Mitten in Wattenscheid? Angst fragt nicht rational nach »wahrscheinlich«, sondern brennt sich tief in unserer Psyche ein und kann zu einer tatsächlichen Phobie oder Angststörung führen, sofern sie nicht rechtzeitig und nicht richtig behandelt wird. Dabei ist die Angst vor einem Angriff, vor einem Absturz und vor anderen lebensbedrohlichen Gefahren zunächst einmal ganz normal und auch sinnvoll. Eigentlich. Als die Brüder Auguste und Louis Lumière 1895 einen ihrer ersten Kurzfilme vorführten, bei dem ein Zug genau auf die Kamera zufuhr, sollen die Zuschauer in Panik geraten sein – obwohl sie genau wussten, dass sie nur bewegte Bilder auf einer Leinwand sahen. Heute haben wir gelernt, dass die Bedrohung im Film nicht real ist – und genießen den Kitzel beim Schauen eines spannenden Gruselfilms in der wohligen Sicherheit auf unserem Sofa oder gemeinsam mit anderen im Kino … und fühlen uns total entspannt, wenn das Drama gut ausgeht. Aus der Überwindung von negativem Stress entsteht Wohlgefühl. Auf jeden Fall bei mir. Das habe ich zigfach erlebt und dadurch gelernt, schwere Stunden oder Zeiten zu überwinden.

Auch die Angst vor Schlangen und Spinnen ist angeboren, wie eine Studie des Max-Planck-Instituts für Kognitions- und Neurowissenschaften (MPI CBS) in Leipzig und der schwedischen Universität Uppsala zeigt. Schon wenige Monate alte Babys reagieren gestresst, wenn sie diese Tiere zum ersten Mal sehen – also schon dann, wenn sie noch keine eigenen Erfahrungen mit ihnen gemacht haben. Ausschlaggebend sind evolutionär im Gehirn gespeicherte Erfahrungen: Der Mensch und seine Vorfahren teilen sich diesen Planeten seit 40 bis 60 Millionen Jahren mit gefährlichen Schlangen und Spinnen. Nashörner oder Bären kamen erst viel später dazu. Zwar können auch sie für Menschen lebensgefährlich sein, aber ihre Bilder sind nicht so tief in unseren Gehirnen verankert. Kurz: Die heftige Angst vor Schlangen und Spinnen ist evolutionär sinnvoll und normal, die Angst vor Bären und Nashörnern ist ebenfalls normal, aber evolutionär nicht so heftig.[7] (Eine Spinnenphobie ist etwas anderes, ich komme darauf zurück.)

Fight, Flight, Freeze und Fawn

Angst kann uns wachrütteln, wenn wir wegschauen. Motivieren, wenn uns der Antrieb fehlt. Zu einem Kurswechsel einladen oder auch zwingen, wenn wir uns in eine falsche Richtung bewegen. Dann, wenn sie einen Punkt erreicht, an dem wir sagen: »Jetzt reicht's mir! So will ich nicht leben. Ich muss was ändern.« Doch in der Regel bewirkt sie genau das Gegenteil. So offensichtlich und fast schon unweigerlich, dass die vier großen »Fs« aus der Stressforschung schon im Alltagswissen angekommen sind: Fight, Flight, Freeze und Fawn.

- Gemeint ist der Kampf- (**Fight**) oder Flucht-Mechanismus (**Flight**), bei dem wir auf Angriff schalten oder den Kopf einziehen. Je nachdem, ob wir uns überlegen oder unterlegen fühlen.
- Nicht selten ist es aber auch das sogenannte **Freezing**, also das Einfrieren oder Erstarren. Jeder kennt Momente, in denen uns die Angst lähmt. Je nach Reaktionsmuster kann es passieren, dass wir den Verstand verlieren – zumindest den gesunden Menschenverstand – und uns auf irrationale oder schädliche Verhaltensweisen einlassen, um uns vor wahrgenommenen Bedrohungen zu schützen.
- Dazu zählt auch das sogenannte **Fawning**, gemeint ist beschwichtigendes oder schmeichelndes Verhalten. Mit dieser Strategie versuchen wir, der Gefahr zu entkommen, indem wir uns anpassen und unterwerfen. Im Englischen gibt es den passenden Begriff des »People Pleasers«, der einen Menschen beschreibt, der versucht, es allen recht zu machen, nur um Konflikte zu vermeiden. Das ist besonders heimtückisch, weil sich diese ängstliche Vermeidungsstrategie so wunderbar mit positiven Attributen wie Nächstenliebe und Mitmenschlichkeit rechtfertigen lässt.

Je länger und öfter wir uns all diesen negativen Stressreaktionen hingeben, desto mehr laufen wir Gefahr, psychische und körperliche Schäden davonzutragen.

Wie Angst sich zeigt

Angst kann sich im täglichen Leben in allen erdenklichen Formen zeigen. Zum einen in der Psyche, unserem denkenden und fühlenden Wesen (oder, wenn Sie es anders nennen möchten: in der Seele; oder in unserem »Ich« mitsamt seiner spirituellen Dimension), etwa in Verbindung mit innerer Unruhe, Trübsal, übermäßigen Sorgen, einschränkenden Verhaltensmustern, Schlafstörungen oder Konzentrationsschwierigkeiten. Zum anderen tobt Angst im Körper. Spürbar: Ein Cocktail aus Stresshormonen kann Symptome wie Herzrasen, Schwitzen oder auch Verdauungsprobleme hervorrufen. Die Wissenschaft kommt kaum hinterher, aufzuzeigen, wie weitreichend die Folgen von chronischem Stress sind. Und in der Therapie gewinnt der Körper ebenfalls zunehmend an Bedeutung, wenn es darum geht, über die Lungen (durch tiefes Atmen) oder den Parasympathikus (mit Massagen, Kältereizen und anderen Methoden, dazu mehr in Kapitel 3) wirkungsvolle und nachhaltige Wege aus der Angst zu finden.

Die Auswirkungen von Angst auf die Gesundheit können erheblich sein. Es kann zur Entwicklung von Angststörungen wie einer *generalisierten Angststörung*, einer *Panikstörung* oder einer *sozialen Angststörung* kommen. Diese Störungen können massive Belastungen und Beeinträchtigungen im Alltag verursachen, einschließlich Schwierigkeiten in Beziehungen und bei der Arbeit. Darüber hinaus können Ängste zu anderen psychischen Erkrankungen wie Depressionen und Drogenmissbrauch führen. Dauerstress begünstigt auch Entzündungen, die zur Entstehung ernsthafter körperlicher Gesundheitsprobleme wie

Rückenschmerzen, Herz-Kreislauf-Erkrankungen und Diabetes beitragen können. Angst ist ein Thema, das viele Fragen aufwirft:

- Was macht die Angst mit uns als Menschen? Wie wirkt sie auf unsere Arbeit? Und: Macht sie unsere Gesellschaft »verrückt«? Das schauen wir uns im *ersten Kapitel* näher an.
- Nach dieser ersten Diagnose geht es um die Ursachen: Was steckt hinter der Angst? Woher kommt sie? Warum kommt sie uns im Job immer wieder in die Quere? Und welche politischen Folgen hat es eigentlich, wenn eine ganze Gesellschaft in Angst und Mutlosigkeit gerät – oder sie überwindet? Darum geht es im *zweiten Kapitel.*
- Wie können wir mit der Angst umgehen, damit sie nicht mit uns durchgeht? Wie können wir die Angst aushalten, würdigen und vielleicht sogar zu unseren Gunsten nutzen? Wie sie an die Hand nehmen? Mögliche Anti-Angst-Therapien verrät das *dritte Kapitel.* Dabei – und das ist mir sehr wichtig – liegt mein Fokus nicht nur auf »weniger Angst«, sondern auf »mehr Leben«.

Leben – jetzt erst recht!

Angst ist eine natürliche Emotion, aber sie braucht Ihr Leben nicht zu beherrschen. Wie können Sie sich also aus den Fängen der Angst befreien? Weil es so viele Wege in ein angstbefreites Leben wie Menschen gibt, zeigt Ihnen dieses Buch eine Fülle von Möglichkeiten, von denen hoffentlich einige für Sie passen. So viel vorab: Beim Leben ohne Angst geht es nicht darum, niemals Angst zu haben. Es geht darum

- **mutig** genug zu sein, sich den eigenen Ängsten zu stellen und nicht zuzulassen, dass sie Ihr Leben bestimmen,

- **liebevoll** mit sich selbst und anderen Menschen umzugehen,
- **nachsichtig** zu sein, nicht alles so ernst zu nehmen und sich nicht unter Druck zu setzen,
- sich nicht »behandeln« zu lassen, sondern **selbst zu handeln,**
- **Zuversicht** zu wagen,
- **das Gute im Leben zu finden**, ungewiss war es schon immer,
- **positiv** zu denken und **heiter** zu bleiben,
- **das Leben zu genießen** – trotz allem.

Machen Sie mit mir diesen Schritt. Trauen Sie sich, öffnen Sie Ihr Herz, nehmen Sie Ihre Angst an die Hand und beginnen Sie, Ihr Leben in vollen Zügen zu genießen.

Vielleicht gibt es schönere Zeiten, aber dies ist die unsere!

Los geht's! Keine Angst – leben Sie Ihr Leben!

Ihr
Dietrich Grönemeyer

I
DIAGNOSE
Was Angst mit uns macht

»Wir fühlen den Schmerz,
aber nicht die Schmerzlosigkeit;
wir fühlen die Sorge,
aber nicht die Sorglosigkeit;
die Furcht, aber nicht die Sicherheit.«
Arthur Schopenhauer

INTRO
Im Wechselbad der Gefühle

Übergroßes Glück und auch Angst zugleich – diese beiden Gefühle erlebte ich bei der Geburt meines ersten Kindes. Welch große Glückseligkeit die Geburt dieses wundervollen kleinen Menschen war, meines, unseres Sohnes. Hautnah dabei zu sein, das unendliche Glück zu fühlen, trotz der Angst, dass Mutter und Baby etwas zustoßen könnte. Bei jeder Wehe mitzupressen, sodass selbst mir die Äderchen in den Augen platzten. Mich hat das alles regelrecht »aus den Socken gehauen«.

Ein Gefühl wie der Himmel auf Erden. Was für eine übermächtige Freude, dieses winzige Wesen sofort lächelnd an der Brust meiner damaligen Frau zu erleben und es dann selbst in meinen Armen wiegen zu können, sein Köpfchen an mich gekuschelt. Till gluckste und piepste mit seinem leisen Stimmchen. Was für ein reines, pures Gefühl der Liebe überrollte mich! Welch ein Wunder lag da in meinen Armen. Stillstand der Zeit.

Ähnliche Glücksmomente erlebte ich bei der Geburt meiner beiden Töchter. Erst Sorgen – dann unendliches Glück. Heute arbeite ich eng mit meinen Kindern zusammen, was mir viel Freude bereitet. Aber diese Freude fühlt sich anders an als die, die ich als junger Vater spürte – als bei jeder Geburt himmelhochjauchzendes

Glück zusammenprallte mit existenzieller Angst. Mit der Angst, Kinder und später auch Enkelkinder zu verlieren. Die Angst, dass die Welt diese empfindsamen Wesen negativ beeinflussen, verformen, verletzen könnte ... Kommen wir nicht alle unbelastet, unschuldig, himmlisch auf die Erde? Schon am ersten Tag wird es schlagartig anders. Das Ur-Gefühl »Hurra, hier bin ich in der Welt!«, das unbändige und ansteckende Kinderlachen, das bleibt in der Regel nicht. Irgendwann kommt die Angst ins Spiel. Glücklicherweise.

Angst ist das schwarze Schaf der Gefühlsfamilie

Angst aktiviert oder lähmt, spornt an und versetzt in Alarmbereitschaft, beflügelt und blockiert, rettet uns das Leben oder macht uns das Leben schwer. Kaum ein Gefühl besitzt so viele Facetten wie die Angst. Angst gehört zum Leben dazu, doch unter den Grundemotionen ist die Angst so etwas wie das schwarze Schaf der Familie. Sie wird widerwillig akzeptiert, aber ihre Gesellschaft sucht niemand von sich aus – ausgenommen in der Variante der Angstlust, die auf Achterbahnen und in Horrorfilmen zu Hause ist.

Wir wollen die Angst nicht hören. Wie oft drängt sie sich auch ausgerechnet dann auf, wenn wir sie nicht gebrauchen können? Mitten in einer Prüfung, einem Auftritt, einem Date? Solche Ängste quälen selbst Profis immer wieder. Die begnadete Sängerin Barbra Streisand litt so stark unter Lampenfieber, dass sie 1967 bei einem Konzert im Central Park vor 125 000 Menschen den Text zu einigen Songs vergaß. Danach trat sie 27 Jahre lang nicht mehr live vor Publikum auf – ihre Angst vor einer erneuten Blamage war zu groß. 1994 fand sie schließlich ein nebenwirkungsfreies Mittel gegen ihre Angst: einen Teleprompter.[8]

Angst blockiert nicht nur, sie treibt auch an: Im Sport kann die Angst vor einem vielleicht überlegenen Konkurrenten ungeahnte Kräfte freisetzen, sie kann Athleten und Mannschaften beflügeln. Dahinter steht nicht zuletzt die Angst vor dem Versagen, die dazu antreibt, sich besonders akribisch auf Aufgaben und Herausforderungen vorzubereiten: Bewegungsabläufe immer wieder trainieren und einüben, bis sie »in Fleisch und Blut übergehen«, um für den Moment des Wettbewerbs optimal vorbereitet zu sein. Ähnlich verhält es sich auch bei Musikern und Theaterschauspielern, die sich durch intensives Üben auf ihre Auftritte vorbereiten. Dann kann auch das Lampenfieber beflügeln: »Ich bin aufgeregt und berste vor Energie. Endlich ist es so weit. Ich werde mein Bestes geben.« Diese positive Form des Stresses hat einen besonderen Namen: Eustress. Wir brauchen diese Art von »gutem Stress«, um motiviert zu sein, um handeln zu können und über uns hinauszuwachsen.

Und kennt nicht (hoffentlich!) jede und jeder auch die schönste Form der Angst? Zittrige Beine, Kribbeln im Bauch, feuchte Hände und trockener Mund … Da ist dieser besondere Mensch, zu dem wir uns magisch hingezogen fühlen. Ein Lächeln – und unser Herz klopft bis zum Hals. Die ganze Welt steht kopf: vor Aufregung und Freude. Verliebtsein versetzt uns in einen Ausnahmezustand. Herzflimmern … Auf einmal scheint alles möglich.

Angst kann auch wie ein Seismograf vor Unheil schützen. Deshalb sollten wir auf ihre Signale hören: Warum fühle ich mich jetzt unsicher? Wieso fühlt sich mein Rücken wie im Schraubstock an? Was hat mich aus dem Gleichgewicht gebracht? Was ist mir auf den Magen geschlagen? Was für eine Last trage ich auf meinen Schultern? Unsere deutsche Sprache ist so hilfreich, so reich an psychosomatischen Erklärungen in für alle verständlichen, knappen Worten. Was kann ich tun, damit ich mich wieder sicher fühle?

Fakt ist: Jeder fühlt Angst. Selbst die Menschen, die scheinbar furchtlos durchs Leben gehen wie der Extremsportler Reinhold Messner, der als erster Mensch alle 14 Berggipfel über 8 000 Meter bestieg – ohne Sauerstoffmaske. Kennt der Bergsteiger überhaupt keine Angst? Das Gegenteil ist der Fall. »Ich bin eher ein ängstlicher, ein vorsichtiger Mensch und habe eine eigene Philosophie, was die Angst angeht – sie ist das Korrektiv, das uns sagt: bis hierher und nicht weiter. Nur weil ich Angst habe, brauche ich Mut. Und nur, wenn die beiden im Gleichgewicht sind, kann ich losgehen«, erklärte Reinhold Messner anlässlich seines 75. Geburtstags in einem Interview.[9]

Angst kennt also jeder, egal ob jung oder alt, ob berühmter Bergsteiger oder normaler Couch-Potato. Angst kann jeden lähmen, sie kann jeden anspornen. Als Arzt habe ich oft genug erlebt, wie Mut Patienten beflügeln und ihren Heilungsverlauf positiv beeinflussen kann. Auch der Mut, sich nicht immer gleich passiv zu fügen, wenn ein Arzt über den eigenen Kopf hinweg etwas entscheiden will, zahlt sich aus. Nachfragen, mitdenken, die eigenen Zweifel und Sorgen formulieren und sich im wohlverstandenen Eigeninteresse einem Arzt widersetzen, kann zwar ziemlich unbequem sein – zumal dann, wenn ein Arzt allein mit seiner Halbgott-in-Weiß-Autorität zu überzeugen versucht –, aber es lohnt sich.

Fokus auf das Leben

Wie wichtig es ist, die Sorgen von Patientinnen ernst zu nehmen, habe ich als junger Arzt auf der Frauenkrebsstation gelernt. Dort habe ich meine Ausbildung in der Strahlentherapie und Radiologie absolviert – und die Ängste der betroffenen Frauen Tag für Tag hautnah miterlebt: Angst vor dem Tumor, Angst vor der Chemotherapie, Angst vor der Strahlentherapie, Angst vor der Biopsie, Angst vor der Operation. Immer wieder Ängste, Ängste, Ängste. Sicherlich gab es auch Ängste in mir, als Arzt nicht helfen zu können. Bis ich begriffen habe, dass ich die Rolle als »Halbgott in Weiß« glücklicherweise überhaupt nicht spielen muss, sondern dass ich als Begleiter gefragt bin, als Berater – und zwar in allen medizinischen Bereichen.

Ich verstand, dass ich meine Patientinnen und Patienten mit meinem Wissen und meiner Erfahrung unterstützen muss, therapeutisch die richtigen Entscheidungen für sich selbst zu treffen. Dies mit dem Verstand *und* Gefühl, mit Kopf *und* Bauch. Die Bandbreite dieser Entscheidungen ist groß: Sie fängt an mit alltäglichen, psychologischen und psychischsozialen Überlegungen, geht weiter mit dem Abwägen naturheilkundlicher und sportlicher Möglichkeiten bis hin zu Entscheidungen mit großer Tragweite: Chemotherapie und Operation.

Bei einer Krebserkrankung sitzt, genau wie bei jeder anderen schweren Erkrankung, immer die Angst vor dem Tod mit im Raum. Sie sitzt bei jeder Nachsorgeuntersuchung wieder da, sie geht nicht weg. Diese Todesangst ist grundsätzlich, sie betrifft uns alle. Eine Patientin sagte mir dazu einmal: »Wissen Sie, Herr Doktor, das Leben ist zu schön, um an der Angst zu sterben, es durch den Krebs zu verlieren!« Das hat mich sehr nachdenklich gemacht. Sie hatte recht und mir die Augen geöffnet: Wir können Möglichkeiten schaffen, in der Auseinandersetzung mit der Angst die Angst zu verändern – und damit uns selbst. Hin zu mehr innerer Festigkeit, zu mehr Hoffnung, zu mehr Lebensfreude.

Drei Blickwinkel auf das Thema Angst

Ich bin fest davon überzeugt, dass es heilsam ist, Angst zum Thema zu machen. Dass wir über Angst sprechen sollten, dass wir sie an die Hand nehmen können – und so zurück zu Lebensqualität, ja, zu Lebensfreude kommen. Dies wird umso besser glücken, je besser es uns gelingt, die Angst aus verschiedenen Winkeln in den Blick zu nehmen. So können wir sie differenzierter verstehen und uns besser von ihr abgrenzen. In diesem Buch geht es um drei Blickwinkel auf die Angst:

- **Der Mensch**, das Du und das Ich, was Angst mit unseren Körpern und Seelen macht – und was wir tun können, um mit der Angst zu leben.
- Der zweite Blickwinkel richtet sich auf **die Arbeit**, die man sich wie ein Zahnrad vorstellen kann, das das individuelle Ich mit dem großen Wir verbindet. Hier begegnet uns das Thema Angst oft, sehr oft: Ein wichtiges Gespräch, eine Vertragsverhandlung oder eine entscheidende Prüfung steht an, da ist dieses flaue Gefühl im Magen, Versagens- und damit Existenzängste brechen sich Bahn – und lassen sich zum Glück wieder einfangen.
- Die dritte Sichtachse ist **das große Ganze: »Wir«**. Der Zustand der Gesellschaft und der Welt besorgen uns zutiefst und das zu Recht. Erst die Corona-Pandemie, dann der Krieg in der Ukraine und in Israel, Inflation und Rezession, Rechtsruck und Klimakrise, dazu noch viele andere Katastrophen rund um den Globus. Steuert die Welt auf einen Abgrund zu – oder können wir etwas dagegen tun, trotz der Angst, mit der Angst?

Das Ich, die Arbeit, das Wir – Angst ist für mich ein ganzheitliches Thema, das auf jeder Ebene wirkt. Deshalb habe ich diese drei Ebenen als Struktur für jedes Kapitel gewählt.

MENSCH
Mir fehlt die Luft zum Atmen!

Als ich klein war, kamen Spritzen noch aus der Werkstatt. Die Hohlnadeln wurden von Hand eher schlecht als recht geschliffen und so sahen die Nadelspitzen dann auch aus: stumpf, bestenfalls zackig, jedenfalls nicht spitz. Für jede Impfung, für jede Blutabnahme wurde einem Kind also eine solch stumpf-zackige Kanüle in den zarten Arm gerammt. Das hat irrsinnig weh getan, und dann wurde man von den Ärzten auch noch angeschnauzt: »Stillhalten!«

Ich höre es noch, als wäre es heute. Ich fühle immer noch, wie verloren ich als kleiner Junge auf meinem Patientenschemel war, wie hilflos, ausgeliefert und sehr, sehr wütend. Weil ich oft krank war, musste ich oft zum Arzt und musste diese Prozedur immer wieder über mich ergehen lassen: Ärmel hochkrempeln, den Kopf wegdrehen, Augen zusammenkneifen, und dann … »Aaaah!« Und »Stillhalten!«

Es war schlimm. Und es wurde immer schlimmer. Irgendwann geriet ich, wenn ich nur daran dachte, dass ich zur Blutabnahme oder zum Impfen muss, in blanke Panik. So war es auch, als ich mit zwölf Jahren zu einer Sportuntersuchung in die Uniklinik Bergmannsheil Bochum gehen sollte. Ich weiß noch genau, wie ich im weißen Flur auf die Türklinke drückte, um ins Behandlungszimmer zu kommen – alles wurde weiß vor meinen Augen, und ich fiel in Ohnmacht. Heute weiß ich, dass das eine kluge Exit-Strategie meines Gehirns war: Was ich erlebte, war zu einem Horrorfilm geworden, der für mich viel zu gruselig war. Also ließ mein Hirn kurzerhand den Projektor durchbrennen. Um mich zu schützen.

Wie Ihr Körper Ihnen sagt, dass Sie Angst haben

Angst zählt zu den menschlichen Grundemotionen wie Freude, Wut, Trauer und Ekel. Das klingt zunächst einleuchtend, ist im Kontext der Emotionsforschung aber trotzdem ein komplizierter Sachverhalt.[10] Schon 1884 hatte der amerikanische Psychologe William James seine viel zitierte Frage gestellt: »Was ist eine Emotion?« Heute, nach 140 Forschungsjahren, ist sich die Wissenschaft immer noch uneins darüber, wie Emotionen zu definieren sind. Das wissenschaftliche Feld befindet sich nach wie vor in Bewegung und hat bisher nicht den einen Bezugspunkt gefunden, an dem sich Forschung orientieren und von dem aus sie Erkenntnisse aufbauen könnte.

Dabei scheint es im Alltag doch klar zu sein, was ein Gefühl ist – oder doch nicht? Die Emotionsforscher James Russell und Ernst Fehr formulieren es so: »Jeder weiß, was eine Emotion ist, bis er gebeten wird, eine Definition dafür zu geben.«[11] Emotionen sind schwierig zu fassen – und noch schwieriger zu messen. Aber sie lassen sich sehr gut erzählen, weil sie Menschen »bewegen«. (Das Wort »Emotion« kommt vom lateinischen »emovere« und meint genau das.) Wie die Geschichte von meiner Angstfahrt am Steilhang über dem Meer …

Angst sichert unser Überleben, das ist evolutionsbiologisch ihre Rolle bis heute. Wir müssen uns nur vorstellen, wie unsere Vorfahren lebten. In der freien Natur und rund um die Uhr damit beschäftigt, ihr Überleben zu sichern: Beeren und Nüsse sammeln, einen Unterschlupf finden, Tiere jagen, sich gegen Feinde verteidigen. Dass die Menschheit überleben konnte und sich sogar behaupten konnte, verdankt sie nicht zuletzt der Angst. Sie ist ein wesentlicher Teil unseres körperlichen Alarmsystems, das Menschen in gefährlichen Situationen das Leben rettet. Nur so konnten unsere Vorfahren in der Wildnis überleben und auf plötzlich auftretende Gefahrensituationen reagieren: mit Kampf oder Flucht (wir, heute: am Abhang über dem Meer also ganz vorsichtig umkehren). Ist beides nicht möglich (oder verkneifen wir uns diese Angstreaktion und fahren trotzdem weiter), schwitzen und zittern wir vor Angst – oder wir »erstarren«. Stellen uns tot.

Opossum spielen kann Leben retten

Durch das »Totstellen« wollen wir uns quasi unsichtbar machen, der Angreifer soll uns nicht sehen. In diesem Modus sinkt das Schmerzempfinden, und wir koppeln uns von unseren Gefühlen ab. Das gibt es auch in der Tierwelt: Bei Mäusen erlebe ich das immer wieder, wenn unser süßes Kätzchen eine anschleppt und uns als Geschenk präsentiert. Eine Maus kann sich erstaunlich lange tot stellen. Ich bringe sie dann vorsichtig ins Freie (in einem Glas, das ich über die Maus stülpe und mit einer Karte abdecke, um nicht gebissen zu werden) und freue mich, wenn sie blitzschnell wegläuft.

Forschungen zeigen, dass diese »Thanatose« (so heißt das Totstellen in der Fachsprache) Sekunden dauern kann, bis hin zu einigen Stunden.[12] Opossums täuschen ihren Tod übrigens so spektakulär vor, dass sich im Englischen daraus der Ausdruck »playing opossum« entwickelt hat: In höchster Gefahr legen sie sich steif und krumm auf die Seite, Atmung und Herzschlag verlangsamen sich, Speichel läuft aus dem geöffneten Maul, die Zunge hängt heraus und färbt sich blau. Ein Opossum, das sich tot stellt, starrt aus weit aufgerissenen, unbeweglichen Augen, scheidet Urin und Kot aus und reagiert nicht auf Berührungen. Mit Erfolg! Wer so tot aussieht, ist für Raubtiere nicht mehr interessant. Auch einige Schlangenarten stellen sich auf ähnliche Weise tot, ebenso einige Vögel, Bienen und Käfer.[13] Wir Menschen können zwar »Opossum spielen« – so überzeugend gelingt es uns aber nicht. Unsere typischen Stressreaktionen sind eher Angriff und Flucht.

Habe ich Angst? Oder hat die Angst mich?

Zurück zu meinem kleinen Patientenschemel. Der Arzt dreht die Spritze mit der gefährlichen Nadel nach oben Richtung Neonröhre. Er klopft ein paarmal gegen das Röhrchen. Er drückt den Kolben ein wenig hoch. Zwei, drei Tropfen quillen aus der Nadelspitze und gleiten am silbrigen Metall entlang. In meinen Ohren dröhnt es. Meine Augen filmen alles wie in Zeitlupe. Der Arzt kommt einen Schritt auf mich zu.

Mein kleines Herz rast. Ich atme schneller, meine Pupillen werden groß und größer, Adrenalin flutet durch meinen ganzen Körper, dann das Stresshormon Cortisol. Unwillkürlich spanne ich alle meine Muskeln an, als könnte ich mich so hinter einem Schutzpanzer verstecken. Zumindest bereit sein aufzuspringen, zu fliehen, wenn ich einen Fluchtweg finde. Ich schwitze. Und weil ich nicht fliehen kann, erstarre ich. Und in diesem Moment »entscheidet« mein Gehirn (ohne mich zu fragen), ob es mein Bewusstsein komplett ausschaltet (mich ohnmächtig werden lässt) oder mich mental in so etwas wie ein Paralleluniversum schickt, in dem sich alles anders anfühlt: Die Zeit läuft langsamer oder steht ganz still, Schmerzen sind abgeschaltet, Erinnerungen und Gefühle tanzen.

Im größten Stress, in Todesangst wird plötzlich alles ganz leicht – so zumindest habe ich es vor einigen Jahren in einer Situation erlebt, die mehr als brenzlig war. Bei einer Bergwanderung mit meiner Familie hatte ich mich vor einer Wildkatze erschreckt, machte spontan einen Sprung zur Seite und … ich fiel, und fiel, und fiel … Es ging tief, sehr tief abwärts, eine gefühlte Ewigkeit lang, in der sich meine Angst paarte mit Erstaunen und Gelassenheit. Damals spürte ich intensiv, dass alles mit allem verbunden ist, über Zeit und Raum hinweg, dass alles seinen Sinn hat. Ich tauchte ein in einen Zustand unendlicher Ruhe. Ein unbeschreibliches Gefühl von Ewigkeit. Seitdem fühle ich eine noch tiefere Dankbarkeit und Demut dem Leben gegenüber. Ja: Ich bin noch da!

Seit ich mitten in den Bergen »dem Tod von der Schippe gesprungen bin«, wie man hier im Ruhrgebiet so schön sagt, seit mir mein Körper sein ultimatives Angstprogramm vorgespielt hat, weiß ich: Wenn das Leben zu Ende geht, dann ist auch die Angst vorbei. Schwer zu sagen, ob dieser Gedanke für Sie tröstlich sein kann ... Für mich ist es ein gutes Gefühl.[14]

Angst ist Chemie

Angst versetzt uns von null auf hundert in höchste Alarmbereitschaft – und zwar nach einem ganz bestimmten Schema, das bei allen Menschen gleich abläuft. Es beginnt im Kopf: Die wie ein kleiner Mandelkern geformte **Amygdala** gilt als das Angstzentrum des Menschen und gehört quasi zur Steinzeitabteilung des Hirns, genannt das **limbische System**. Hier ist die Drehscheibe für Angst, und hier wird Angst auch wieder abgeschaltet. (Normalerweise, ich komme darauf zurück.)

Sobald also eine Spritze auf mich zukommt, versetzt der kleine Mandelkern in meinem Kopf das zentrale Nerven-Kontrollzentrum, den **Hypothalamus,** in Aufruhr – und der schaltet die Alarmanlage an: Eine hormonelle (also biochemische) Kaskade, die wie bei einem Staffellauf immer weitere Prozesse im Körper anstößt, bis schließlich die Nebennieren die Stresshormone Adrenalin und Noradrenalin ausschütten, die über den Blutkreislauf alle für das Überleben wichtigen Organe mobilisieren. Und auch alle Körperfunktionen, die gerade nicht so wichtig sind, herunterfahren: die Verdauung und das rationale Denken zum Beispiel.

Das **vordere Stirnhirn** (der »Präfrontale Cortex«), das für die Ratio zuständig ist, wird im Notfall tatsächlich ausgeschaltet. Was evolutionsbiologisch sinnvoll ist: Wenn plötzlich ein Bär auf unseren Ur-Ur-Ur-(...)-Opa in Düsseldorf (damals hieß die Gegend Neandertal) zuraste, musste er sofort reagieren, und nicht erst lange überlegen: Wo habe ich bloß meinen Knüppel liegen lassen? Hätte unser Vorfahr derartig gezaudert, würden wir heute nicht über Angst nachdenken – wir wären ausgestorben.

Zum Angstsystem des menschlichen Gehirns gehört außerdem der **Hippocampus**, der in unmittelbarer Nähe zur Amygdala liegt. Der Hippocampus bewertet Informationen und sorgt dafür, dass Erlebnisse oder Gelerntes aus dem Kurzzeit- ins Langzeitgedächtnis gelangen. Konkret heißt das: Sobald meine Augen »Achtung, Spritze!« an mein Hirn melden, startet mein hirneigener Filmprojektor die alten Horrorfilme. Das Archiv ist so gut gesichert, dass ich es nicht aufschließen und die alten Filme herauswerfen kann. Ja: Heute bin ich Arzt, ich habe mein Leben lang daran gearbeitet, mit immer dünneren, immer feineren, immer spitzeren Spritzen vor allem in der Schmerz-, Rücken- und Krebsbehandlung immer weniger Unheil anzurichten und immer mehr Heilung zu ermöglichen. Und, ja: Ich hatte eine Spritzenphobie. Ich weiß, was Menschen fühlen können, wenn eine Spritze bedrohlich nahe kommt. Vor allem Männer sind hier gefährdet.

Heute frage ich mich: Wäre ich ohne meine furchtbaren Spritzenmomente in meiner Forschung und Praxis auf die Idee der »Mikrotherapie« gekommen? (So heißt ein von mir entwickeltes minimalinvasives medizinisches Verfahren, das mithilfe bildgebender Verfahren und kleinster Instrumente gezielte und schonende Eingriffe ermöglicht.) Also, müsste ich heute nicht eigentlich sagen: »Danke, Angst?« Aber zurück zur Frage, was Angst eigentlich in unserem Körper anstellt, und wie sich das für uns anfühlt.

Wenn uns Angst auf die Nerven geht

Das uralte limbische System in unserem Gehirn besteht aus **Angstzentrum** (Amygdala), **Alarmanlage** (Hypothalamus) und **Angstarchiv** (Hippocampus).

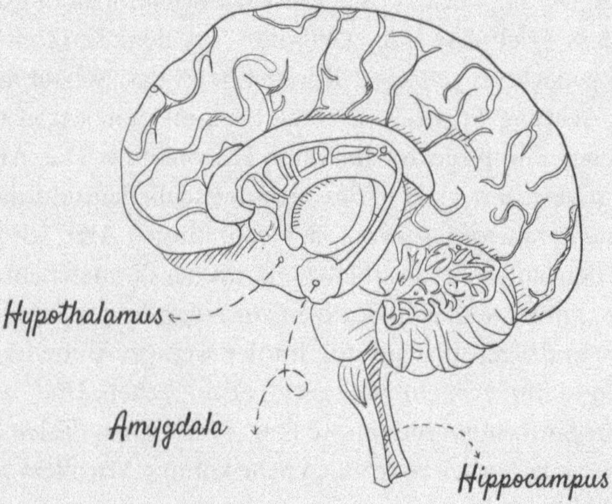

Das limbische System umfasst aber auch unser Nervensystem. Genauer gesagt, umfasst es gleich zwei Nervensysteme: **Sympathikus** und **Parasympathikus**. Bei Stress übernimmt der Sympathikus das Ruder. Er ist der eine Teil dieses Nervensystems, der in Stressmomenten über die Nebennierenrinde die Adrenalin-Produktion startet – das tut er selbstständig, also ohne vorher bei unserem »Verstand« nachzufragen. Deshalb können wir unsere Angstreaktionen auch kaum steuern.

Wir können uns die Sache vorstellen wie die Elektrik in einem Haus: Vom **zentralen Stromkasten** aus (unser Gehirn) verläuft eine **Starkstromleitung** (Rückenmark), und von dieser Leitung aus zweigen dünnere Leitungen (Nerven) ab, die im Körper alles, wirklich alles mit Nervenimpulsen versorgen: vom Herzen bis zu unseren kleinen Nackenhaaren, die sich bei jedem Schreck unwillkürlich aufstellen.

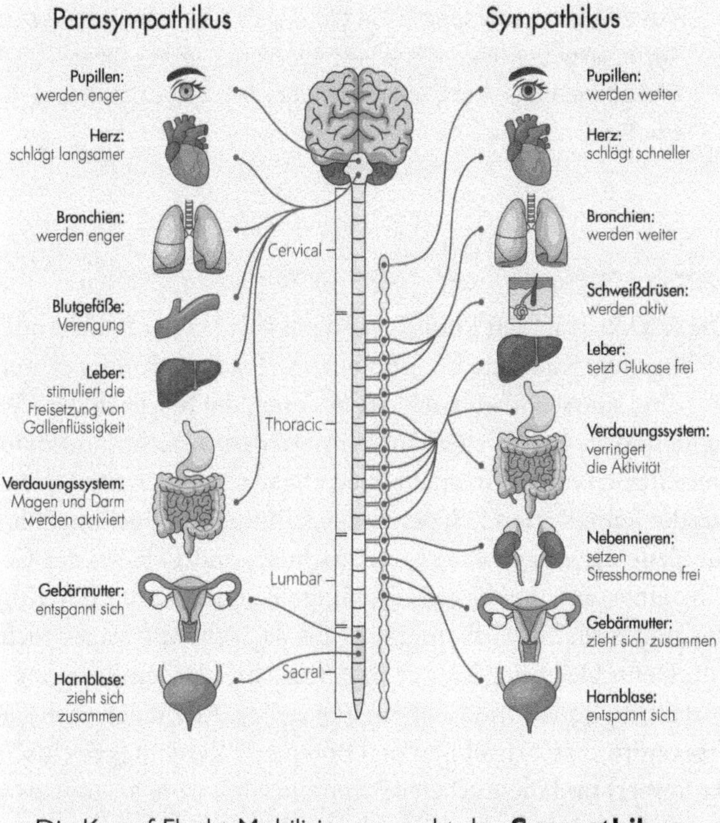

Die Kampf-Flucht-Mobilisierung pusht den **Sympathikus**, den einen Teil dieses vegetativen Nervensystems, innerhalb von Sekundenbruchteilen zur Höchstleistung – das bedeutet einen extremen Kraftakt. Deshalb kann der Körper diesen Energieschub nur für kurze Zeit aufrechterhalten. Ist die Gefahr überstanden, muss der Körper ausruhen. Dringend!

Daher steuert der andere Teil unseres vegetativen Nervensystems automatisch und für uns unbewusst dagegen und übernimmt das Ruder: der **Parasympathikus**. Er sorgt dafür, dass unser Körper zur Ruhe kommen kann. Das Stresshormon Adrenalin wird abgebaut, die Muskeln lassen los, der Atem entspannt sich, der Zuckerausstoß aus den Muskel- und Leberspeichern, die die als »Benzin« für den Fluchtreflex benötigte Glukose bevorraten, wird gebremst. Wir können uns – endlich – von dem Schreck oder Stress erholen.

Hört der Stress nicht auf, bricht der Körper zusammen

Die Rückkehr in den Ruhezustand passiert heute oft nicht oder nicht genug: Konflikte im Job stauen sich an, die Kinder schreiben eine Klassenarbeit nach der anderen, die Kriege in der Ukraine und in Gaza halten an, kein Frieden in Sicht, und dann werfen auch noch Astronauten einen autogroßen Batterieblock aus der Raumstation ISS, der vielleicht mitten auf Bochum fällt – die Kette der Angstmacher reißt nicht ab, und so bleibt das Gefühl einer anhaltenden Bedrohung. Folglich verharren Körper und Seele in Anspannung. Und das geht auf Dauer nicht gut. Denn bleibt der Körper in einem chronischen Erregungszustand, schütten die Nebennieren neben Adrenalin auch das Stresshormon Cortisol und den Botenstoff Zytokin (griechisch: Antreiber) und die Zuckerspeicher die Glukose aus – und zwar kontinuierlich.

- **Cortisol** schwächt auf Dauer die Immunabwehr und das Herz-Kreislauf-System,
- **Zytokin** wirkt dabei zusätzlich wie ein Katalysator.

Beide arbeiten als Botenstoffe, insbesondere Zytokin gilt darüber hinaus als Marker für Entzündungen. Und beide halten den Körper unter Dauerstrom: Die Muskeln und Organe können sich nicht mehr entspannen. Und so meldet der Körper dem Gehirn: »Hier ist nichts in Ordnung!« Schon stößt das Gehirn wieder den Stresskreislauf an, und so steigert sich die Spannung immerfort. Überreiztheit, Schwindel, Weinkrämpfe, Herzrasen sind typische Stress-Symptome. Langfristig können deshalb aus Ängsten und dem damit verbundenen chronischen Stress ernste Krankheiten entstehen:

- Migräne
- Konzentrationsschwierigkeiten
- Kopfschmerzen
- Dauermüdigkeit
- Verdauungsstörungen
- Immunschwäche
- Schlafstörungen
- Herzinfarkt
- Diabetes
- Alkoholabusus
- begünstigt wird sogar Krebs
- Burn-out
- Depressionen (bitte sehr ernst nehmen wegen der damit verbundenen Suizidgefahr)

Wo beginnt krankhafte Angst?

Wer sich vor stumpfen Spritzen fürchtet, ist kein irrationaler »Schisser«, sondern reagiert eigentlich sehr rational. Auch wer sich auf der Achterbahn oder vor einer Prüfung kribbelig fühlt oder sich vor Mäusen ekelt, reagiert völlig normal. Ein bisschen Angst brauchen wir Menschen, um uns in unserem Alltag zu orientieren. Hätten wir überhaupt keine Angst, würden wir uns in der Achterbahn nicht anschnallen (keine gute Idee), wir würden uns nicht auf Prüfungen vorbereiten (auch keine so gute Idee) und uns von Mäusen beißen lassen. (Wo wir gerade darüber sprechen … ist Ihre Tetanus-Impfung aktuell?) Eine behandlungsbedürftige Angststörung sieht anders aus.

Die offizielle Patientenleitlinie zur Behandlung von Angststörungen[15] bei Erwachsenen führt mehrere Aussagen auf, die für die Betroffenen ein Signal sind, das Gespräch mit einem Arzt oder einem Psychotherapeuten zu suchen:

- »Ich denke mehr als die Hälfte des Tages über meine Ängste nach.«
- »Ich werde durch die Ängste in meiner Lebensqualität und Bewegungsfreiheit erheblich eingeschränkt.«
- »Wegen meiner Ängste werde ich immer depressiver.«
- »Wegen meiner Ängste habe ich schon Suizidgedanken gehabt.«
- »Ich bekämpfe meine Ängste oft mit Alkohol, Drogen oder Beruhigungstabletten.«
- »Wegen meiner Ängste ist meine Partnerschaft ernsthaft in Gefahr.«
- »Wegen meiner Ängste habe ich Probleme im Beruf oder bin deswegen arbeitslos.«[16]

Wenn sich das normale, das sinnvolle Gefühl Angst verselbstständigt und in Situationen auftritt, in denen gar keine reale Bedrohung existiert, dann sollten wir hellhörig werden. Denn wenn die Angst beginnt, das Leben zu bestimmen, wird sie zu einem gravierenden Problem: Dann schränkt Angst den Lebensradius ein, dann untergräbt sie die Lebensfreude. Angststörungen können zu lebensbedrohlichen Depressionen führen. Sie können auch mit Panikattacken einhergehen, bei denen man das Gefühl hat, gleich zu sterben. Höchste Zeit zu fragen: Angst, Furcht, Sorgen, Panik – was heißt eigentlich was?

Ein kleines Was-ist-Was der Angst

Angst ist eine emotionale und körperliche Reaktion auf eine Bedrohung oder Gefahr. Sie kann sich auf etwas Konkretes beziehen, oder lediglich auf einen Gedanken – und ist dann »ein Überschuss an Sehkraft angesichts eines Mangels an Sichtbarem«.[17] Angst kann verschiedene Formen annehmen: Furcht, Sorge oder Panik.

Furcht richtet sich auf etwas Bestimmtes wie etwa Dunkelheit, Steuererklärung oder Schwiegermutter. Von Jean-Paul Sartre stammt der Satz: »Ein großer Teil der Sorgen besteht aus unbegründeter Furcht.«[18]

Sorgen wiederum sind so etwas wie Treibsand für die Seele. »Wer sich sorgt, ist gelähmt, obwohl er beschäftigt ist: mit sich und seiner Verzweiflung. Weil sich der Sorgende vor allem um sich selber sorgt, um sich und seine Sorge, kommt er nicht voran.«[19]

Panik ist eine plötzliche und extreme Angstattacke, die oft als lebensbedrohlich empfunden wird. Sie kann einhergehen mit Herzrasen und Atemnot, Schweißausbrüchen und Zittern und der Unfähigkeit, klar zu denken. »Panik ist hochgradig ansteckend, besonders in Situationen, in denen man nichts weiß und alles im Fluss ist«, weiß Horror-Autor Stephen King.[20]

Ein Katalog der Ängste

In der Medizin werden alle Erkrankungen nach Diagnosen gemäß dem Diagnoseschema »International Statistical Classification of Diseases« (ICD) erstellt.[21] Dieses Klassifikationssystem untergliedert Angststörungen in sieben Gruppen:

1. Generalisierte Angststörung
2. Panikstörung

3. Agoraphobie
4. Spezifische Phobie
5. Soziale Angststörung
6. Trennungsangststörung bei Kindern und Erwachsenen
7. Selektiver Mutismus (Verstummen in nicht vertrauten sozialen Situationen)

Zu den ersten fünf Angststörungen finden Sie nähere Informationen im Anhang. Letztere beiden gehörten in der zehnten Version der ICD noch zu der Gruppe psychischer Störungen im Kindes- und Jugendalter. Dass sie gesondert untersucht und behandelt werden, ist immer schon richtig und gerade jetzt besonders wichtig.

Die Ängste der Jugend

Ja: Auch wir hatten in unserer Jugend Angst und sind gegen Atomkraftwerke, Müllverbrennungsanlagen, Wiederaufbereitungsanlagen auf die Straße gegangen, haben in der Kuba-Krise und angesichts des damals gefühlt drohenden Dritten Weltkrieges Gesicht gezeigt. Ich habe mich an vielen Demonstrationen beteiligt und mich in der Schule und während des Studiums politisch engagiert. Auch heute finde ich es wichtig, dass junge Menschen und Erwachsene gleichermaßen zusammenkommen und auf eine gemeinsame Vision für eine friedliche Welt hinarbeiten.

Doch die junge Generation in Deutschland ist so pessimistisch wie noch nie, wie die Trendstudie »Jugend in Deutschland 2024« zeigt.[22] Darin haben der Jugendforscher Simon Schnetzer und der Sozialwissenschaftler Klaus Hurrelmann untersucht, was junge Menschen zwischen 14 und 29 Jahren beschäftigt. Das Ergebnis zeigt: Vor allem die **finanziellen Sorgen** der jungen Menschen aufgrund von **Inflation, hohen Mieten und Altersarmut**, aber auch die Sorge vor einer Spaltung der Gesellschaft oder vor immer mehr Flüchtenden führen zu einer hohen Unzufriedenheit der jungen Generation mit ihrer Lebenssituation und den politischen Verhältnissen. Dennoch sind sie grundsätzlich bereit, Verantwortung für die Gestaltung der Zukunft zu übernehmen.

Kein Wunder also, dass insgesamt mehr als die Hälfte der 18- bis 34-Jährigen lieber in der Vergangenheit leben würde – so eine Studie der Stiftung für Zukunftsfragen. »Früher« habe es »mehr Sicherheit und Beständigkeit« gegeben. »Man war glücklicher«, es gab »weniger Kriege und Krisen«, die »Umweltbedingungen waren besser«, vor allem sei der Zusammenhalt in der Gesellschaft besser gewesen. Allerdings sehen die jungen Menschen nicht alles schwarz. So schätzen die meisten ihre persönliche und berufliche Situation relativ optimistisch ein.[23]

Und doch grassiert die Angst. Eine deutsche Forschergruppe fand nun in einer Studie mit 1 180 jungen Menschen (14 bis 21 Jahre) in Dresden heraus, dass 23,3 Prozent von ihnen[24] mindestens eine Angststörung im Laufe ihres Lebens entwickeln. Davon, und das ist das eigentlich Schockierende dieses Studienergebnisses, nehmen zwei Drittel der von Angststörungen Betroffenen *keine Hilfe* in Anspruch und riskieren so gravierende Langzeitfolgen.[25]

Angststörungen stellen in den meisten westlichen Gesellschaften die größte Gruppe psychischer Störungen dar. Trotz ihrer Relevanz, nicht zuletzt für die Wirtschaft, werden die meisten Angststörungen nicht erkannt und behandelt. Das ist ein großes Problem, denn unbehandelt werden diese Störungen in der Regel chronisch. Die Folgen sind gravierend: Die mit Angststörungen einhergehenden Beeinträchtigungen reichen von Unfähigkeit, das Haus zu verlassen, bis zu erheblichen Einschränkungen im Beruf.[26]

Am Arbeitsplatz treten Ängste in den unterschiedlichsten Formen auf – von der Angst, »wegrationalisiert« zu werden, über Versagensängste bis hin zu sozialen Ängsten im Team oder der wohl in der ganzen Welt verbreiteten »Angst vor dem Chef«. Diese Ängste haben nicht nur Auswirkungen auf die psychische Gesundheit von uns allen, sondern auch auf das Wohlergehen unserer Familien, auf den Erfolg von Unternehmen bis hin zur Produktivität des ganzen Landes. Wie hängen Angst und Arbeit zusammen?

ARBEIT
Ackern, bis der Akku leer ist

Immer höher, weiter, schneller – nach diesem Leistungsprinzip habe ich lange gelebt. Dieses Credo hat mich fast umgebracht. Und das, obwohl ich erst 40 Jahre alt und eigentlich topfit war … Aber von Anfang an:

1995 war ich als Ehrengast zu dem bedeutendsten internationalen Radiologie-Kongress der Welt nach Chicago zum 100-jährigen Jubiläum der Entdeckung der Röntgenstrahlen in Deutschland durch Conrad Wilhelm Röntgen eingeladen. Eine einmalige Gelegenheit, die auch von mir und meinem Team entwickelte Mikrotherapie einem internationalen Kollegenkreis vorzustellen. Wie freute ich mich darauf und war stolz ohne Ende. Ich war zwar an einer Angina erkrankt, dachte aber, ein paar Tabletten, die das Fieber unterdrücken, werden es schon richten. Es ging mit »Müh und Not« gut.

Doch nach dem Rückflug brach ich zusammen. Die vermeintlich harmlose Angina hatte zu einer lebensgefährlichen Herzmuskelentzündung geführt. Wochenlang musste ich das Bett hüten. Ohne es zu bemerken, hatte ich mich selbst überfordert, meinen Körper wie einen Dienstleister behandelt, der funktionieren muss. Wie der berühmte Duracell-Hase aus der Werbung. Ein rosafarbener Plüschhase, der unermüdlich weitertrommelt, während allen anderen Hasen die Energie ausgeht … Nun war aber auch ich an einem Punkt angekommen, an dem nichts mehr ging. Ich war einfach »alle«. War ich »ausgebrannt«?

Die Metapher »Burn-out« stammt aus der Frühzeit der Industrialisierung. Ursprünglich bedeutete das Wort »brennen, bis der Brennstoff ausgeht« oder »die Sicherung brennt durch«. So anschaulich diese Metapher auch ist – der Mensch ist keine Maschine. Er ist kein E-Auto, das nur am Wochenende »aufladen« muss oder eine neue Batterie braucht, und schon fährt es munter weiter. Das Bild vom »Ausgebranntsein« ist also eingängig, aber eigentlich falsch.

Und doch prägt dieses Bild unser Denken, seit der Philosoph und Mathematiker Descartes im 17. Jahrhundert seine Vorstellung niederschrieb, Körper und Seele seien strikt getrennt und folgten unterschiedlichen Gesetzen. So prägend wirkte das cartesianische Prinzip, dass es die Schulmedizin bis heute beeinflusst. Noch immer gibt es Mediziner, die den menschlichen Organismus wie eine Maschine betrachten, die regelmäßig durchgemessen und aufgeladen, gewartet und repariert werden muss – damit alle Zahnräder optimal ineinandergreifen und Höchstleistungen erbringen. Langsam (sehr, sehr langsam) entwickelt sich die Medizin wieder[27] zu einem ganzheitlichen Denken und Handeln, das auch psychosomatische, soziale und sogar seelsorgerische Aspekte einbezieht. Ich sehe darin eine gute Entwicklung, die mir einerseits Hoffnung gibt, andererseits aber noch viel zu zögerlich erscheint.[28]

Das Burn-out-Syndrom ist wohl die bekannteste Erscheinungsform eines stressbedingten Zusammenbrechens in unserer modernen Gesellschaft. Gerade engagierte Menschen, die hohe Ansprüche an sich selbst stellen, sind gefährdet. Laut eines Forschungsprojekts im Auftrag des österreichischen Bundesministeriums für Arbeit, Soziales und Konsumentenschutz (BMASK) waren im Erhebungszeitraum 2016/17, also schon in den Vor-Corona-Jahren, von 1 000 befragten Personen

- 19 Prozent im »Problemstadium«
- 17 Prozent im »Übergangsstadium« und
- 8 Prozent im »Erkrankungsstadium«.[29]

Insgesamt standen also 44 Prozent der Österreicher mit einem Bein im Burn-out oder waren schon mittendrin. In Deutschland sieht es nicht besser aus. Nach Angaben der AOK haben sich die Burn-out-Diagnosen in Deutschland im Zeitraum von 2004 bis 2022 fast verzwanzigfacht: Hochgerechnet auf 40 Millionen gesetzlich krankenversicherte Beschäftigte gab es 2022 rund 216 000 Burn-out-Betroffene und damit insgesamt 5,3 Millionen Burn-out-bedingte Krankheitstage.[30] Das ist erschreckend viel, und trotzdem muss man zusätzlich von einer hohen Dunkelziffer ausgehen. Da die Wartezeiten für eine Psychotherapie oft mehrere Monate betragen, ist nicht mit einer Trendumkehr zu rechnen.

Was Burn-out mit Menschen macht

Der Terminus »Burn-out« im Sinn von »ausgebrannt sein« wurde 1974 von dem deutsch-amerikanischen Psychotherapeuten Herbert Freudenberger erstmals benutzt. Freudenberger arbeitete mehr als 16 Stunden täglich bis in die Nacht hinein. Neben seiner Tätigkeit als Therapeut engagierte er sich ehrenamtlich für drogensüchtige Jugendliche – bis er psychische und psychosomatische Beschwerden entwickelte und schließlich zusammenbrach. Um zu begreifen, was ihn in diese Erschöpfung geführt hatte, legte er sich praktisch selbst auf die Couch und analysierte die Gründe für seinen Zustand. Kurz darauf veröffentlichte er seine erste Publikation mit dem Thema »Staff Burn-Out«.[31]

Damals ging er davon aus, dass vor allem Menschen in helfenden Berufen gefährdet sind; Menschen, die sich zunächst für ihren Beruf engagieren, im Laufe der Zeit aber Gefühle der

Resignation, Leere, Erschöpfung und psychosomatische Beschwerden entwickeln. Ein Phänomen, das er unter dem Begriff Burn-out zusammenfasste. Längst ist der Begriff über die sozialen Berufe hinaus bekannt. Heute erleben sich Angehörige *aller* Berufsgruppen als ausgebrannt oder im Burn-out – und darüber hinaus auch im privaten Umfeld. Besonders betroffen sind Frauen, die nach wie vor den größten Teil der sogenannten Care-Arbeit übernehmen. Der »Gender Care Gap« ist gewaltig: Frauen in Deutschland haben im Jahr 2022 durchschnittlich neun Stunden pro Woche mehr unbezahlte Arbeit im Haushalt, bei der Betreuung von Kindern und pflegebedürftigen Angehörigen sowie bei der Unterstützung von Freunden und Nachbarn geleistet als Männer.[32] Kein Wunder, dass so viele Frauen so erschöpft sind.

Die Weltgesundheitsorganisation WHO rechnet diese Art der »privaten Erschöpfung« aber nicht mit. Sie klassifiziert Burn-out als Syndrom, das im Zusammenhang mit Belastungen bei der Arbeit steht, als »chronischer Stress am Arbeitsplatz, der nicht erfolgreich verarbeitet wird«. In der Medizin werden alle Erkrankungen nach Diagnosen gemäß dem internationalen Diagnoseschema ICD erstellt, das uns beim »Katalog der Ängste« schon einmal begegnet ist. Im ICD-11 wird das Burn-out-Syndrom mit einem eigenständigen Diagnoseschlüssel geführt. Dort heißt es: »Burn-out ist ein Syndrom, das als Folge von chronischem Stress am Arbeitsplatz konzeptualisiert wird, der nicht erfolgreich bewältigt wurde. Es ist durch drei Dimensionen gekennzeichnet:

- Gefühle der Energieerschöpfung oder Erschöpfung (Kernsymptom),
- erhöhte mentale Distanz zur Arbeit oder Gefühle von Negativismus oder Zynismus in Bezug auf die Arbeit,
- ein Gefühl der Ineffektivität und des Mangels an Leistung.«[33]

Führt Angst in den Burn-out?

Ein Burn-out kommt selten allein. Oft leiden »ausgebrannte« Menschen zusätzlich unter Angststörungen oder Depressionen. Auch Angst und Depression treten oft gemeinsam auf, in der Fachsprache nennt sich das »komorbid«. Studien zeigen, dass etwa zwei Drittel der Menschen mit Depressionen unter einer oder sogar mehreren weiteren psychischen Störungen leiden. Dabei tauchen oft eine generalisierte Angststörung oder Panikstörung, eine Agoraphobie, soziale und spezifische Phobien schon vor der ersten Depression auf – für Mediziner also ein Alarmsignal. Angststörungen erhöhen das Risiko, an einer Depression zu erkranken.[34]

Aber führt nun das eine unausweichlich zum anderen? Sind also Menschen mit einer Tendenz zu mehr Angst anfälliger für einen Burn-out, oder ist es umgekehrt so, dass das Gefühl des Ausgebrannt-Seins die Angstsymptome verstärkt? Und gibt es darüber hinaus eine Überschneidung zwischen Burn-out und Angst? Diesen Fragen ist ein griechisches Forscherteam in einer Metastudie auf den Grund gegangen. Ergebnis: Es zeigt sich zwar ein statistischer Zusammenhang zwischen Burn-out und Angst, aber die Symptome selbst überschneiden sich nicht. Es handelt sich also um »unterschiedliche und robuste Konstrukte«.[35] Für die medizinische Praxis heißt das: Angst und Burn-out brauchen eine eigene Diagnose und auch eine eigene Behandlung. Und das heißt auch: Wir müssen, wenn es um Arbeit geht, nicht nur Burn-out ernst nehmen, sondern auch Angst.

Das Büro als Ort der Angst

Wenn Menschen über Belastungen am Arbeitsplatz klagen, kann dies ein Hinweis auf tatsächlich belastende Arbeitsbedingungen sein –, es kann sich aber auch um eine spezifische »Arbeitsangst« handeln. Betroffene sprechen nicht offen über ihre Ängste und neigen dazu, innere Probleme nach außen zu projizieren. Dadurch nehmen sie ihren Arbeitsplatz negativer wahr als Menschen ohne solche Ängste. »Arbeitsangst« ist ein ernstes psychisches Gesundheitsproblem, das zu (langfristigen) krankheitsbedingten Fehlzeiten führen kann.[36] Es gehört unbedingt zur Behandlung in professionelle Hände.

Doch nicht jede Angst vor der Arbeit ist gleich eine pathologische Arbeitsangst. Im Gegenteil: Dass Menschen »ganz normale« (also nicht pathologische, aber trotzdem belastende) Angst vor dem Gang ins Büro haben, ist weitverbreitet. Laut einer aktuellen Studie von Headspace haben zwei Drittel der Arbeitnehmer in Deutschland mindestens einmal pro Woche Angst vor der Arbeit; gut jeder Dritte fürchtet, gefeuert zu werden.[37] Die aktuellen Daten aus dem »AOK-Fehlzeiten-Report 2023« bestätigten das Bild: 78 Prozent der Befragten fühlen sich erschöpft, 46 Prozent zweifeln an ihren Fähigkeiten und 35 Prozent haben ausgeprägte Zukunftsangst. Die Fehltage wegen psychischer Erkrankungen haben sich zwischen 2012 und 2022 verdoppelt.[38]

Damit ist klar: Angst ist kein Einzelfall, sondern ein gesellschaftliches Riesenproblem. Es hat nicht zuletzt damit zu tun, wie sehr sich unsere Arbeit verdichtet und beschleunigt hat, und wie sehr die Arbeitszeiten ausufern – zumindest in einigen Branchen und Berufen.[39]

Es begann mit der Angst um die Ernte

Jäger und Sammler in der Steinzeit hatten – je nach Klima und Jahreszeit – wahrscheinlich einen Zwei-Stunden-Arbeitstag (wenn man den anfangs erwähnten Dauerstress mit Säbelzahntigern und Co. einmal außer Acht lässt). Noch einmal: zwei Stunden. Sie verbrachten ihre Tage damit, auf der Suche nach essbaren Tieren, Früchten und Wurzeln umherzuziehen.[40] Doch dann wurden die zwei Millionen Menschen (weltweit!) fruchtbar und mehrten sich,[41] sie gruben Brunnen, bauten Siedlungen, starteten den Ackerbau und die Viehzucht und mussten auf einmal etwas tun, was ihre Vorfahren so noch nicht kannten: stundenlang malochen! Das hieß Tiere hüten, Pflanzen pflegen, Körner mahlen und das Dorf verteidigen. Das alles brachte wohl neue Ängste mit sich: etwa die Angst vor Seuchen und Krieg, Missernten und Hunger. Die biblischen Plagen und die vier apokalyptischen Reiter sind beredte Beispiele dieser Ängste.

Das Mittelalter und die frühe Neuzeit in Europa waren geprägt von »peur toujours, peur partout« – Angst immer und überall, wie es der französische Historiker Lucien Febvre (1878–1956) auf den Punkt brachte. Die Menschen fürchteten sich vor Gott und dem Teufel, vor Hexen und Dämonen, vor Dunkelheit und Feuer, vor Hunger und Krankheit. Mit der Moderne verbanden die Menschen große Hoffnungen. Sie erhofften sich eine Epoche, die geprägt sein sollte von der Klarheit des Verstandes, von wissenschaftlichen Erkenntnissen, von wirtschaftlichem Erfolg, von mehr Gerechtigkeit und Sicherheit. Doch schon bald zeigte sich, dass sich kaum eine dieser Hoffnungen erfüllen würde.[42]

Mit der Industrialisierung und der Beschäftigung in Fabriken stieg die Arbeitszeit sprunghaft an: Auf dem Höhepunkt der Industriellen Revolution um 1850 arbeiteten viele Menschen 3 500 Stunden und mehr im Jahr, also im Schnitt zwölf bis 14 Stunden an sechs Wochentagen. Die Mechanisierung revolutionierte die Produktion und reduzierte die arbeitenden Menschen auf repetitive Handgriffe – sie wurden zu einem Teil der Maschine. Es war die Zeit der Fabrikanten, die sich mehr für wirtschaftliche Effizienz interessierten und weniger bis gar nicht für menschliche Bedürfnisse. Platz für warmes Mitgefühl gab es nicht, es »herrschte klirrende Kälte in Gefühlsdingen«.[43]

Um 1900, also nicht viel später, entwickelten der Wiesbadener Psychiater Ewald Hecker und sein Wiener Kollege Sigmund Freud die Idee, dass Angst eine Krankheit sei. Sie nannten sie Angstneurose. Hinter dieser Störung vermuteten sie unbewältigte oder verdrängte psychische Angstkonflikte, die so lange angedauert hatten, dass sie sich schließlich in den Körper einschrieben und dort für Störungen sorgten.[44] Die Entwicklung der Theorie und Praxis der Psychoanalyse markierte eine grundlegende Wende im Verständnis des menschlichen Seelenlebens. Die neuen Erkenntnisse wurden schnell populär und gewannen unerwartet an Bedeutung, als Soldaten nach dem Ersten Weltkrieg heimkehrten – mit gravierenden psychischen Verletzungen.

Viele der Soldaten litten unter unterkontrollierbarem Zittern. In Deutschland wurden sie als »Kriegszitterer« oder »Schüttelneurotiker« bezeichnet, im englischsprachigen Raum sprachen die Militärärzte von »Shell Shock« (vom englischen Wort »shell« für Granate). Viele von ihnen konnten sich kaum noch auf den Beinen halten oder waren nicht mehr belastbar. Damals unterstellten die Ärzte den Heimkehrern, sie würden simulieren, seien hysterisch oder wollten sich vor der Front drücken. Dass die Männer unter den Symptomen einer Posttraumatischen Belastungsstörung (PTBS) bzw. eines Posttraumatischen Stresssyndroms litten, wurde damals noch nicht erkannt – das Zittern galt bei den Militärs als Zeichen von Verweichlichung. Dieses Urteil hielt sich lange.

Noch im Kriegsjahr 1940 wurden die traumatisierten Soldaten verunglimpft und der Feigheit bezichtigt: Aus Angst hätten sie sich nicht getraut, sich ihrer Angst zu stellen, bis sie ihnen schließlich zum Verhängnis geworden sei. Dagegen setzte man die Figur des neuen soldatischen Helden, der sich durch die Kraft seines Willens selbst aus dem Sumpf der Angst ziehen und die richtige »Haltung« einnehmen konnte. Diese Vorstellung entsprach der NS-Ideologie, die alles radikal ablehnte, was in ihren Augen »schwach« war.[45]

In seinem Buch *Gesellschaft der Angst* (2014) macht Heinz Bude, Professor für Makrosoziologie an der Universität Kassel und einer der führenden zeitgenössischen Soziologen, darauf aufmerksam, dass es schon ein Jahr vor Hitlers Machtergreifung eine junge Generation gab, »die aus der Geschichte aussteigt und sich als Trägerin eines nationalen Aktivismus inszeniert und so die rumorende Angst zum Motor einer neuen Zeit macht«[46]. Diese junge Generation hatte ihre Kindheit in den Wirren des Ersten Weltkriegs und den Straßenschlachten der Zwischenkriegszeit verbracht, sie war nicht mit dem Herzen erzogen worden, sondern mit dem Stock.

Erziehung zur Härte

So sah die gesellschaftliche Stimmung aus, als der US-amerikanische Physiologe Walter B. Cannon in den 1920er Jahren seine Fight-or-Flight-Theorie entwickelte. Er verstand sie als Reaktionen des Körpers auf äußere Reize und ein anschließendes »Zurückschwingen« in das gesunde Gleichgewicht.[47] Eine faszinierende Vorstellung für eine Gesellschaft, die sich einerseits vor Gefühlen fürchtete wie vor wilden Tieren und sie immer gleich bekämpfen wollte. Und die andererseits versuchte, Gefühle zu vermessen und sie so ganz rational in den Griff zu bekommen. Cannons Stresstheorie zeigte: Gefühle sind Physiologie. Sie sind sichtbare, messbare Reaktionen eines Organismus – und wenn das so war, dann konnte auch der Organismus dazu gebracht werden, Angst zu überwinden.[48] So wurde Angst zu einer Frage des Willens. Und der konnte erzogen werden. Zur Not mit Gewalt.

Es ist kein Zufall, dass Joseph Campbells berühmte Theorie der »Heldenreise«, die mit ihrem brutalen »Held-überwindet-Angst«-Dogma bis heute als *das* Erfolgsrezept für Hollywood-Blockbuster gilt, ebenfalls unter dem Eindruck einer Kriegserfahrung entwickelt wurde. Sie erschien 1949.[49] Und kurz darauf ich.

Erst als reifer Mann habe ich begriffen, dass meine nicht ganz einfache Kindheit nicht nur ein individuelles Erleben war, sondern typisch für die Bundesrepublik der 1950er und 1960er Jahre. Ich gehöre zu den sogenannten Nachkriegskindern. Ihnen ist gemeinsam, dass ihre Väter größtenteils im Zweiten Weltkrieg als Soldaten gedient haben. In diesem katastrophalen Krieg, der so viel Leid und weltweit mehr als 70 Millionen Tote mit sich brachte, und der 1945 mit der Niederlage Deutschlands endete.[50]

Sieben Jahre später wurde ich geboren: als Sohn eines Versehrten und einer Vertriebenen. Von der kollektiven Katastrophe wusste ich als Kind nichts, schließlich wuchs ich im friedlichen Clausthal-Zellertal auf. Zwar blieb die Harzer Kleinstadt nicht von den Luftangriffen der Alliierten verschont, die Bombenschäden waren aber nicht so sichtbar wie in anderen deutschen Städten. Als kleiner Junge bin ich viel auf Entdeckungsreise durch die Wälder gestromert, ohne Aufsicht. Meine Liebe zur Natur hat hier ihren Ursprung. Ich stand schon früh auf Skiern, die ich mit drei Jahren bereits eifrig selbst bohnerte. Und mich faszinierte das Echo meiner lauten Stimme, wenn ich fröhlich »Wie heißt der Bürgermeister von Wesel« in die Wälder rief und »Esel« von irgendwo zurückschallte. Ich war dann total selig. Ebenso wenn wir im Sommer in einem der umliegenden Teiche baden gingen. Eine »heile Welt« war es trotzdem nicht.

Mein Vater hatte bei der Schlacht um Stalingrad den rechten Arm verloren. Das war vermutlich sein Glück, denn er gehörte 1943 zu den Verwundeten, die mit den letzten Maschinen ausgeflogen wurden. Völlig entkräftet und schwer verletzt. Er ist dem Tod entkommen, hat ihn aber bis zuletzt in sich getragen. Nachts wachte mein Vater mit Panikattacken und Albträumen auf – je älter er wurde, desto schlimmer wurden die Träume: immer wieder Russland, Stalingrad, die Millionen Toten. In seinen

Albträumen erlebte er den Verlust seines Armes wieder und wieder – befreien konnte er sich von diesem Trauma nie. Als kleine Jungs haben wir das nicht verstanden. Er trug eine Prothese, die wir anfassen durften, die aber für uns Kinder blöd aussah. Später haben wir uns daran gewöhnt. Mein Vater hat mit links alles wunderbar gemeistert und sich immer so verhalten, als ob er zwei Arme hätte.

Arbeiten statt erinnern

Das »kollektive Schweigen« der Kriegsgeneration wurde von den Nachgeborenen vielfach beklagt. Auch in meiner Familie wurde kaum über den Krieg und den Nationalsozialismus gesprochen. Das wurde zu Recht kritisiert, doch heute kann ich Verständnis dafür aufbringen. Schließlich kann ich nur annähernd nachvollziehen, was meine Eltern damals erlitten haben. Denn das Leid war nach der Kapitulation noch lange nicht beendet. Im sogenannten Hungerwinter 1946/47 brach der kälteste Winter des Jahrhunderts über Deutschland hinein, bei dem mehrere Hunderttausende an Hunger, durch Erfrieren und Krankheit starben. Es fehlte an Wohnungen und Essen für die Überlebenden, verschärft wurde die Lage durch die Millionen Geflüchteten aus den deutschen Ostgebieten.

Heinrich Böll beschreibt die ersten Nachkriegsjahre als täglichen Überlebenskampf: »Jeder besaß das nackte Leben und außerdem, was ihm unter die Hände geriet: Kohlen, Holz, Bücher, Baumaterial. Jeder hätte mit Recht jeden des Diebstahls bezichtigen können.«[51] Durchkommen um jeden Preis, lautete die Devise. Für Trauer und Aufarbeitung fehlte vielen schlichtweg die Kraft und, ja: auch der Wille. Und wer weiß? Vielleicht hätte ich in dieser Lage ähnlich reagiert. Vielleicht hätte ich auch »Hurra, wir leben noch!« gerufen, die Ärmel hochgekrempelt und versucht, ein neues Leben aufzubauen.

»Hart wie Kruppstahl«

Mein Vater konzentrierte sich wie die meisten Deutschen auf den Wiederaufbau. »Hart wie Kruppstahl« bedeutete eine Art Auszeichnung und war eine geflügelte Redewendung in meiner Jugend. Wer diesen Spruch prägte, wusste ich lange Zeit nicht. Heute weiß ich, dass Adolf Hitler diese Worte im September 1935 den Jungen der Hitler-Jugend zurief: »Flink wie Windhunde, zäh wie Leder und hart wie Kruppstahl!« Gehorsam, Disziplin und die Bereitschaft zur Selbstaufopferung zählten zu den vorrangigsten Erziehungsidealen im Nationalsozialismus. »Aus den gestählten Kindern wurden stählerne Erwachsene, die keinen Sinn für die Probleme der eigenen Kinder haben«, konstatiert die Journalistin Sabine Bode, die sich als eine der Ersten mit den Kriegskindern und ihren Nachkommen beschäftigte und zu diesem Thema mehrere Bücher schrieb.[52]

Eine Pädagogik der Kälte

Tatsächlich waren autoritäre und gewalttätige Erziehungspraktiken in meiner Kindheit weitverbreitet. Ganz im Sinne des Erziehungsratgebers *Die deutsche Mutter und ihr erstes Kind*, der während des Dritten Reiches zum Bestseller wurde. Geschrieben von der überzeugten Nationalsozialistin und Lungenfachärztin Johanna Haarer (1900 – 1988). Noch bis in die 1980er Jahre hinein wurde dieses Buch verlegt. Nach Auffassung Haarers galt das Kind als Tyrann, dessen Wille gebrochen werden musste. Als probates Mittel erschien ihr eine »Verhaltenslehre der Kälte«, die Haarer offenbar ihr ganzes Leben lang beibehielt.[53]

Die Strenge, die mein Vater mir als Ältestem gegenüber an den Tag legte, entsprach dem damaligen Zeitgeist, war aber sicherlich auch dem Drill in der Wehrmacht geschuldet. »Schlagende

Väter und Mütter waren nach dem Zweiten Weltkrieg weitverbreitet, teils, weil man dies für eine richtige Erziehungsmethode hielt, teils weil die Väter und Mütter durch die Kriegserfahrungen unter starker Stressbelastung litten; heute würden wir sagen, sie litten an einer **Posttraumatischen Belastungsstörung (PTBS)**, sodass sie sich schlecht steuern und selbst beruhigen konnten, wenn sie sich belastet fühlten«, konstatiert Professorin Luise Reddemann, Psychoanalytikerin und Fachärztin für Psychotherapeutische Medizin.[54]

Wenn Stress und Angst zu groß werden: Posttraumatische Belastungsstörung

Erst viel später, nämlich 1980, wurde das Phänomen der seelischen Kriegstraumata als PTBS in den Internationalen Katalog der Krankheiten (ICD) aufgenommen. PTBS wird hier verstanden als eine verzögerte oder verlangsamte Reaktion auf ein belastendes Ereignis oder eine Situation außergewöhnlicher Bedrohung oder ein Erlebnis katastrophalen Ausmaßes (von kurzer oder langer Dauer), das bei fast jedem Menschen eine tiefe Erschütterung hervorruft. Typisch für eine PTBS ist, dass das Erlebte die Betroffenen nicht loslässt – die belastende Erinnerung kehrt in Form von sogenannten Flashbacks zurück. Häufig wird dieser Prozess von Triggerreizen ausgelöst, das können zum Beispiel Gerüche, Geräusche oder bestimmte Gegenstände sein. Menschen mit PTBS leiden häufig an einer vegetativen Übererregung, das heißt, der Sympathikus ist daueraktiv und versetzt den Körper in ständige Alarmbereitschaft. Deshalb entwickeln sie oft Schlafstörungen, können sich schlecht konzentrieren, sind reizbar und zeigen Stresssymptome wie Herzklopfen und Zittern. Häufig versuchen sie, Orte oder Situationen zu vermeiden, die an das Erlebte erinnern. Im extremen Fall ziehen sie sich gänzlich in die soziale Isolation zurück.

»Was mich nicht umbringt, macht mich stärker«

Mein Vater litt sicherlich unter PTBS – aber das war damals kein Thema. In der Öffentlichkeit nicht, und privat schon gar nicht. Ich habe noch den Satz aus meiner Kindheit im Ohr: »Was mich nicht umbringt, macht mich stärker.« Er stammt aus der eher gefühlskalten zweiten Hälfte des 19. Jahrhunderts, von Friedrich Nietzsche. Mein Vater arbeitete diszipliniert, um für uns Wohlstand zu erreichen. Wir sollten es besser haben. So war das damals in vielen Familien. Ende der 1950er Jahre stabilisierten sich allmählich die Verhältnisse. Wer sich anstrengte und etwas leistete, stieg auf – Leistungsbereitschaft verbunden mit preußischem Pflichtbewusstsein machte das Wirtschaftswunder in der jungen Bundesrepublik möglich.

Auch mein Vater ackerte sich hoch. Von außen betrachtet ging es uns ganz gut. Wir lebten im Eigenheim und konnten uns als fünfköpfige Familie Urlaube leisten. Meine Brüder Willy, Herbert und ich lernten Musikinstrumente und sangen im Chor. Die Kehrseite der Medaille: Mein Vater war als Bergbauingenieur selten zu Hause, und wenn, dann hat er sich wenig um mich gekümmert. Ich war sein ältester Sohn, also verlangte er, dass ich vorangehe. Alles war selbstverständlich. Voraussetzung. Bedingung. Ansonsten gab es Ärger. Punkt. Es muss eine Eins sein. Das muss geschafft werden. Und wenn es nicht geschafft wird, dann Nachhilfe, Nachhilfe, Nachhilfe. Oder Strafe. Er hat mich, wie damals oft üblich, als Erstgeborenen hart bestraft: mit der Hand und mit dem Stock. Ich wurde auch im Zimmer eingeschlossen. Nach den Maßstäben, die wir heute anlegen, würde man sein Verhalten als Misshandlung ansehen. Vielleicht konnte er wie viele Väter dieser Generation auf diese Weise auch Dampf ablassen. Lob gab es nicht, egal wie gut ich etwas machte, seine Erwartungen erfüllte oder seinen Anforderungen gerecht wurde.

Schularbeit unter Dauerstress

Die hohen Erwartungen meines Vaters setzten mich unter Druck, ich fürchtete seine Bestrafungen. Als Mediziner weiß ich heute, dass ich als Kind unter Daueranspannung stand – eine typische Reaktion auf Stress. Und was passiert, wenn man sich bedroht fühlt? Der Körper aktiviert den Kampf- oder Fluchtmodus.

Mit 13 Jahren wagte ich meinen ersten Fluchtversuch. Mein Vater hatte mich mal wieder in meinem Zimmer eingesperrt, und so bin ich aus dem ersten Stock unseres Hauses in den Schnee gesprungen – ganz knapp hinweg über einen tiefen Kellerschacht. Das war nicht ungefährlich, es hätte auch anders ausgehen können. Aber ich bin heil im Garten gelandet und zu meinem Freund gelaufen, bei dem ich übernachtete. Und wollte dann mit dem Zug in die Welt fahren, ich hatte mir auch schon ein Ticket besorgt. Mein Vater hat mich schließlich auf das Bitten und Drängen meiner Mutter hin gesucht und im Bahnhof gefunden. Dort hat er mich gebeten, nach Hause zurückzukommen. Von diesem Tag an waren die Strafen nicht mehr so drakonisch. Ein erster kleiner Sieg. In meiner Jugendzeit traute ich mich schließlich, mich immer mehr aufzulehnen und meinen eigenen Weg zu gehen. Ich wollte immer ans Meer, weil ich ein Fanatiker in Bezug auf Wasser, Schwimmen und Segeln bin. Mit 16 Jahren hatte ich mir eine Lehrstelle als Holzbootsbauer in Kiel besorgt, aber mein Vater meinte, ich solle erst Abitur machen. Na gut. Später habe ich mich in Kiel eben zum Studium der Medizin beworben.

Heute sehe ich es so: Mein Vater wollte mit den falschen Methoden das Richtige. Er wollte, dass aus mir was wird. Als ich ihm die Nachricht überbrachte, dass ich einen Studienplatz in Medizin ergattert hatte, ist mein Vater vor Stolz ausgeflippt. Meine Mutter sowieso. Mein Vater gab mir noch mit: »Erzähl niemanden von deinem schlechten Abitur.« So viel verrate ich: Auf meiner Abiturnote stand eine Drei vor dem Komma – mein Medizinstudium habe ich trotzdem gemeistert. Nicht mit links, aber mit viel Herzblut und Lernbereitschaft. In der Medizin kommt es nicht auf eine gute Abiturnote an, sondern auf die Begeisterung und Leidenschaft, zu heilen und fürsorglich den Patienten medizinisch und seelsorgerisch zur Seite zu stehen. Ein System, das angehende Ärztinnen und Ärzte dazu zwingt, zum Teil Unsinniges auswendig zu lernen, um eine Abiturnote von 1,0 zu erreichen, halte ich für kontraproduktiv.

Raus aus der Maschine

Seit meinem Studium setze ich mich für ein anderes, ein besseres, ein humaneres Verständnis von Medizin ein. Dass ich dabei eine gewisse Rastlosigkeit an den Tag lege, ist vielleicht auch dem Erbe meines Vaters geschuldet.

Jedenfalls habe ich, solange ich denken kann, gearbeitet und gearbeitet – und mir kaum Pausen gegönnt. Bis zu jenem Tag im Jahr 1995, als mir mein Körper einen Strich durch die Rechnung machte und mir eine lebensbedrohliche Herzmuskelentzündung bescherte. Und große Angst: Würde ich überhaupt überleben? Und wenn ja, würde ich weitermachen können wie bisher? Mein Zusammenbruch hatte für mich etwas erledigt, was ich vorher nicht verstanden hatte, weil man es mir abtrainiert hatte: auf die Erschöpfung zu hören, in sich hineinzufühlen und Arbeitspausen machen, um gesund zu bleiben.

Bei mir setzte ein Umdenken ein: Bei Fieber gehört man ins Bett und sollte drei Tage fieberfrei sein, bevor man mit leichten körperlichen Übungen wieder anfängt und in die Schule oder zur Arbeit geht. Sport könnte an dieser Stelle wirklich Mord sein, wie es Winston Churchill einmal formulierte: »No sports.« Das predige ich auch Menschen, die an Angina, Influenza oder Corona, Bronchitis oder Lungenentzündung erkranken. Ich habe gelernt! Leider sind es vor allem Männer, vor allem die Non-Stopp-Sportler, die auf ihre Körpersignale nicht hören (wollen) und unbeirrt weitermachen. Das ist mehr als gefährlich, weil das Immunsystem mit der Abwehr von Viren oder Bakterien beschäftigt ist und alle Energie dafür benötigt, sonst bricht es zusammen – und man kann gar nicht mehr arbeiten.

Zusammen umdenken

Als mein Vater Enkel bekam, änderte sich sein Charakter, er wurde milder und zugewandter. Da fand ich auch den Mut ihn zu fragen, warum er in meiner Kindheit so brutal zu mir gewesen ist. Ich habe ihm erzählt, wie ich seinetwegen gelitten habe. Durch seine Abwesenheit. Durch seine Schläge. Bei ihm kam alles wieder in ihm hoch, seine Kriegserfahrungen, und er hat sich ehrlich, richtig entschuldigt. Das war eine extrem befreiende Situation, die ich jedem nur wünschen kann. Ich konnte meinem Vater verzeihen. Auch, weil er mir mitgab: »Nie wieder Krieg. Er verändert die Menschen.«

Mit 87 Jahren wurde er – ein Jahr vor seinem Tod – dement. Es schlug wie ein Blitz in ihn ein, bis dahin war er absolut fit, geistig und körperlich. »Dietrich, ich hab da was im Kopf«, sagte er zu mir, bevor er die Kontrolle verlor. Er schmiss sich auf die Straße, wurde aggressiv. Vor den engagierten Krankenpflegern fürchtete er sich, er sah in ihnen »Soldaten-Schweine«, die ihn erschießen wollten. »Im Moment wacht er ganz häufig auf und redet sehr viel, über den Krieg und die Verfolgung. Über die Angst zu sterben«, erzählte mir meine Mutter damals. Sein Persönlichkeitsverfall war schrecklich, vor allem für sie. Am Ende des Lebens meines Vaters erlebten wir noch einmal deutlich, was Erich Maria Remarque mit seinem berühmten Bonmot gemeint hatte: »Der Schatten des Krieges hing auch und gerade über uns, wenn wir gar nicht daran dachten.«

Wie ist die Geschichte meines Vaters, wie ist sein Trauma und seine Angst mit der Geschichte unserer Gesellschaft verbunden, mit der sogenannten »German Angst«?

WIR
Was ist dran an der »German Angst«?

»In Begriffen der Angst wird deutlich, wohin die Gesellschaft sich entwickelt, woran Konflikte sich entzünden, wann sich bestimmte Gruppen innerlich verabschieden und wie sich mit einem Mal Endzeitstimmungen oder Verbitterungsgefühle ausbreiten«, schreibt Heinz Bude. »Angst zeigt uns, was mit uns los ist.«[55] Was ist los mit uns? Das versucht die R+V-Studie »Die Ängste der Deutschen« seit über 30 Jahren regelmäßig zu messen. Ein Langzeitvergleich gibt die Stimmungslage der Bevölkerung wieder und zeigt, welche Ängste seither Jahr für Jahr dominieren. Der Angstindex 2022 zeigt, dass nicht nur bei der jungen Generation wirtschaftliche Sorgen im Fokus standen. 67 Prozent der Deutschen gaben an, Angst vor steigenden Lebenshaltungskosten zu haben: mit Abstand die Sorge Nummer eins. Die Furcht vor wirtschaftlicher Verschlechterung und Wohlstandsverlust treibt die Deutschen am meisten um.[56]

»Auf der Flucht vor der Wirklichkeit«

Wenn man noch präziser wissen will, was mit uns los ist, muss man in Köln nachfragen, beim Marktforschungsinstitut rheingold, das die Nation regelmäßig gewissermaßen auf die Couch legt. Ihre aktuelle Diagnose: Deutschland ist auf der Flucht vor der Wirklichkeit.[57] »Den Deutschen gelingt die Maximierung ihrer Zuversicht durch die Minimierung ihres Gesichtskreises«, schreibt der Psychologe Stephan Grünewald, Studienleiter und Gründer des rheingold Instituts. »Auf der Strecke bleiben durch diesen Umgang mit den Krisen gesellschaftliche Verantwortungsübernahme wie auch eine konstruktive Gesprächskultur.« Tatsächlich zeigt die aktuelle rheingold-Studie, dass fast zwei Drittel der Deutschen die Klimakrise für nicht so wichtig halten, lieber schaut man auf das, was den eigenen Geldbeutel oder die eigene Sicherheit betrifft: Inflation und explodierende Lebenshaltungskosten, gesellschaftliche Spaltung und Angst vor dem Verlust des politischen Systems.

Die erste Angstreaktion der Deutschen heißt also »Augen zu«. Daneben gibt es eine zweite, die man – so meine ich – am besten erklären kann mit einem Kinderspiel. Fast überall in Deutschland spielen Kinder »Fangen«, und fast überall wird ein »Freimal« vereinbart, also ein Ort, an dem man sich unbehelligt ausruhen kann.[58] Und haben die folgenden Reaktionen nicht die gleiche Funktion? Sich ausruhen? Grünewald nennt gleich drei davon:

- **»Erlösungshoffnung«:** Um beängstigende Änderungen des eigenen Lebensstils zu umgehen, werden Veränderungsnotwendigkeiten delegiert – an Technologie und an die »junge Generation«, die vor allem die Klimafragen in der Zukunft schon irgendwie beantworten wird.
- **»Ablasshandel«:** Statt sich wirklich aktiv für soziale, politische und ökologische Veränderung einzusetzen, zahlt man wenigstens ordentlich seine Steuern und fährt ein bisschen mehr Fahrrad.
- **»Ästhetisiertes Ab- und Eintauchen«:** Statt sich von Kunst oder Kultur aufrütteln zu lassen, taucht man ab in die tröstlichen und unverbindlichen Welten von Social Media, Streamingdiensten und Co.

Statt das Ruder herumzureißen, tauchen wir ab. Wir ducken uns weg vor den Krisen dieser Welt und vor der Angst, die uns diese Krisen machen. Wir leben viel mehr »Flight« und »Freeze« als »Fight«. Und ist das nicht auch verständlich?

Im Moment dreht sich die Welt im Dauerkrisen-Modus: »bad news« von morgens bis abends. Schlagzeilen verkünden den Niedergang Deutschlands und Europas, hinzu kommen schreckliche Meldungen über den Ukraine-Krieg, und da ist noch der bewaffnete Konflikt zwischen Israel und der Terrororganisation Hamas in Nahost. Beide Kriege schüren Ängste, bedrücken mich, uns und viele Menschen weltweit, auch dass sich diese Brandherde in benachbarte Länder ausbreiten könnten, unsere Kinder und Enkel – allermeist sind es ja die Jungen oder Männer – als Soldaten eingezogen werden und sterben könnten. Katastrophe. Puuuh. Von weiteren weltweiten Konflikten, der Umweltverschmutzung und Klimakrise, den globalen Fluchtbewegungen sowie der sozialen Ungleichheit möchte ich gar nicht erst anfangen. Es tut so weh. Hören Elend und Angst denn nie auf?

»Zeitalter der Angst«

Schon im Jahr 1947 hatte der englische Dichter W. H. Auden (1907–1973) in seinem gleichnamigen Versepos ein »Zeitalter der Angst« diagnostiziert. Er beschrieb das Grundgefühl nach zwei verheerenden Weltkriegen mit einer weitgehend traumatisierten Bevölkerung, die mit den Dämonen der Vergangenheit zu kämpfen hatte. Und er traf einen Nerv.

Jeder Krieg hinterlässt nicht nur äußerliche Wunden, sondern auch Narben auf der Seele. Eine ganze Generation von Deutschen war traumatisiert – auch meine Eltern, wie ich heute weiß. Dieses kollektive Trauma war lange ein Tabuthema – galten die Deutschen doch ausschließlich als Täter, verantwortlich für den Holocaust und den Ausbruch des Zweiten Weltkrieges. Deshalb ging es in der öffentlichen Diskussion fast ausschließlich um die Schandtaten während des Nationalsozialismus und um das unfassbare Leid der Holocaust-Opfer. Doch musste die deutsche Zivilbevölkerung nicht auch Schweres ertragen? Lebten sie nicht in einem Land von Besiegten, gefangen in Gefühlen von Schuld, Scham und Trauer?

»Nach dem heutigen Wissen haben sowohl die NS-Zeit wie der Zweite Weltkrieg und die Nachkriegszeit tiefe Spuren im individuellen, familiären und kollektiven Gedächtnis hinterlassen. Vieles davon ist bewusst, vermutlich ebenso vieles unbewusst«, erläutert Luise Reddemann in ihrem Buch *Kriegskinder und Kriegsenkel in der Psychotherapie.*[59] Über ihre Erfahrungen haben die Betroffenen meist geschwiegen, wohl auch, weil die Erlebnisse so traumatisch waren, dass sie verdrängt wurden. Psychologen bezeichnen diesen Vorgang als »Dissoziation«. Es handelt sich um eine psychische Notfall-Reaktion, die unser Überleben sichert: Um uns vor unerträglichen Gefühlen wie Ohnmacht oder Hilflosigkeit zu schützen, werden traumatische Erfahrungen abgespalten. Ein wenig ist dieses Phänomen vergleichbar mit dem »Totstellreflex« im Tierreich, wenn Flucht oder Kampf nicht möglich sind. Wie kommt man raus aus dieser Starre?

Von der Angststarre zum Aufbruch

Die feste Überzeugung, dass Gewalt – egal in welcher Form – entsetzlich ist und verhindert werden muss, ist eine Haltung, die ich in meiner Generation häufig antreffe. Vielleicht ist das mein und unser Weg, die Geschichte der Eltern in etwas Positives zu verwandeln. Und so abwegig ist das auch gar nicht: Dass die Erfahrung von Krieg und Gewalt die Demokratisierung und Liberalisierung der Bundesrepublik begleitet hat, beschreibt Frank Biess, Professor für Europäische Geschichte an der University of California, in seinem Buch *Republik der Angst*[60]: »Freilich waren die Ängste der Deutschen nach 1945 nicht nur störend und destabilisierend. Im Gegenteil: Die erhöhte Angstbereitschaft der Deutschen sensibilisierte sie auch für mögliche Gefahren. Sie intensivierte die demokratische Wachsamkeit und schärfte das Bewusstsein für die inhärente

Krisenanfälligkeit moderner Demokratien. Die Angstgeschichte nach 1945 trug paradoxerweise auch zur Stabilisierung und letztlich dem ›Erfolg‹ der Bundesrepublik bei.«[61] Sie diente nicht zuletzt als emotionaler Motor für die aufkommende Umwelt- und Friedensbewegung.

Das galt auch für mich: Wir befanden uns mitten im Kalten Krieg, die Möglichkeit einer atomaren Eskalation hing wie ein Damoklesschwert über uns. Das alles flößte mir Angst ein und trieb mich zum Handeln. Ich ging damals auf viele Demonstrationen, bereits als Schüler: gegen den Vietnamkrieg, gegen Atomwaffen, für den Frieden. Nicht allein, sondern mit vielen meiner gleichaltrigen Freundinnen und Freunde. Wir waren eine Bewegung, wollten die Gesellschaft mitgestalten. Mein Vater hatte kein Verständnis für mein Engagement, es war ihm wichtiger, dass ich gute Noten nach Hause brachte. Aber ich ließ mich nicht beirren.

Heute sehe ich das Aufbegehren gegen Autoritäten als eine Folge meiner Erfahrungen als Kind und Jugendlicher. Der Drill im extrem konservativen Jungen-Gymnasium und die Ruppigkeit der Ärzte gegenüber Kindern haben mich damals schon abgestoßen. Von dem spießigen Zeitgeist möchte ich gar nicht erst anfangen. Mit 16 Jahren war ich Chefredakteur einer Schülerzeitung und habe mich unter anderem für Frieden, Emanzipation und Sexualaufklärung eingesetzt – wir forderten unter anderem eine wöchentliche Stunde für dieses wichtige Thema. Wir waren wie viele aus meiner Generation aufmüpfige Jugendliche. Blinder Gehorsam und Autoritäten, die ihre Macht missbrauchen und auf ihre Autorität zu pochen, anstatt zu überzeugen, waren uns ein Gräuel – und sind es mir noch heute.

Woodstock und Studentenrevolte, Vietnamkrieg und Friedensbewegung: Die 1960er Jahre waren eine Zeit der tiefgreifenden gesellschaftlichen Veränderungen – und das auch in Bochum und später während meiner Medizinstudienzeit in Kiel. Mit dem Fortschritt und der Popularisierung der Psychologie galten jetzt nicht mehr Gefühle wie Angst als schwach oder irgendwie falsch, sondern die Unfähigkeit, Gefühle richtig zu fühlen und richtig mit ihnen umzugehen. Das hieß: Gefühle mussten und sollten wahrgenommen und ausgedrückt werden. Das veränderte das Menschenbild einer ganzen Generation: Der bisher erwünschte Typus des stillen, angepassten Mitläufers geriet unter Generalverdacht – nun war es Zeit für den »emotional authentischen und konfliktbereiten Menschen«.[62] Die Zeit roch nach Freiheit, nach Selbstverwirklichung ohne Angst.

Doch dann kam Gegenwind aus einer ungeahnten Ecke: Seit den 1970er Jahren versuchen Unternehmen mit immer neuen Trainings, Coachings und Seminaren die wichtigste Ressource des Menschen nutzbar zu machen: seine Emotionen.[63] Das ist ihnen gelungen. Die heutige Wissens- und Dienstleistungsgesellschaft lebt ganz wesentlich von der Kreativität und Empathie der Menschen – und damit passiert etwas Perfides. Gerade *weil* man heute auch im Beruf als ganzer Mensch mit all seinen Emotionen – Ängsten und Sorgen, Sehnsüchten, Leidenschaften und Visionen – gefragt ist, begünstigt dies wieder ein Arbeiten ohne Grenzen. Und die Angst vor dem Statusverlust, wenn man Grenzen setzt. Die Angst, sie ist wieder da.

Die Angst kommt zurück

Seit der Wende zum 21. Jahrhundert steht in Deutschland ein Phänomen im Mittelpunkt gesellschaftlicher Diskurse, das sowohl die Öffentlichkeit als auch die sozialwissenschaftliche

Forschung beschäftigt: die Krise der Mittelschicht. Die Angst vor dem sozialen Abstieg, so heißt es, scheint die Mitte der Gesellschaft erreicht zu haben. Doch stimmt das? Eine Längsschnittanalyse der Universität Hagen ist dieser Frage nachgegangen und zeigt mit Daten aus der Arbeitsmarkt- und Armutsforschung (1984 bis 2007) ab Mitte der 1990er Jahre eine Zunahme von Abstiegsängsten in der Mittelschicht, die sich – und das ist der Knackpunkt dieser Studie – *nicht* aus den Daten heraus erklären lässt. Einfacher gesagt: Bis in die »Nullerjahre« hinein wuchs Statusangst immer weiter, aber real hatte sich kaum etwas verändert.[64]

Dann kamen die Finanzkrise und der Terror des »Islamischen Staates« (IS), und mit MERS, SARS und Ebola bekamen wir einen ersten Eindruck davon, was Pandemien bedeuten können. 2014 erschien das Buch *Gesellschaft der Angst*, und zehn Jahre später haben Heinz Budes Aussagen nichts von ihrer Gültigkeit verloren: *Globalisierung, Liberalisierung, Digitalisierung und Künstliche Intelligenz (KI) haben das Tempo der Veränderung beschleunigt.* Viele befürchten, im rapiden Wandel nicht mithalten zu können; zu den Abgehängten und Verlierern im steten Wettstreit zu zählen. Diese Angst betrifft laut Bude vor allem die Nachkriegsgenerationen, die das Leben als sicher und komfortabel erlebt haben. Er sieht die »Symptome einer weitaus grundsätzlicheren Angst, die sich in den vergangenen Jahrzehnten entfaltet hat: der Befürchtung, dass das Leben nicht immer gut sein wird. Dass der Wohlstand vergänglich ist, dass berufliche Stellungen und gesellschaftliche Achtung nicht erreicht werden oder verloren gehen können. Es ist die diffuse Ahnung, dass das Gute auch immer zerbrechlich und flüchtig ist – und die Zukunft schlechter sein kann als die Gegenwart«, sagt Bude in einem Interview.[65]

Trotzdem geht es Deutschland im Vergleich zu vielen anderen Ländern nach wie vor gut – allen Unkenrufen zum Trotz. 51,8 Prozent des Stroms stammen inzwischen aus erneuerbaren

Quellen.[66]. 2023 gingen trotz Konjunkturschwäche mehr als 46 Millionen Menschen einer Erwerbstätigkeit nach. Ein neuer historischer Höchststand.[67] Deutsche haben in gemeinschaftlicher Anstrengung viel geschafft, worauf sie stolz sein können. Nicht zuletzt gingen 2024 wieder viele Menschen auf die Straße, um für Demokratie und Frieden zu demonstrieren. Trotz zunehmender Gewalt in Städten und Gemeinden. Trotz eines neu aufflammenden Antisemitismus und Rassismus. Trotz allem.

Nicht mitlaufen, aufmucken!

Dass ich trotz des einschüchternden Vaters den Mut gefunden habe, meinen eigenen Weg zu gehen, habe ich meiner Mutter zu verdanken. Sie bildete den Gegenpol, hat immer versucht, mir mit Ruhe zur Seite zu stehen, versucht zu vermitteln. Ihre Bemühungen haben häufig leider nichts genutzt, mein Vater war halt ein harter Brocken. Trotzdem hat sie mir mit ihrer liebevollen, umsorgenden Art sehr geholfen.

Meine Mutter ist in der fünften Generation in einem Arzthaushalt als Baltendeutsche im heutigen Tallinn aufgewachsen. Mein Großvater leitete dort eine HNO-ärztliche Abteilung. Mit dem drohenden Einmarsch der Russen musste sie über Nacht mit ihrer Mutter und den beiden Schwestern flüchten. Zunächst nach Polen, wo meine Mutter eine Zeitlang in Danzig gelebt hat und später weiter zu ihrem Vater nach Greifswald, als er dort als HNO-Arzt tätig war – bis er an die Front musste. Sie hat ihn nie wieder gesehen. Meine Mutter hat sehr unter dem Verlust ihres Vaters als auch dem Verlust ihrer geliebten Heimat gelitten. Die Vertreibung aus Estland kam in Gesprächen immer wieder hoch, und wir bemerkten, wie traurig sie dieses Thema machte. Wenigstens lebten ihre Schwestern und ihre Mutter bei uns in der Nähe. Wenn meine beiden Tanten, beides Ärztinnen, zu Besuch waren, wurde häufig estnisch gesprochen. Zumindest, wenn wir Kinder bestimmte Dinge nicht hören sollten. Da verstand selbst mein Vater nur Bahnhof. Die eine Tante war Schulmedizinerin, die andere naturheilkundlich orientierte Kinderärztin. Beide Tanten durfte ich in der Klinik und in der Praxis begleiten. Beide habe ich sehr geliebt, auch wegen ihrer zugewandten, fürsorglichen Art, Patienten zu behandeln. Sie waren ein Vorbild für mich. Rückblickend kann ich sagen: Die Frauen meiner Familie haben mich gerettet. Durch ihre Liebe, Beständigkeit und Fürsorge, die für mich ein sicherer Ort war. Alles Eigenschaften, denen es vielen Männern in der damaligen Zeit mangelte. Oder die sie nicht zeigen konnten.

Auch mein Vater hat mich geliebt, das weiß ich, auch wenn ich das lange nicht gespürt und bezweifelt habe. Eine meiner frühesten Kindheitserinnerungen ist, wie er mich, als ich mit einer schweren Lungenentzündung nach Luft ringe, durch das Zimmer trägt. Ich fühle heute noch seinen »echten« Arm und seine Armprothese und sehe mich auch selbst immer noch, wie ich auf seinen Armen liege. Ein völlig verrücktes Gefühl, es ist noch immer sehr präsent. Meine Angst verschwindet, einfach durch dieses Gefühl der Nähe. Dieses Grundgefühl des Getragenseins habe ich allen äußeren Widrigkeiten zum Trotz immer in mir bewahrt. Wie eine Perle auf dem Meeresgrund, deren Glanz durch das Dunkle schimmert.

Als Kind hatte ich oft Mandel- und Ohrenentzündungen. So schlimm, dass ich teilweise nichts mehr gehört habe. Meine Erinnerungen an die häufigen fieberhaften Bronchitiden und an meinen starken Husten sind geprägt von warmen Senf- und Brustwickeln, Thymian- und Efeutropfen, Wadenwickeln – Brrr! – und der intensiven Zuwendung und Sorge meiner Mutter. Antibiotika bekam ich so gut wie nie! Viel später erzählte sie mir von ihrer panischen Angst, ihren Sohn zu verlieren … Jedenfalls konnte ich mich auf die Fürsorge meiner Mutter immer verlassen: Sie ist jede halbe Stunde zu mir gekommen, um mir zum Beispiel Wadenwickel zu machen. Meinen Schweiß hat sie mit einem feuchten Waschlappen abgerieben. Liebevoll sagte sie: »Vorsicht, jetzt wird es kalt.« Dann hat sie mich in ihren Armen gewärmt. Sie wollte, dass ich so lange liegen bleibe, bis ich wieder richtig gesund war. Sie war mein Fels in der Brandung.

Heute würde man sagen: Sie hat mich *resilient* gemacht. Oder, wie es die Traumatherapeutin Dami Charf ausdrückt: »Kinder mit sicherer Bindung lernen, dass sie sich darauf verlassen können, dass jemand da ist und für sie sorgt. Selbst wenn es einmal zu einem Konflikt oder einer Trennung kommt, wird dies wieder repariert. Daraus entsteht ein Grundvertrauen in das Gute der Welt. Sicher gebundene Kinder haben das Gefühl: ›Die Welt ist sicher, und es wird gut für mich gesorgt‹.«[68]

Reden, nicht schweigen

Nicht zuletzt deshalb finde ich es unglaublich bedrückend, was aktuell passiert, etwa in der Ukraine: wie Kinder verschleppt werden; wie Jugendliche mit 17, 18, 19 Jahren an die Front geschickt werden. Vielleicht nie wieder kommen. Wie Mütter und Väter ihre Söhne an der Front verlieren, ihre Töchter, Kleinkinder und Großeltern im zivilen Umfeld. Es bedrückt mich und ich verstehe die Welt nicht, dass sie nicht nach Frieden sucht, sondern meint, Frieden könne durch Waffengewalt erzielt werden. Ich glaube, da macht die Menschheit (und speziell meine Geschlechtsgenossen) seit Tausenden von Jahren etwas falsch. Deshalb halte ich eine gute Erinnerungskultur für unabdingbar.

Reden, nicht schweigen: über die Angst vor dem Tod, die Angst vor dem Verlust, vor der Niederlage, wie es ist, seine Heimat zu verlieren. Was Kriege auslöst, wie man mit der Angst umgeht und wie man sie überwindet. Und wie wir es schaffen, Frieden zu gestalten – auch in unseren Köpfen. Diese Fragen stellen sich umso dringlicher, weil überall auf der Welt Menschen vor bewaffneten Konflikten fliehen.

So seltsam es inmitten von Krieg und Elend klingen mag: Auch kollektive Traumatisierungen wie Kriege, Flucht oder Vertreibung können sich in etwas Positives verwandeln. Aus Stress kann sogar eine Art posttraumatisches Wachstum entstehen. »Im günstigsten Fall und unter besten Bedingungen könnte aus einer kollektiven Traumatisierung letztlich eine kollektive Resilienz erwachsen, indem eine ganze Gruppe, eine ganze Gesellschaft, Resilienzentwicklungen im Sinne von inneren Wachstumsprozessen bei vielen einzelnen Individuen hervorruft«, schreibt der Kinder- und Jugendpsychiater Karl Heinz Brisch sehr treffend.[69] Auch er nennt das Ende des Zweiten Weltkrieges als Beispiel für die Entstehung kollektiver Resilienz. Nach den verheerenden Folgen seien sich viele Menschen in Europa einig gewesen: »Nie wieder Krieg!« »Das Überleben des Zweiten Weltkriegs und seiner Folgen«, so Brisch, »führte also zu einer Idee, dass wir alle in Europa nur in Zukunft sicher leben und uns entwickeln können, als Staaten und jeder Einzelne, wenn es Frieden gibt, der uns verbindet.«[70]

Eine Idee, die jetzt sehr stark zur Disposition steht. Was mich sehr beunruhigt.

Und doch stimmt auch das: Wenn ein Trauma überwunden wird, wenn die innere Stärke und die Zuversicht wachsen, dann können sich neue zwischenmenschliche Verhaltensweisen entwickeln, dann entstehen neue Überlebensstrukturen des kollektiven Verhaltens, sogar so etwas wie »Strahlkraft« für kommende Generationen. »Wenn sich in dem Erlebten und Erfahrenen ein Sinngehalt finden lässt«, schreibt Brisch, »können sich gesellschaftliche Prozesse der Weiterentwicklung ergeben.«[71] Ich selbst habe Hoffnung, dass uns das gelingt. Es ist ja schon mindestens einmal gelungen. Fast 80 Jahre in Frieden zu leben ist etwas ganz Besonderes. Das dürfen wir nie vergessen. Und eigentlich dürfen wir auch die noch älteren Tiefpunkte der europäischen Geschichte nicht vergessen, die Millionen von Toten forderten: der Dreißigjährige Krieg im 17. Jahrhundert, die Napoleonischen

Kriege im 19. Jahrhundert, der Erste Weltkrieg zu Beginn des 20. Jahrhunderts …

Wenn es auch nicht für alle Schockerlebnisse gelten mag: Viele individuelle und kollektive Traumata sind doch heilbar. Wenn man Schicksalsschläge überlebt und verarbeitet, können sie helfen, die positiven Dinge des Lebens mehr zu schätzen. Lebensfreude zu fühlen, obwohl hier und da noch eine schwarze Wolke hängt.

Auch mir ist die pure Freude nicht gerade in die Wiege gelegt worden. Fast könnte ich sagen: Ich habe mir das Gefühl der Lebensfreude gegen harte Widerstände von außen, auch gegen die eigene Angst erarbeiten müssen. Damit meine ich nicht einfach »Erfolg« oder »Wohlstand«. Bloßes Wohlergehen ist noch kein Glück. Wir müssen etwas fürs Glück tun, und auch Freude und Genuss kommen nicht von allein, sondern müssen gelernt, gesucht, gepflegt werden. Lebensfreude gewinnen wir auch und gerade aus der Überwindung von Krisen. Ja, wir müssen auf Widrigkeiten gefasst sein, und oft wachsen wir gerade dann, wenn wir sie bestehen und überstehen. Das gilt für schwere und schwerste Zeiten, wenn es heißt, Abschied für lange oder für immer zu nehmen. Lebenskunst bedeutet auch, mit Trennungen fertig zu werden, mit Krisen und Niederlagen. Lebenskunst bedeutet, dankbar für das Geschenk des Lebens zu sein, auch wenn im Leben einmal alles schiefläuft.

Leid ist ein unausweichlicher Bestandteil unseres Daseins, lautet eine der buddhistischen Weisheiten. Es kann nicht nur schöne Momente geben, auch wenn wir uns das manchmal wünschen. Alle Erschütterungen in meinem Leben haben mich aufgerüttelt: zum Nachdenken und Handeln angeregt. Natürlich bin ich innerlich manchmal zerbrochen, etwa beim Tod meines Bruders Willy, der mit 44 Jahren überraschend starb. Oder der Verlust meines besten Freundes in meiner Jugend, der bei einem Motorradunfall in meiner Straße tödlich verunglückte. Ihm wurde die Vorfahrt genommen. Wahnsinn pur. Doch es gilt, die Scherben im Kopf zusammenzufügen.

Narben aus Gold

Die japanische Technik des Kintsugi kommt mir dabei in den Sinn, eine jahrhundertealte Reparaturmethode. Der Begriff »Kintsugi« stammt von den japanischen Wörtern »kin« (Gold) und »tsugi« (Verbindung). Sprichwörtlich bedeutet Kintsugi: goldenes Zusammensetzen oder Goldverbindung. Das Sammeln der Scherben geht damit einher, die Situation zu akzeptieren, das Reinigen der Klebestellen mit einer gewissen Geduld für den Reinigungsprozess – die Bruchstellen werden mit Gold nachgezeichnet statt verborgen. Dieser ganze Prozess kann sich über Wochen oder Monate hinziehen. Am Ende hat sich das ursprüngliche Objekt in etwas Neues verwandelt, die Brüche werden nicht versteckt, sondern durch Gold extra betont.

Ich finde, das ist ein schönes Bild, wie wir mit den Verletzungen in unserem Leben umgehen können. Wir müssen nicht perfekt sein, was vielmehr zählt ist die Kraft und die Geduld, mit der wir unsere Risse reparieren. Dann kann etwas Neues entstehen. Wäre ich ein Kintsugi-Keramikgefäß, ich wäre durchzogen von goldenen Linien, so oft habe ich mich selbst repariert – und bin letztlich zu dem geworden, der ich heute bin. Nicht kaputt, auch nicht ganz heil, dafür einzigartig. Wie jeder Mensch. Gerade die Brüche und Kanten machen uns doch zu dem, was wir sind. Wir sollten sie akzeptieren, statt sie vor uns oder anderen zu verbergen.

II
URSACHEN
Was hinter der Angst steckt

*»Beherzt ist nicht, wer keine Angst kennt,
beherzt ist, wer die Angst kennt und sie überwindet.«*
Khalil Gibran

INTRO
Der Schock meines Lebens

Eines Morgens, mitten in der Behandlung, erhalte ich einen Anruf. »Es ist dringend«, wird mir gesagt. Ich höre eine Stimme, die mir bekannt vorkommt, die ich aber nicht einordnen kann. Die Stimme klingt leise, fast heiser, der Mann am anderen Ende der Leitung spricht stockend. Wer ist das? Herbert? Oder Willy? Ich kann nicht heraushören, wer es ist – halb taub vor Angst. »Didi, hier ist Willy«, höre ich schließlich. »Ich habe so schreckliche Rückenschmerzen. Ich kann mich kaum bewegen und ich muss gleich eine Ausstellung eröffnen. Ich weiß nicht, was ich tun soll! Kann es sein, dass ich einen Bandscheibenvorfall habe?« Willy ist völlig aufgelöst, so kenne ich ihn gar nicht. Ich mache mir große Sorgen, empfehle ihm eine sofortige Kernspintomographie und gebe ihm die Telefonnummer eines Kollegen.

Einige Stunden später ruft Willy wieder an. Jetzt noch aufgewühlter, zutiefst verzweifelt. »Didi, ich habe ganz viele weiße Punkte in der Wirbelsäule!«, stößt er hervor. »Der Arzt sagt, ich habe Metastasen!« Ich sacke zusammen. Um mich herum wird es schwarz. Nein! Nicht Willy! Als ich wenig später die Bilder sehe, bestätigt sich der Verdacht. Es sind die Metastasen eines Lymphknotenkrebses, der sich – wie später diagnostiziert – wie eine Leukämie im Blut ausbreitet.

Dann Tag für Tag diese wahnsinnige Angst um Willy. Wie ich

damals zur Ruhe kam, weiß ich bis heute nicht genau. Die Herausforderung, eine medizinische Lösung zu finden und Willy beratend – im Team mit seinen Ärzten vor Ort – »mitzubehandeln«, meinen Eltern, meinem Bruder, Willys Freunden und anderen Verwandten zur Seite zu stehen, war enorm.

Und ich konnte so wenig tun. Zwar konnte ich die schwere Phase seiner Erkrankung, die vielen Therapieansätze von Stammzelltransplantation über Strahlen- und Chemotherapie, ein halbes Jahr intensiv begleiten. Ich habe die gesamte Organisation der medizinischen Versorgung und die Betreuung der Familie übernommen. Aber wie verzweifelt war ich immer wieder: Warum muss ein so wertvoller und begabter Mensch, der das Dasein so leidenschaftlich liebt, unter solchen Qualen und nach einem so kurzen Leben diese Erde verlassen? Das war für mich ein extremes seelisches Martyrium. Es war eine traurige Situation ohne Perspektive.

Und doch war es für mich auch sehr wichtig, weil ich meine wichtigste Lektion als Mensch und vor allem als Arzt gelernt habe: Ich kann nicht bestimmen, wann wir geboren werden und wann wir sterben. Das liegt in den Händen unseres Schöpfers, wie auch immer wir diese höhere Macht nennen mögen, als Gläubige verschiedener Religionen oder als Atheisten.

Wir können und sollten die Welt nur wie ein Gärtner behandeln, der sich liebevoll um seine Blumen und Bäume kümmert. Genauso können wir Therapeutinnen und Therapeuten sein: Wir können versuchen, therapeutisch unser Bestes zu geben, um für die Menschen da zu sein. Wir können nicht jeden heilen. Aber wir können ihm Kraft geben. Immer und vor allem dann, wenn wir ihm auch in den schwierigsten Situationen des Lebens nahe sind und zur Seite stehen.

Mit Willy habe ich bis zur letzten Minute intensive Gespräche über das Leben und die Unendlichkeit geführt. Er war mir ein Lehrer in diesen Fragen. Ich habe damals auch etwas sehr Positives ganz neu gesehen: Mensch sein heißt sterblich sein.

Der Tod meines Bruders hat mich endgültig wachgerüttelt und mir gezeigt, dass unser Leben sehr kurz ist. Egal, ob wir ein paar Tage oder 100 Jahre leben. Verglichen mit der Ewigkeit ist unser Leben ein Hauch. Sie vergeht wie ein schneller Windstoß. Wir sollten froh und dankbar sein, dass wir hier sein dürfen. Und wir Ärzte sollten den Menschen, die uns anvertraut sind, mit Respekt und Mitgefühl begegnen. Das heißt auch, nie zu vergessen: Die Kunst des Lebens ist auch die Kunst des Sterbens.

Getragen sein in der Angst

Was mir geholfen hat, diese schwere Zeit durchzustehen, war das Gefühl des Getragenseins, das mir meine Eltern in Kindheitstagen vermitteln hatten, als ich schwer erkrankt nach Luft rang. Ich erinnere mich genau, wie meine liebevolle Mutter mich immer wieder bei den so häufigen Entzündungen der Bronchien, den vielen Mandelentzündungen – nicht selten gepaart mit heftigsten Mittelohrentzündungen – und hohem Fieber, in den Arm genommen und mich aufopfernd im Bett gepflegt hat. Mit viel Trinken, leichtem vitaminreichem Essen, Hühnerbrühe zur Immunstärkung, antiviral und antibakteriell wirkenden Salbei- und Thymian-Extrakten oder Sonnenhut (Echinacea) zur Abwehrsteigerung. Ich habe von ihr gelernt, der Überwindung der Krankheit Zeit zu geben, nicht zu früh aufzustehen, viel zu schlafen. Zusätzlich gab sie mir viele Bücher, die ich verschlungen habe: *11 Freunde müsst ihr sein* bestärkte meine Fußballbegeisterung, Abenteuergeschichten wie Robinson Crusoe und viele Bände von Karl May brachten mir andere Kontinente und Menschen nahe. Ich lernte, dass es überall auf der Welt doofe und tolle Menschen gibt. Letztere in großer Überzahl. Leider bestimmen die wenigen Doofen und Blöden die Welt bis heute. Das habe ich damals bereits gelernt, was allemal interessanter war als die Schule und meine mentale Abwehrkraft stärkte. Diese positive Wirkung spüre ich noch heute. Ebenso sehe ich mich, wie schon erwähnt, als 3- bis 4-jähriges Kleinkind auf den Armen meines Vaters, wie er mich durch das Zimmer trug. Ich sehe mich auf seinen Armen und ich fühle, wie meine Angst sich in Luft auflöst – einfach durch das intensive Gefühl von Nähe.

Ich bin dankbar, dass ich Momente des »Getragenseins« an all meine Kinder und Enkelkinder genauso wie an meine Frau Anja und ihren Sohn und auch andere Menschen weitergeben konnte und weiter kann. Und wenn ich zurückblicke, sehe ich, dass mich nicht nur das »Getragen werden«, sondern auch das »Jemanden tragen wollen« so tief geprägt hat, dass ich beides in meinen ärztlichen Alltag mitgenommen habe. Bis heute.

Sichere Beziehungen ermöglichen Kindern eine Erfahrung von Glück, die sie als Möglichkeit durchs Leben tragen. Heute gibt es zahlreiche Untersuchungen, die wissenschaftlich belegen, warum dieses Grundvertrauen so wichtig ist. Es hilft uns, Selbstvertrauen zu entwickeln und damit traumatische Erlebnisse und seelische Kränkungen besser zu überstehen – und das auszuhalten, was das Leben eines jeden von uns existenziell prägt, so wundervoll es auch immer sein mag: Unsicherheit und Angst. Der Physik-Nobelpreisträger Richard Feynman hat dazu eine eigene, ich meine bewundernswerte Haltung entwickelt: »Ich habe keine Angst davor, Dinge nicht zu wissen, in einem geheimnisvollen Universum ohne Zweck verloren zu sein – so ist die Wirklichkeit.«

MENSCH
Stress, Angst, Schmerz – eine fatale Triade

Manche Erfahrungen sind so schlimm, dass sie sich in unser Gedächtnis einbrennen. Es sind die Momente, in denen das Leben plötzlich aus den Fugen gerät. Das kann ein schwerer Unfall sein oder eine Sturmflut, Missbrauch, Gewalt, Flucht oder das spurlose Verschwinden eines geliebten Menschen. Es kann die Nachricht vom Tod der Mutter sein oder des Sohnes, der im Krieg gefallen ist – eine menschliche Tragödie, egal auf welcher Seite er stand. Die Grenzerfahrung, dem Tod plötzlich ganz nah zu sein, kennt auch, wer mit einer Covid-19-Infektion auf der Intensivstation um sein Leben gekämpft und am eigenen Leib gespürt hat: Unser Leben ist wie ein Blatt im Wind. Dass es sicher und (nicht zuletzt medizinisch) kontrollierbar wäre, ist zwar unsere Hoffnung, eigentlich aber nicht mehr als eine Illusion, mit der wir uns gegen unserer existenzielle Angst zu wehren versuchen. Eine Erkenntnis, die wehtut.

Wir haben diese Desillusionierung kollektiv während der Corona-Epidemie machen müssen, und wir machen sie erneut wegen der erschütternden Kriege um die Ukraine, um Israel, aber auch um die vielen unschuldigen Menschen der Zivilbevölkerungen, die sterben, auch in Russland oder Palästina oder anderswo. Unsere kollektiven Ängste vor einer Ausweitung dieses Krieges bis hin zu einer nuklearen Eskalation rühren an alte Traumata aus zwei verheerenden Weltkriegen, die sich tief in unser kollektives Gedächtnis eingebrannt haben.

Trauma: Wenn die Seele schmerzt

Das Wort *Trauma* stammt aus dem Altgriechischen und heißt *Wunde*. In der Medizin bedeutet der Begriff eine schwere körperliche Verletzung mit schockartigen Folgen. Die Psychologie hat die Bezeichnung auf schwere seelische Verletzungen erweitert. Allen Ereignissen ist gemein, dass die Betroffenen extreme Angst- und Ohnmachtsgefühle erleben.

Doch es gibt nicht nur unvorhergesehene Erlebnisse, die Menschen traumatisieren können. Vernachlässigungen in der Kindheit wiegen ebenfalls schwer und können das Erwachsenenleben sehr negativ beeinträchtigen. Psychologen sprechen in diesem Fall von Bindungs- oder Entwicklungstraumata. Sie sind so verstörend, weil sie in der frühesten Kindheitsphase stattfinden. In einer Zeit, an die wir uns nicht erinnern und in der wir absolut abhängig von der Fürsorge unserer Eltern sind. Zu derartigen Traumata kommt es, wenn Eltern – sei es aufgrund psychischer Erkrankungen, Drogensucht oder eigener nicht verarbeiteter Traumata – nicht in der Lage sind, sich liebevoll um ihr Neugeborenes und ihre Kleinkinder zu kümmern.

Diese Kinder verspüren große Angst. Wenn sich dieses Gefühl im Körper festsetzt, stehen sie unter Dauerstress – womöglich für Jahre. Daraus entwickelt sich häufig ein Lebensgefühl, das von Unsicherheit, mangelnder Selbstliebe und Angst vor Nähe geprägt ist. Das Risiko für Suchterkrankungen und Depressionen steigt. Wenn ich darüber nachdenke, macht mich das sehr traurig. Zum Glück gibt es heute sowohl in der Psychotherapie als auch in der körperorientierten Traumatherapie viele Ansätze, Betroffenen zu helfen.

Wie sich ein Trauma anfühlt

Ein traumatisches Erlebnis bedeutet extremen Stress für den Körper. Er reagiert wie im Notfall immer mit Kampf, Flucht oder Erstarren – der Unterschied zum »normalen Stress« zeigt sich später. Laut der Deutschen Traumastiftung treten zunächst folgende Reaktionen auf:

- **Physische Reaktionen:** Wir zittern und schwitzen, Puls und Blutdruck steigen, dazu kommen Atemnot und Schüttelfrost.
- **Emotionale Reaktionen:** Schlagartig fühlen wir uns hilflos und orientierungslos, je nach Erlebnis reagieren wir auch gereizt oder aggressiv, oder aber erschöpft und niedergeschlagen.
- **Kognitive Reaktionen:** Wir haben das Gefühl, dass wir nicht richtig denken und sprechen können, es kann zu Gedächtnisverlust (Amnesie) kommen, zu Entscheidungsschwierigkeiten und Konzentrationsproblemen.[72]

Der Unterschied zu »normaler Angst« oder »normalem Stress«: Schwere traumatische Erlebnisse können wir nicht bewältigen oder verarbeiten. Statt einer Kampf- oder Fluchtreaktion mit anschließender Entspannung erstarren wir regelrecht in unserer Ohnmacht. Hält dieser Zustand an, aktiviert unser Organismus eine Art Totstellreflex. Auf der mentalen Ebene beginnt ein Prozess, den Psychologen »Dissoziation« nennen. Der Mensch spaltet sich von seinen Gefühlen ab, um sich zu schützen und das eigentlich Unerträgliche ertragen zu können. Oft kommt es zum Erinnerungsverlust. Einige Menschen spüren im Rahmen von Dissoziation keine Schmerzen.

Wenn die Zeit nicht alle Wunden heilt

Je nach Schwere des traumatischen Erlebnisses kann sich der Zustand der Betroffenen nach einigen Monaten wieder normalisieren – das Sprichwort »Die Zeit heilt alle Wunden« ist tatsächlich wahr, aber es gilt nicht immer und für jeden gleich: Psychologen gehen davon aus, dass Menschen Schocktraumata wie Naturkatastrophen leichter verarbeiten können als »man-made traumas« (durch Menschen verursachte Traumata), bei denen Menschen anderen etwas Schreckliches antun. Bei sehr schweren und möglicherweise lang andauernden traumatischen Erlebnissen sind die Folgen wesentlich gravierender und können die Betroffenen ein Leben lang belasten – oft ist ihnen das nicht bewusst.

»Bei der nicht geglückten Traumaverarbeitung überwiegt das emotionale Gedächtnis (›hot memory‹: heißes Gedächtnis) zu Lasten des autobiographischen Gedächtnisses (›cold memory‹: kaltes Gedächtnis)«, schreibt Traumaforscherin Louise Reddemann.[73] Die traumatischen Erfahrungen werden also nicht als Geschichten oder Fakten erinnert, sondern als mehr oder weniger diffuse Gefühlszustände, Bilder oder körperliche Reaktionen. Das Trauma ist also gewissermaßen tief im Körper gespeichert. Es schlummert unter der Oberfläche im **KörperGeist**, wie ich unsere nicht zu trennenden psycho-somatischen Reaktionen nenne. Dieses Phänomen betrifft nicht nur Einzelne, es kann auch Familien oder ganze Gesellschaften über Generationen hinweg prägen.

Opas Trauma ist noch bei den Enkeln messbar

Die Journalistin Sabine Bode, die Sie schon im ersten Kapitel kennengelernt haben, beschreibt in ihrem Essay *Deutsche Kriegsenkel durchbrechen die Mauer des Schweigens*, wie der Nationalsozialismus und seine Folgen zu Tabuthemen in den Familien wurden. »Viele von ihnen hatten überlebt, indem sie sich in eine

Art der Betäubung versetzten, die bei den meisten von ihnen jahrzehntelang anhielt.«[74] Die Kriegsgeneration schweigt, weil ihr der emotionale Zugang zu den eigenen Erfahrungen fehlt – mit enormen Wirkungen auf die nächste Generation. Die Nachgeborenen berichteten Bode in Interviews von einem verunsicherten Lebensgefühl, das sich aus ihrer eigenen Biografie genauso wenig erklären ließ wie ihre unlösbaren Ängste und Blockaden.[75]

Kinder und selbst die Enkel können noch unter den Schatten der Vergangenheit leiden, wie zuerst und besonders frappierend Studien zum Holocaust gezeigt haben[76], später dann weitere Studien zu Gewalterfahrungen indigener Bevölkerungen und auch zur Geschichte der DDR. In manchen Familien wirken traumatische Erfahrungen über Jahrzehnte fort und wirken auf die mentale und physische Gesundheit vieler nachfolgender Generationen.

Dabei übertragen sich Traumata über mehrere Wege: zum Beispiel über das *Verhalten* der Großeltern und Eltern, die immer wieder schwanken zwischen einer besonders harten und überbehütenden Erziehung, und die auf bestimmte Trigger so stark reagieren, dass diese Reaktion auch die Kinder in Alarmbereitschaft versetzt.

Bei mir löste zum Beispiel ein Sirenenalarm in meiner Kindheit – ich wurde sieben Jahre nach dem Kriegsende geboren – immer ausgesprochenes Unbehagen aus. Es gab keinen Anlass zur Furcht, aber allein das schrille, durchdringende Heulen ängstigte mich. Ich bin mit den Geschichten über die Bombenangriffe groß geworden; die Angst in der drangvollen Enge in den Schutzräumen und wie meine Mutter einmal nur mit Not lebendig aus dem Bunker herausgekommen ist. Ich werde nicht vergessen, wie sich der Gesichtsausdruck meiner Eltern bei dem Sirenengeheul fast unmerklich änderte. Ich habe das Geräusch gehasst und war jedes Mal froh, wenn es dann abrupt endete.

Ein weiterer Übertragungsweg ist der Körper selbst: Traumata können offenbar direkt über die Gene von Generation zu Generation vererbt werden. Ein Phänomen, mit dem sich das relativ junge Fach »Epigenetik« beschäftigt.[77] Moment: Gene, DNA – was war das noch mal?

Angst und Freude stecken in unseren Genen

Jeder Mensch verfügt über Billionen von Zellen, die in unserem Körper unterschiedliche Aufgaben übernehmen. Eine Muskelzelle arbeitet anders als die Zellen in unserer Netzhaut, und sie sieht auch anders aus. Nur eines haben alle Zellen in unserem Körper gemeinsam: die DNA.

1. In ihrem Kern befindet sich ein rund zwei Meter langer **DNA-Strang**, die berühmte Doppelhelix. Unter dem Mikroskop sieht sie aus wie eine verdrehte Strickleiter. Unsere DNA (englisch: **d**eoxyribo**n**ucleic **a**cid) enthält die Erbinformationen, also den Bauplan für unseren gesamten Körper. Die komplette DNA-Sequenz wird als Genom bezeichnet.

   Die Gene auf dem rund zwei Meter langen DNA-Strang sind in jeder unserer Zellen identisch, aber jede Zelle nutzt nur diejenigen Gene, die sie für ihr spezielle Aufgaben braucht. Welche, regelt der epigenetische Code.

   Einfach gesagt funktioniert er so: Chemische Moleküle hängen sich an einzelne »Sprossen« der DNA-Leiter und sorgen dafür, dass die entsprechenden Gene abgelesen oder nicht abgelesen werden können. Damit werden sie sozusagen ein- oder ausgeschaltet. Und das passiert auf drei Wegen:

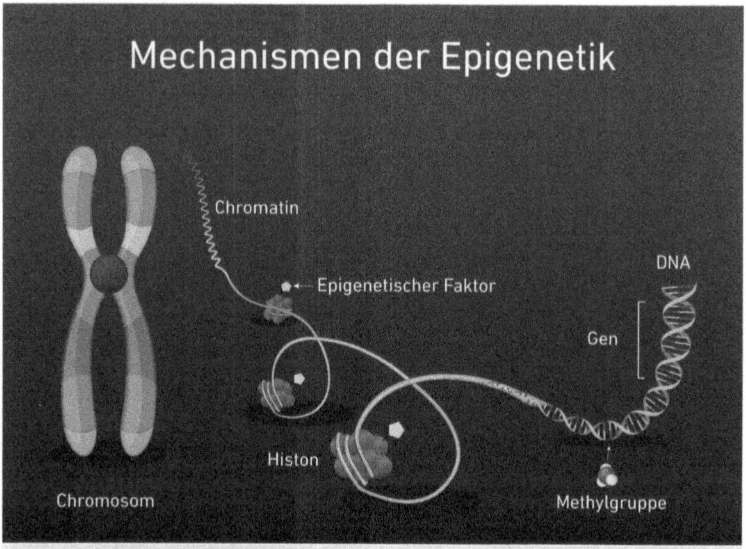

2. **Methylierung:** Kleine Moleküle aus einem Kohlenstoff- und drei Wasserstoffatomen (sogenannte Methylgruppen) docken an bestimmte Stellen eines DNA-Strangs an. Damit verhindern sie, dass die nachfolgende Gensequenz abgelesen und in ein Protein umgewandelt wird. Das Gen wird praktisch ausgeschaltet.
3. **Histonmodifikation:** Diese Genregulation benutzt den umgekehrten Weg. Kleine Moleküle (sogenannte Acetylgruppen) lockern an bestimmten Stellen den etwa zwei Meter langen DNA-Strang. Dieser ist – damit er überhaupt in den winzigen Zellkern passt – unglaublich eng aufgewickelt. So eng, dass innen Gene verdeckt sind und nicht abgelesen werden können. Erst wenn sich Acetylgruppen an die Spulen (Histone[78]) heften, um die sich der Genstrang gewickelt hat, löst sich das Knäuel so weit auf, dass auch die innenliegenden Genabschnitte abgelesen werden können.

Nicht codierende RNAs: Gene funktionieren ein bisschen so wie eine Ikea-Aufbauanleitung. Wenn eine

Zelle bestimmte Teile braucht, nimmt sie sich ein Stück aus dem Plan, zieht davon eine Kopie (ein Messenger-RNA-Molekül, kurz mRNA) und lässt diese Kopie dann durch die Montagewerkstatt (Ribosom) laufen. Dabei entstehen immer etliche Kopien, aus denen nichts Konkretes gebaut wird. Lange Zeit dachte man, dass es sich dabei um so etwas wie Fehlkopien (nicht codierende RNAs) handelt, die keine Funktion haben. Aber heute weiß man, dass diese Teilstücke die Aktivität von Genen kontrollieren.

Werden Traumata vererbt?

Neben unserem genetischen Code existiert also unser »Epigenom« als zweiter Code. Der Code der DNA bleibt unberührt, vielmehr ändert sich, was auf den Genen passiert – und diese Genregulation ist überlebenswichtig. Denn so können wir (genau wie alle Lebewesen dieser Erde) sofort und flexibel auf die Herausforderungen des Lebens reagieren, statt nur im Laufe unserer Evolution in Millionen von Jahren. Diese doppelte Anpassungsfähigkeit – Epigenom plus Evolution – sorgt für unsere kurzfristige *und* langfristige Anpassungsfähigkeit – ich sage lieber »Schwingungsfähigkeit« –, ein wesentliches Merkmal des Lebendigen.

Es ist gar nicht so leicht, für dieses Wunder der Natur eine passende Metapher zu finden. Die Züricher Professorin für Neuroepigenetik Isabelle Mansuy erklärt die Sache so: »Das Genom ist der Code unserer DNA. Die Epigenome regulieren, lesen und beeinflussen unsere DNA. Man kann es mit einem Buch vergleichen. Die Genome sind das Buch, und die Epigenome sind seine Leserinnen und Leser, die das Buch teilweise oder vollständig lesen und es unterschiedlich interpretieren.«[79] Die große Frage der Epigenetik lautet nun: Wird von Generation zu

Generation nun lediglich der nackte »Buchtext« weitergegeben, oder vererben sich die im Stress überall hineingeklebten Post-its, die vielen Textmarker-Hervorhebungen und Notizen mit? Und wenn sie Traumata über die Generationen hinweg vererben – wie ganz genau funktioniert das?

Ein Team um die Psychologin Rachel Yehuda von der New Yorker Mount Sinai School of Medicine hat 2016 einen konkreten genetischen Weg entdeckt, über den Traumata von Generation zu Generation weitergegeben werden – und zwar bei den Kindern von Holocaust-Überlebenden. Das Team verglich bestimmte Gene mitsamt ihrer Anhängsel (»Methylierung«) von 32 Holocaust-Überlebenden und 22 ihrer Kinder und stellte fest, dass Eltern und Kinder eine Methylierung an der gleichen Stelle desselben Gens aufwiesen – dem Gen FKBP5. Dieses Gen steht in direktem Zusammenhang mit dem Stresshormonspiegel. Dass die Methylierungsniveaus zwischen den Holocaust-Überlebenden und ihren Nachkommen signifikant korrelierten, legt den Schluss nahe, dass die Veränderungen in der Methylierung tatsächlich von einer Generation zur nächsten weitergegeben werden können.[80]

An dieser Studie war auch die Medizinerin Elisabeth Binder beteiligt, die seit 2013 Direktorin am Max-Planck-Institut für Psychiatrie in München ist. Sie ging der Sache weiter auf den Grund und konnte dann 2018 in der Fachzeitschrift *Biological Psychiatry* erklären, warum genau das veränderte FKBP5-Gen für mehr Stress im Körper sorgt: Bei Gefahr schüttet unsere Nebennierenrinde das Stresshormon Cortisol aus – aber nicht nonstop. Damit wir uns schnell wieder beruhigen können, drückt unser körpereigenes Alarmsystem irgendwann auf die Stopptaste. Nur: Wenn dem Gen FKBP5 an ganz bestimmten Stellen Methyl-Anhängsel fehlen, funktioniert der Stopp-Knopf nicht richtig. Das bedeutet: Daueralarm im Körper. Und langfristig ein erhöhtes Risiko für Angst und Depressionen.[81]

Die epigenetische Forschung hatte ihre ersten Erkenntnisse erst wenige Jahre zuvor in Laborversuchen mit Mäusen gewonnen. Eine der Pionierinnen auf diesem Gebiet ist die Schweizer Neurobiologin Isabelle Mansuy. Ihr Forschungsteam beobachtete, was passiert, wenn Mäuse direkt nach der Geburt mehrmals von ihren Müttern getrennt werden. Das Ergebnis: Die gestressten Jungtiere zeigten Verhaltensstörungen und epigenetische DNA-Veränderungen. Besonders betroffen waren Gene, die mit der Verteilung und Aufnahme des »Glückshormons« Serotonin im Gehirn zu tun haben. Überraschend war, dass auch die Kinder und sogar die Enkel der traumatisierten Mäuse gestörtes Verhalten zeigten. Das Trauma war also über die Ei- und Samenzellen direkt an die Kinder weitergegeben worden.[82] Wie ein »Bug« in einem Computercode, der sich mit jeder Kopie dupliziert.

Neben Trennungstraumata wurden weitere traumatische Erfahrungen an Mäusen untersucht – zum Beispiel die Angst vor einem ganz speziellen Geruch. Im Labor wurden also die kleinen Nager mit einem bestimmten Geruch verängstigt. Und siehe da: Auch deren Kinder und Enkel fürchteten sich vor diesem Geruch. Und das nicht allein, weil sie sich dies »abgeschaut« hätten. Tatsächlich war ein bestimmtes, mit einem speziellen Geruchsrezeptor in Verbindung stehendes Gen bei ihnen anders markiert als bei Mäusekollegen ohne diese vererbte Angst.[83]

Ich will mir gar nicht vorstellen, wie genau diese Mäuseversuche im Labor ablaufen. Gruselig! Und wir wissen natürlich nicht, ob sich Ergebnisse dieser Laborversuche direkt auf den Menschen übertragen lassen. Und doch frage ich mich: Woher kommt eigentlich meine feine Nase für jeglichen Brandgeruch? Oder für diesen typischen Kellermuff? Ist es möglich, dass sich die mit bestimmten Gerüchen verbundenen, ziemlich unangenehmen Gefühle tatsächlich »vererbt« haben?

Um es gleich zu verraten: Man weiß es nicht genau. Ob Traumata auch beim Menschen vererbt werden können, wird trotz einiger wegweisender Studien kontrovers diskutiert. Zwar gehen viele Forscherteams heute davon aus, dass es **eine transgenerationale epigenetische Vererbung von Traumata** beim Menschen gibt. Es fehlen allerdings noch die Nachweise eines kausalen Zusammenhangs und das Verständnis der genauen biologischen Wege, über die Traumata vererbt werden – auch weil die Forschung mit Menschen mit anderen Voraussetzungen arbeiten muss als die Forschung mit Versuchstieren im Labor. Und selbst wenn aktuelle Laborstudien eine Fülle von stressbedingten Veränderungen bei Mäusen gefunden haben – von Verschiebungen in der Hormonproduktion bis hin zu Störungen des Stoffwechsels und Verhaltensauffälligkeiten – viele Mäusestudien arbeiten mit kleinen Fallzahlen, machen keine Unterschiede zwischen den biologischen Geschlechtern, sie können zufällige Veränderungen nicht ganz genau von epigenetischen Veränderungen unterscheiden, und … der Mensch ist nun mal keine Maus.[84]

Die Epigenetik hat also noch viele Fragen rund um die Themen Angst und Trauma zu beantworten. Zum Beispiel: Wie genau funktionieren die Reparaturmechanismen bei Schädigungen, die jeder Mensch durch sein eigenes körperliches und mentales Verhalten sowohl bei sich selbst als auch für zukünftige Generationen heilen kann? Für mich heißt das: Nur weil meine beiden Eltern dement waren und meine Großmutter und die Schwester meiner Mutter auch, muss ich nicht dement werden. Oder weil mein Bruder und die andere Schwester meiner Mutter an einem lymphatischen Krebs gestorben sind, muss ich nicht auch daran sterben, und auch nicht die Generationen nach mir. Jeder Mensch hat es in der Hand, sein Leben selbst und anders zu gestalten: gesünder essen, schlafen, bewegen, lachen …

In der Hirnforschung haben Forschungsteams schon viele Antworten zu den »Mechanismen« von Angst und Traumata gefunden. Aber bevor wir wieder in die Tiefen der Zellen und Gehirnwindungen einsteigen, lassen Sie uns mit einer Geschichte beginnen …

Angst entsteht im Kopf – und sitzt dort fest

Wie wir uns aus Gedanken eine Wirklichkeit zurechtzimmern, hat der Kommunikationswissenschaftler Paul Watzlawick in seinem Buch *Anleitung zum Unglücklichsein* sehr prägnant beschrieben. In »Die Geschichte mit dem Hammer« will ein Mann ein Bild aufhängen. Er hat ein Bild, er hat einen Nagel, er hat aber keinen Hammer. Nun könnte er einfach bei seinem Nachbarn klopfen und einen Hammer borgen. Doch dann steigert er sich in Zweifel hinein: Vielleicht will der Mann seinen Hammer nicht verleihen? Vielleicht kann er ihn sowieso nicht leiden? Und ist sowieso ein schrecklicher Mensch? Seine (Selbst-)Zweifel werden immer extremer und absurder… »Und so stürmt er hinüber, läutet, der Nachbar öffnet, doch noch bevor er ›Guten Tag‹ sagen kann, schreit ihn unser Mann an: ›Behalten Sie Ihren Hammer, Sie Rüpel!‹«[85]

Im Kopfkino gefangen

Als ich die Geschichte zum ersten Mal gelesen habe, musste ich lachen, fühlte mich aber gleichzeitig ertappt. Denn natürlich bin auch ich häufig in meiner eigenen Gedankenwelt gefangen: in meinem Kopfkino, das exklusiv nur für mich Vorstellungen aufführt. Manchmal spiele ich die Hauptrolle, manchmal andere Rollen. Die Geschichten, die mein Kopf mir erzählt, haben mit der Realität jedoch oft herzlich wenig zu tun. Warum das so ist? Dazu muss man sich anschauen, wie unser Gehirn funktioniert, diese erstaunliche Schaltzentrale in unserem Oberstübchen, die uns lachen, denken, lieben, gehen, atmen, fürchten lässt.

Vieles von dem, was wir denken, dringt gar nicht an unser Bewusstsein. Ohne dass wir es also bewusst »mitkriegen«, verknüpft unser Gehirn Situationen, die wir gerade im Moment erleben, egal ob positiv oder negativ, mit ähnlichen Situationen aus der Vergangenheit – und holt die damit verknüpften Gefühle wieder hoch. Das passiert, weil das Gehirn nicht nur abspeichert, was wir einmal erlebt haben, sondern auch, wie wir uns dabei fühlten.

Alles, was wir seit der Geburt erlebt haben, hat Spuren auf allen Ebenen unseres Seins hinterlassen: in Form von Denkmustern, Gefühlen und Körperreaktionen. Negative Erfahrungen hinterlassen die meisten Spuren: Ob Jobverlust oder Scheidung, alles, was mit Schmerz behaftet ist, stellt besondere Einschnitte in unserem Leben dar und sensibilisiert unser Gehirn nachhaltig. Deshalb klingeln, sobald wir uns auf eine neuen Job oder eine neue Liebe, auf eine neue Bergwanderung oder Fahrt an der Klippe entlang, auf eine Blutabnahme oder Impfung einlassen, plötzlich die alten Alarmglocken. Und dazu müssen wir gar nicht wirklich wieder auf dem Patientenschemel sitzen. Es reicht, wenn wir uns plötzlich an die Situation erinnern.

Die Angst sitzt mit auf dem Sofa

Wer unter Panikattacken leidet, kennt das. Man sitzt in Ruhe zu Hause auf dem Sofa, auf dem Tisch dampft eine Tasse heißer Tee. Oh, wie gemütlich … doch plötzlich drängt sich eine Erinnerung auf: *»Der Auffahrunfall / die Schwiegermutter / die Blutabnahme / etc.! Wie ausgeliefert ich mich gefühlt habe! Wie hilflos!«* Plötzlich sitzt die Angst mit auf dem Sofa. Schlagartig beginnt das Herz zu klopfen, der Herzschlag wird schneller und schneller. Und schon ist der nächste Panikanfall da …

Wenn Sie zu den Menschen gehören, die immer wieder in Grübelspiralen geraten, dann kennen Sie das Geratter im Kopf: *»Lange nichts von XY gehört! Vielleicht geht es ihm schlecht? Schafft er seine Prüfungen? Mathematik ist so schwer! Was ist, wenn er nicht besteht? Er muss sein Studium abbrechen! Hat er nicht gerade erst angefangen? Ich darf mich nicht um ihn fürchten! Oder muss ich es doch? Nein! Es ist nicht gut, wenn ich mir ständig Sorgen mache! Warum kann ich damit nicht aufhören? Oder* *ist es gut, dass ich an ihn denke? Nein! Was stimmt bloß mit mir nicht?«* So sonderbar sich diese Gedankenreihe schwarz auf weiß liest – eine Angststörung kann bei den Betroffenen die Lebensfreude massiv beeinträchtigen.

Fakt ist: Gedanken sind ein Teil unserer inneren Welt und bestimmen zum großen Teil, wie wir handeln und wie wir unser Leben gestalten. Leider hat unser Steinzeitgehirn eine entscheidende Schwäche: Es unterscheidet nicht zwischen den in der Realität gescannten Gefahren und dem, was nur im Kopfkino abläuft. Dazu kommt ein zweites Problem: Unser Hirn springt viel mehr auf negative Gedanken an als auf positive. Das ist eine Hypothek aus den Neandertal-Zeiten. Es war für unsere Vorfahren wichtig, auf Zack zu sein und beunruhigende Details zu bemerken: seltsames Rascheln, Donnergrollen, schnelle Bewegungen. Dieser Notfallreflex wirkt noch heute.

Das bestätigt die moderne Neurobiologie mit ihren bildgebenden Verfahren: Auch wenn bestimmte Situationen oder Nachrichten keine direkte Bedrohung für uns darstellen, erhöht sich die elektrische Aktivität in der Großhirnrinde (also dort, wo ankommende Informationen mit Erfahrungen und Bildern aus der Vergangenheit verknüpft werden). Deshalb machen uns auch schlechte Nachrichten Angst, die überhaupt nichts mit uns und unserem Leben zu tun haben. Sie fesseln unsere Aufmerksamkeit – und das wiederum macht sie zu einem fantastischen Geschäftsmodell. Und zu einem Auslöser von permanentem Stress, der sich überall im Körper festsetzen kann. Besonders häufig im Rücken.

Angst tut weh

Ich erinnere mich noch ganz genau an eine Patientin, die zu mir kam und über wahnsinnige Schmerzen im oberen Rückenbereich klagte. Sie öffnete schon sehr bedächtig die Ambulanztür und schlich mit langsamen Schritten und gebeugtem Oberkörper zu mir in mein Büro. Stöhnend ließ sie sich in den Stuhl fallen. Dass sie nicht weinte, sondern die Zähne zusammenbiss, war nur ein sichtbares Symptom, von dem es sicher viele andere gab.

Wie sie mir dann erzählte, hatte sie ständig Druck im Bauch, wälzte sich nachts schlaflos im Bett, in quälender Angst, ihren schwerkranken, seit Langem bettlägerigen Mann zu verlieren. Mit aller Kraft versuchte sie morgens und abends, manchmal auch nachts, den Schwerkranken umzubetten. Sie bezog seine Bettwäsche neu, wenn er sich eingenässt hatte, fand kaum eine Minute Ruhe. Die Erschöpfung stand ihr ins Gesicht geschrieben. »Am liebsten, Herr Doktor«, sagte sie zu mir, »am liebsten würde ich weglaufen. Das Ganze wächst mir über den Kopf. Ich muss immer weitermachen, aber eigentlich kann ich nicht mehr!«

Der Rücken – ein Seismograf der Angst

Die Patientin war aber nicht wegen der Überforderung mit der Pflege ihres Mannes in meine Praxis gekommen, sondern wegen ihrer Rückenschmerzen. Ich ahnte sofort, dass ich radiologisch nicht viel finden würde. Und so war es auch. Ja, hier und da zeigte die Computer- und auch die Kernspintomographie eine kleine Vorwölbung der Bandscheiben – aber das haben viele Menschen im Alter, und diese Vorwölbungen verursachen eigentlich keine Schmerzen. Es ist die Rückenmuskulatur, die unter Stress und Angst immer mehr verhärtet und schließlich schmerzt. Die Ursache solcher Rückenschmerzen sind also meist nicht die Bandscheiben und die Muskulatur, sondern das Weglaufen-wollen-und-nicht-können, das Schreien-wollen-und-nicht-dürfen. Ein eingefrorener Fluchtreflex. Ein steckengebliebener Hilfeschrei.

Ich schaute die Patientin an und nahm mir Zeit, mich in ihre

Lage einzufühlen. Schließlich sagte ich zu ihr: »Tun Sie sich einen großen Gefallen: Gönnen Sie sich Hilfe. Gönnen Sie sich Entspannung. Und gönnen Sie sich Bewegung.« Ich gab ihr eine ganze Liste von Möglichkeiten mit nach Hause: ambulante Krankenpflege für ihren Mann und eine Haushaltshilfe und psychologische Beratung für sie selbst; Massagen für ihren schmerzenden Rücken, dazu Yoga oder Tai Chi oder Qi Gong, um ihren Körper (und vielleicht auch ihre Seele) wieder in Schwung zu bringen. »Herr Doktor«, sagte sie, »ich wusste nicht, dass es bei uns auf dem Land so viel Unterstützung gibt.«

Einige Monate später kam sie mit einem glücklichen Lächeln zurück: »Die Schmerzen sind weg!« Die ambulante Pflege tat ihrem Mann gut. Sie selbst fühlte sich gleich mehrfach entlastet: Mit der Psychologin konnte sie besprechen, dass es richtig und wichtig ist, nicht ständig über die eigene Belastungsgrenze zu gehen. Die asiatische Bewegungstherapie und die Massagen hatten ihre Verspannungen gelöst. Vor allem aber war sie jetzt die Angst los, in die sie sich regelrecht verstrickt hatte: Dass sie am Rücken operiert werden muss und dabei ihren Mann verliert, weil sie ihn nicht mehr rund um die Uhr pflegen kann.

Der enge Zusammenhang zwischen Angst und Rückenschmerzen ist kein Einzelfall. Viele Menschen nehmen unbewusst eine »Schonhaltung« ein, um sich vor ihren seelischen Schmerzen »wegzuducken«. In dieser ängstlichen Erstarrung spannt sich die Nackenmuskulatur an, die Muskeln, nicht nur im Rücken, verhärten sich. Nach meiner Erfahrung werden gut 80 Prozent der Rückenschmerzen durch verhärtete Muskeln ausgelöst. Verhärtet sind dann auch die Faszien, also die Bindegewebsstrukturen, die alle unsere Bestandteile umhüllen und damit schützen und stabilisieren: Nerven und Knochen, Organe und eben auch Muskeln. Dieses eigentlich wunderbar flexible Stützgerüst unseres Körpers kann sich bei Anspannung in ein schmerzhaftes Korsett verwandeln.

In einer internationalen Studie wurden die Daten des World Health Survey (WHS) von fast 200 000 Erwachsenen aus 43 Ländern mit niedrigem und mittlerem Einkommen ausgewertet. Dabei zeigte sich, dass mehr als ein Drittel (35,1 Prozent) der Befragten in den letzten 30 Tagen unter Rückenschmerzen litt. 6,9 Prozent hatten sogar chronische, also *ständige* Rückenschmerzen. Ein wichtiges Ergebnis der Studie: Menschen, die unter Rückenschmerzen leiden, haben ein mehr als doppelt so hohes Risiko, an Depressionen oder Angstzuständen oder Schlafproblemen zu erkranken.[86]

Wichtig zu wissen: Der Zusammenhang zwischen Angst und Rückenschmerzen ist offenbar nicht genetisch. Zu diesem Ergebnis kam eine Studie in Spanien mit 1 269 Zwillingspaaren. Als das Forscherteam die Zwillinge einzeln untersuchte, zeigte sich, dass die Teilnehmerinnen und Teilnehmer mit Rückenschmerzen häufiger auch unter Angst und Depressionen litten. Als sie aber die Zwillinge jeweils miteinander verglichen, verschwand dieser Zusammenhang aus der Statistik. Das zeigt: Ein schmerzender Rücken macht nicht zwingend Angst, sondern es sind äußere, soziale Faktoren wie eine belastende Pflegesituation, Armut, Gewalt (um nur wenige zu nennen), die beides auslösen: Angst und Schmerzen.[87]

Deshalb reicht es nicht aus, nur »innen« zu arbeiten – also die Rückenschmerzen »wegzuturnen« oder die Angst »wegzumeditieren«. Nach Möglichkeit muss sich auch »außen« etwas ändern. Weniger Stress mit der Pflege, in der Familie, im Job und am Smartphone. Wir kommen im dritten Kapitel darauf zurück.

Herz: Wenn es zu viel wird, tickt es aus

Jeder kennt das fantastische Herzklopfen, wenn man sich zum ersten Mal verliebt. Die berauschende Freude nach dem erwiderten Lächeln, die »wackeligen Beine«, das Schmetterlingsfest im Bauch, der trockene Mund und die feuchten Hände – eine Erfahrung, die unvergesslich bleibt und das Herz nicht nur »höherschlagen«, sondern ganz intensiv fühlen lässt.

Unser Herz ist nur unter dem Einfluss von Liebe und Leid zu verstehen, es ist viel mehr als nur ein Muskel. Erschüttert denke ich an den Aufschrei meines Vaters und die Sprachlosigkeit, das stumme Weinen meiner Mutter, als ich ihnen die Nachricht vom Tod meines Bruders überbrachte. Die Medizin hatte seine Leukämie nicht besiegen können. Ein Schock für mich. Schweren Herzens musste ich erkennen und verstehen, dass leben zu dürfen eine Gnade und der Tod unser ständiger Begleiter ist. Es war diese bittere Erkenntnis, die mein Herz schließlich erleichterte und befreite. Das Herz meines Vaters aber blieb zerrissen. Der Tod seines Sohnes hinterließ einen unheilbaren, schwelenden Herzschmerz – er starb kurz nach meinem Bruder an rasch fortschreitender Demenz.

Auch dank solcher Erfahrungen weiß ich heute, dass unser Herz viel mehr ist als die Hochleistungspumpe, wie sie in den Lehrbüchern der Medizin beschrieben wird. Auf seelische Erschütterungen, auf positiven oder negativen Stress reagiert das Herz als psychosomatisches Organ unmittelbar. Das Herz ist in einem viel umfassenderen Sinn der Pulsschlag des Lebens. Von ihm hängt ab, ob wir lieben oder leiden, ob wir anfangen oder aufhören, auch wenn es uns erst in der Not bewusst wird.

Angst und Stress bringen das Herz aus dem Takt. Und das gilt für Ängste im Job, in der Familie, im Straßenverkehr – also für Ängste, die durch äußere Faktoren ausgelöst werden. Das gilt aber auch für Ängste, die allein »von innen« kommen. Aus dem eigenen Kopfkino. Dieser Zusammenhang wird im Alltag oft vergessen (und führt in den Krankenhäusern zu viel Stress!).

Herzangst ist real

Wenn hinter Herzleiden keine organischen Ursachen stecken, sprechen Fachleute von »funktionellen Herzbeschwerden«, andere Bezeichnungen sind **Herzangst**, **Herzneurose** oder **Herzphobie**. Die Auslöser sind häufig unbewusste Ängste, innere Konflikte und eine hohe Stressbelastung. Für die Betroffenen ist es häufig schwer zu akzeptieren, dass es für ihre Beschwerden keinen »realen« Grund gibt – denn die beängstigenden Symptome werden tatsächlich real empfunden: Das Herz rast oder schmerzt oder sticht, es kommt zu Herzrhythmusstörungen, Übelkeit, Schwindel, zu Schweißausbrüchen, Atemnot und Brustschmerzen. Wer unter starker Herzangst leidet, horcht ständig in sich hinein, ob das Herz vielleicht stolpert, schmerzt oder aussetzt und kann gerade deshalb in eine Panikattacke rutschen, die sich dann tatsächlich anfühlt, als würde man sterben. Ein Teufelskreis.

Hinter diesen Herzleiden liegen psychische Ursachen, deshalb gehört Herzangst in der Regel nicht nur in die Hände der Kardiologie, sondern in die Psychotherapie oder **Psychokardiologie**, einem jungen neuen Fachgebiet in der Medizin. Sie untersucht, welche Rolle die Seele bei Störungen und Verstörungen des Herzens spielt, sie ist die Wissenschaft von den Zusammenhängen zwischen Herz und Seele. Für die Praxis heißt das: Endlich wird der Mensch nicht mehr nur als Ansammlung von Organen gesehen, die gelegentlich zum TÜV und repariert werden müssen und auch nicht nur als Geschichtensammlung, die man nur psychologisch richtig »aufarbeiten« muss, und schon ist alles gut. Endlich gehen hier Medizin und Psychologie (ich spreche lieber von »Seelsorge«) Hand in Hand – und können den Menschen so auf seinem Weg zur Heilung wirksam begleiten.

Herzen können unter dem Druck von außen tatsächlich »zerspringen«. Das »Broken Heart Syndrom«, den Tod durch gebrochenes Herz – in der Fachsprache »Takotsubo-Kardiomyopathie« – ist seit gut 25 Jahren bekannt. Es kommt gar nicht so selten vor, dass jemand unmittelbar nach dem Tod eines ihm sehr nahestehenden Menschen einen Herzinfarkt erleidet. Das passiert, weil das Herz unter dem massiven Ansturm von Stresshormonen Beulen und Blutansammlungen bildet, dann der Blutdruck abfällt und der Körper nicht mehr richtig mit Sauerstoff versorgt wird. Takotstubo kann aber auch nach körperlichem Stress zuschlagen.[88] Zum Glück lässt sich eine solche Attacke heute gut behandeln – nach drei bis vier Wochen sind die »Ballons« in der linken Herzkammer in der Regel verschwunden.[89]

Wichtig zu wissen für Sie, aber auch für die Medizin: Takotsubo trifft vor allem Frauen nach der Menopause. Warum es so ist, lässt sich schwer sagen, aber es ist Fakt: Wenn diese ein klein wenig älteren Frauen tief erschöpft oder mit Herzrhythmusstörungen in die Klinik kommen, tippen die Ärzte allzu schnell auf »Angststörung«. Oder »Depression«. Und dann sterben die Frauen doch an Herzinfarkt. Also: Auch wenn die Angst »im Kopf« sitzt, kann sie doch tödlich sein. Also bitte, bitte ernst nehmen.

Und wenn sie nicht gleich tödlich sind, begünstigen Angst und Stress trotzdem Herz-Kreislauf-Erkrankungen. Immer! Entweder direkt über die körperliche »Stressachse« oder indirekt: Denn Stress pusht Risikofaktoren für Herz-Kreislauf-Erkrankungen wie zum Beispiel Bluthochdruck, Diabetes mellitus und Übergewicht.[90] Und das ist unser nächstes Thema.

Stoffwechsel: Übergewicht ist eine Stressreaktion

Angst und Stress machen tatsächlich dick, und das auf vielen unterschiedlichen Wegen gleichzeitig. Beginnen wir mit dem Schlaf beziehungsweise mit dem Nicht-schlafen-können. Je müder wir sind, desto mehr Lust haben wir auf Kohlenhydrate. Ganz einfach deshalb, weil der Körper so versucht, möglichst schnell und einfach an mehr Energie zu kommen. Dazu pusht ein Zuckerkick auch die Produktion von Glückshormonen – so fühlt man sich trotz der tiefen Augenringe und dem Bleigefühl im ganzen Körper wenigstens kurz ein bisschen besser.

Wer viele Überstunden am Schreibtisch macht, dem fehlt Bewegung. Und Bewegungsmangel begünstigt ebenfalls Übergewicht. Dazu kommt noch etwas anderes: »Emotionale Esser« stopfen am Schreibtisch gerne auch Snacks in sich hinein, um den inneren Druck zumindest kurzfristig abzubauen. Was das langfristig heißt, wissen wir alle.

Mit Nudeln und Gummibärchen gegen die Angst? Es fühlt sich zwar so an, als sei das eine gute Idee, aber eigentlich haben wir es hier mit einer Zuckerfalle zu tun: Stress erhöht den Energiebedarf unseres Gehirns – es muss mehr arbeiten, um die belastende Situation zu analysieren und geeignete Lösungen zu finden. Wie sehr der Zuckerbedarf bei Stress steigt, zeigen Untersuchungen zu Cortisol, einem Hormon der Nebennierenrinde, das unser Körper unter Stress ausschüttet: Führt man dem Organismus in so einer Situation Zuckerwasser zu, sinkt der ungesund hohe Cortisolspiegel sofort. Trinkt man dagegen nur Wasser, bleibt er konstant auf einem hohen Level.

Dauerhaft erhöhte Cortisolwerte sind nicht nur in Hinblick auf die »Zuckerlust« sehr ungesund. Cortisol, auch als Stresshormon bekannt, hält den Körper aktionsbereit. Gleichzeitig drosselt es die Fett- und Stoffwechselaktivität. Einfacher gesagt: Solange man unter Stress steht und dabei Gummibärchen isst, kann man den Frontspoiler nicht abtrainieren!

Das war für unsere Vorfahren sehr praktisch, weil sie so Zeiten knappen Nahrungsangebots ohne größere Energiezufuhr überstehen konnten. Heute schlägt dieser Effekt ins Gegenteil um: Wir bewegen uns nicht mehr so intensiv, dass die bereitgestellte Energie tatsächlich genutzt würde. Stattdessen trösten wir uns bei Kummer, Stress und Angst mit Schokolade und Süßem – was weitere Heißhungerattacken begünstigt. Und die Angst, immer mehr und immer mehr zuzunehmen … Ein Teufelskreis. Nur: Ist das schon »krankhaft«? Oder eine ganz normale Reaktion auf eine verrückt gewordene Welt?

Dazu kommt der Stoffwechsel: Wer chronisch gestresst ist, der rennt auch mit einem chronisch erhöhten Pegel von Stresshormonen durch seinen Alltag. Das hilft zwar vielleicht dabei, über Stunden ein hohes Aktivitätsniveau aufrechtzuerhalten – das geht aber auch damit einher, dass sich der Stoffwechsel verlangsamt. (Wir erinnern uns: Im Stress stellt der Körper um auf »Rennen« oder »Kämpfen« und lässt das Verdauen erst mal sein.) Unter Stress wird also vor allem Zucker verbrannt, Fett wird gar nicht erst abgebaut. So werden einerseits die Fettpolster immer dicker, was schon ärgerlich genug ist. Andererseits laufen unsere körpereigenen Zuckerverbrennungsanlagen permanent auf Hochtouren, und dann können sie irgendwann nicht mehr und drehen gewissermaßen durch. Aus einer solchen »Insulinresistenz« kann sich ein »Typ-2-Diabetes« entwickeln. Das heißt also, einfach gesagt: Angst und Stress können uns nicht nur dick machen, sondern auch zuckerkrank. Und das finden wir weltweit in Form einer dramatischen epidemischen Ausbreitung der Adipositas, der Fettleibigkeit, im Grunde eines »Altersdiabetes« bei Kindern. Das ist neu in der Menschheitsgeschichte. Ja, wir haben dramatisch viele komplexe Aufgaben in Medizin, Bildung und Gesellschaft zu lösen, präventiv und therapeutisch. Jetzt! Ich frage: Machen wir die Augen zu oder packen wir es an?

Und es kommt noch ärger: Angst und Stress können auch die vielen kleinen Helferlein stören, die in unserem Darm arbeiten und einen ganz wesentlichen Einfluss auf unsere Stressreaktionen haben, weil sie nämlich unter anderem Serotonin und Dopamin produzieren – also unsere Glückshormone. Die Rede ist von unserem Mikrobiom im Darm. Das heißt: Wer unter Angst und Stress leidet, der wird möglicherweise durch diesen Teufelskreis langfristig noch anfälliger für Angst und Stress.[91]

Erinnern wir uns jetzt noch einmal kurz an das Thema »Epigenetik«. An die noch relativ neue Erkenntnis, dass Trauma nicht nur den einzelnen Menschen schwer belastet, sondern über bestimmte »Anhängselmoleküle« auf unseren Genen auch von Generation zu Generation weitergegeben werden können. Ähnlich gilt das auch für Übergewicht.

Aus Untersuchungen des niederländischen »Hungerwinters« nach dem Zweiten Weltkrieg wissen wir, dass Menschen, die noch im Bauch ihrer Mütter Hunger und Unterernährung ausgesetzt waren, als Erwachsene anfälliger waren für Fettleibigkeit und Diabetes.[92] Das Risiko für Übergewicht stieg auch bei Menschen, deren Mütter in der Schwangerschaft stressige Ereignisse wie Naturkatastrophen erlebten[93] oder den Todesfall eines nahestehenden Menschen, vor allem in den sechs Monaten vor der Schwangerschaft.[94]

Das heißt für Sie, wenn Sie vielleicht ein bisschen mehr Kilos auf die Waage bringen: Es kann durchaus sein, dass Sie da ein Päckchen aus der Vergangenheit mit sich herumtragen. Vielleicht sogar viele Päckchen, die Sie sich nicht selbst ausgesucht haben, und für die Sie auch nicht verantwortlich sind. Aber wie heißt es so schön: **»Es kommt nicht darauf an, was man aus uns gemacht hat, sondern darauf, was wir aus dem machen, was man aus uns gemacht hat.«**[95]

Bevor wir uns im dritten Kapitel den vielen Möglichkeiten und Methoden nähern, mit denen wir uns trotz unserer vielen Pakete ein schönes Leben »machen« können, unternehmen wir noch zwei kurze Ausflüge: einen in die Welt der Arbeit, die sich – ob wir nun »achtsam sind« oder »atmen« oder nicht – immer schneller dreht. Was vielen Angst macht. Und der zweite in das *Wir*, das wir in unseren Dörfern, Städten und Regionen erleben und das auch immer mehr unter Druck gerät. Auch das macht vielen Angst. Wir haben es hier mit gesellschaftlichen, mit politischen, also *strukturellen* Auslösern von Angst zu tun, die eben nicht *individuell* zu lösen sind. Deshalb müssen wir über die Medizin hinaus und größer denken. Dass wir diese Dinge genau unterscheiden, ist mir wichtig. »Es gibt nur eine Welt für alle.«[96] Ja: Es geht wirklich um das große Ganze. Nur wenn wir das im Blick haben, können wir gut leben.

ARBEIT
Wenn der Job Angst macht

Nachtschicht – das heißt: Wenn der Arbeitstag eigentlich vorbei ist, die Augen weiter offen halten bis zum nächsten Morgen … Oje. Das hat nicht nur bei mir immer große Angst vor Versagen ausgelöst, vor Fehlbehandlungen oder dem Nichterkennen einer akuten schweren Erkrankung oder eines Symptoms. Überlastung mit Aufmerksamkeitsdefizit nach einer durchzechten oder durchfeierten Nacht kennt jeder, doch echten Nachtdienststress die wenigsten.

Tatsächlich ist es schwer vorstellbar, dass man als Arzt – wie es im Krankenhaus häufig der Fall ist, und das hat sich in den letzten vier Dekaden nicht geändert – allein oder mit einer Hilfskraft auf einer Station mit 40 Patientinnen und Patienten »Nachtdienst schieben« muss. Ich erinnere mich noch gut an meine Zeit als Assistenzarzt, als es Nächte gab, in denen überall auf der Station Menschen vor Schmerzen schrien, aus dem Bett fielen oder ihr Abendessen in die weiß bezogenen Betten würgten. Nicht selten passierte das alles gleichzeitig! All diese Menschen mussten trotz unserer Nervosität, trotz unserer müdigkeitsbedingten Konzentrationsschwäche und trotz unserer Verzweiflung über die unzureichende Unterstützung sofort versorgt und behandelt werden. Wir rannten, wir sorgten, wir taten, was wir konnten.

Dass das System Krankenhaus so etwas zulässt, hat mich immer wütend gemacht – als Assistenzarzt, als Oberarzt und später als Chefarzt. Und so habe ich in den 1980er Jahren meinen gut dotierten Chefarztvertrag gekündigt und zusammen mit einem Kollegen den wahrscheinlich ersten Management Buy Out in Deutschland gestartet: Ich habe die Radiologie aus einem

Krankenhaus »herausgekauft«. Weil ich genug hatte von dem Frust, täglich bis zwei Uhr nachts Patienten behandeln zu müssen und dafür weder die personelle noch technische Unterstützung zu bekommen, die ich gebraucht hätte. Das alles führte zu diesem befreienden Schritt in die unternehmerische Selbstständigkeit, die bis heute anhält. Auch meinen Lehrstuhl für Radiologie und Mikrotherapie, auf den ich 1996/97 an die Universität Witten/Herdecke berufen wurde, habe ich damals fast zwei Jahrzehnte lang selbst finanziert. Dieser Mut und die Kraft dazu sowie die Freude über diese Form der Selbstbestimmung haben mich bis heute nicht verlassen. Trotz aller zum Teil sehr schwierigen und bedrückenden, auch traurigen Zeiten.

Das heutige Berufsleben – vor allem in Berufen mit hohen Leistungsanforderungen, hohem Zeitdruck und hartem Konkurrenzkampf, zu denen sicherlich auch die Medizin gehört – ist oft mit Überforderung, Ungerechtigkeit und sogar Betrug verbunden. Das habe auch ich schon schmerzhaft erfahren müssen: Da wird jahrelang an einem Projekt gearbeitet – und plötzlich präsentiert ein anderer, dem man vielleicht vertraut hat, unter seinem eigenen Namen Erfolge. Auf der Basis von Daten, die für einen selbst leider nicht mehr auffindbar sind. Das passiert in vielen Branchen viel zu oft. Wer so etwas erlebt, reagiert oft mit Angstzuständen, krankhaftem Herzflimmern oder Herzmuskelentzündungen, manchmal auch mit einem Herzinfarkt. Glücklicherweise sind die meisten dieser Erkrankungen heute heilbar. Aber die Erinnerung an den Druck auf Herz und Seele, an das schmerzhafte Gefühl in der Brust, sie bleibt für immer.

Das Krankenhaus ist chronisch krank

Dass unsere Erfahrungen im Arbeitsalltag nicht anekdotisch, sondern weitverbreitet sind, zeigen eine Fülle von Studien. Im September 2017 – also noch vor den Corona-Jahren – befragte ein Forscherteam aus verschiedenen deutschen Kliniken und von der Berufsgenossenschaft für Gesundheitsdienst und Wohlfahrtspflege (BGW) Pflegende, Ärztinnen und Ärzte unter 35 Jahren, was sie an ihrer Arbeit herausfordert. Nur wenige Befragte (13 Prozent) konnten oder wollten antworten. Und die, die antworteten, zeichneten ein klares Bild: Sie litten unter erheblichem Zeitdruck bei gleichzeitig sehr vielen Überstunden. Sie waren Aggressionen von Patienten ausgesetzt und anderen psychosozialen Belastungsfaktoren, die ihre Gesundheit beeinträchtigen und zu einem hohen Burn-out-Risiko führten.

Junge Ärztinnen und Ärzte klagten über hohe Arbeitsverdichtung und überbordenden Dokumentationsaufwand auf den Stationen; junge Pflegende waren vor allem deshalb gestresst, weil auf den Stationen Personal fehlt. Ein relevanter Anteil der jungen Angestellten ging mit Beruhigungsmittel gegen den Arbeitsstress an – oder mit Alkohol.[97]

Im Gesundheitswesen sieht es nicht gut aus: Schon heute fehlen überall qualifizierte Fachkräfte, bis 2035 könnten 1,8 Millionen Stellen nicht besetzt werden. Konkret heißt das: Wenn ein Krankenhaus eigentlich 100 Fachkräfte bräuchte, um reibungslos zu funktionieren, hat es leider nur 65.[98] Auch die Alten- und Krankenpflege ist vom Personalnotstand betroffen. Schon jetzt wird prognostiziert, dass bis 2030 eine halbe Million Pflegekräfte fehlen.[99] Und das ist nicht nur für die Pflegebedürftigen eine Katastrophe, sondern auch für die Pflegenden, die diese Arbeit dann noch zu leisten versuchen.

Immer schneller, immer länger, immer mehr

Nicht nur in den Krankenhäusern und Arztpraxen nimmt der Druck zu, sondern überall. Das gewerkschaftsfinanzierte Wirtschafts- und Sozialwissenschaftliche Institut (WSI) veröffentlichte 2018 eine Umfrage, wonach drei Viertel der Befragten von höheren Leistungserwartungen und mehr Multitasking am Arbeitsplatz betroffen sind. Und in einer neuen Studie kommen Ökonomen der Universität Erlangen-Nürnberg zu dem Ergebnis, dass der Stress am Arbeitsplatz seit den späten 1970er Jahren kontinuierlich zunimmt. Die Arbeitsverdichtung sei eine allgemeine Entwicklung, haben die Studienautoren in vielen Bereichen beobachtet. Für die Untersuchung wurden Befragungsdaten deutscher Arbeitnehmerinnen und Arbeitnehmer ausgewertet hat, die seit 1979 vom Bundesinstitut für Berufsbildung und der Bundesanstalt für Arbeitsschutz und Arbeitsmedizin erhoben werden.[100]

Selbst die gerühmten technischen Innovationen wie Videokonferenzen, der Einsatz von Robotern, Künstliche Intelligenz und immer mehr »smarte« Geräte, die wir an den Handgelenken, in den Ohren oder vor den Augen tragen, machen das Arbeitsleben nicht leichter. Im Gegenteil – Forscher beobachten zum Beispiel, dass die Digitalisierung zu einer noch engeren Taktung führt. Zu noch mehr Stress. Noch mehr Arbeitsstunden – wobei dieses »mehr« nicht unbedingt auch zu mehr oder besseren Ergebnissen führt. Es wird oft einfach mehr »gerödelt«, und wenn es im hochtourigen Leerlauf ist.

Der Stress wird zunehmend zur psychischen Belastung. In den Statistiken der Techniker Krankenkasse gehören psychische Krankheiten seit Jahren zu den drei häufigsten Ursachen für Krankschreibungen. Im Jahr 2022 lag der Anteil am Gesamtkrankenstand bei rund 17,5 Prozent und damit an zweiter Stelle nach den Krankheiten des Atmungssystems wie Grippe und Erkältungskrankheiten (25,3 Prozent) und vor den Krankheiten des Muskel-Skelett-Systems (13,7 Prozent).[101]

Bereits 2017 stellte die DAK in einer Studie fest, dass rund 80 Prozent der Arbeitnehmerinnen und Arbeitnehmer täglich übermüdet zur Arbeit kommen.[102] Schlafstörungen und Schlafmangel, Arbeitsstress und körperliche und geistige Leistungsschwäche durch psychische, physische, sensorische und soziale

Stressoren, Angst vor Mobbing oder Arbeitsplatzverlust, familiäre Probleme, Burn-out oder depressive Verstimmungen, Infektionen und vieles mehr schaffen eine übermüdete Gesellschaft. Nach Corona, einer massiven Erkältungswelle, die auf ein geschwächtes Immunsystem hindeutet, und den neuen Kriegen in der Ukraine und im Nahen Osten haben Übermüdung und psychische Belastung zugenommen. Wie bereits gesagt: Die Fehltage wegen psychischer Erkrankungen haben sich zwischen 2012 und 2022 verdoppelt.[103]

Fakt ist: Unsere Arbeit wird immer dichter, weil wir nicht zuletzt mit KI immer mehr Aufgaben immer schneller erledigen können. Unsere Arbeit wird immer grenzenloser, weil unser Büro heute – Smartphone sei Dank – in die Jackentasche passt. Und sie wird immer länger, weil überall so viele Fachkräfte fehlen, dass immer mehr Arbeit auf immer weniger Schultern lastet.

Das ist nicht »gefühlt« so, weil Mitarbeiter-Teams immer mehr jammern und quengeln und nur noch vier Tage in der Woche arbeiten wollen – das ist real so. Laut KfW-ifo-Fachkräftebarometer, das regelmäßig bei 9 000 Unternehmen nachfragt, berichten 42,2 Prozent der befragten Firmen, dass ihnen Fachpersonal fehlt.[104] Vor allem fehlen Handwerker, Menschen in MINT-Berufen, in sozialen Berufen, in den Schulen und Kitas.[105]

Wir haben es hier also mit einem Angst-Faktor zu tun, den nicht nur irgendwelche Forscher in ihren Elfenbeinturm-Stübchen vermessen, sondern den wir täglich erleben: Besser, man muss nicht zum Hautarzt, man braucht keinen Klempner und man kann den Kindern zur Not Mathe und Englisch selbst beibringen – die Fachleute, die das eigentlich professionell erledigen sollten, sind nicht da. Und das führt nicht nur bei Menschen zu Angst, die diese Profis dringend brauchen, sondern auch bei den Profis selbst.

Wenn Angst und Stress blind machen

Im Krankenhaus können Fehler Leben kosten. Wenn es hoch hergeht – ein Notfall, eine Komplikation – dann kommen Verantwortung, Stress und Angst zusammen. Deshalb haben im Krankenhaus nicht nur die Kranken Angst, sondern auch die, die ihnen helfen wollen.

Man sieht es einem gestandenen Arzt vielleicht nicht gleich an, aber auch nach Jahren in der Klinik ist die Sorge vor Fehlentscheidungen (so viele Entscheidungen müssen unter Zeitdruck gefällt werden!) oder Behandlungsfehlern ein ständiger Begleiter. Jeden Tag Leid und Tod mitzuerleben, mit traumatisierten Menschen zu sprechen, schwierige Diagnosen zu erklären, schlimme Nachrichten zu überbringen, während man schon selbst »auf dem Zahnfleisch geht«, das wird nicht Jahr von Jahr leichter – es sei denn, man stumpft mehr oder weniger bewusst ab, um sich eine Schutzwand gegen die emotionale Belastung zu bauen. Ich weiß schon, warum ich mich nach Jahren in der Klinik entschieden habe, auszuscheren, mich als Arzt niederzulassen, mein eigenes Institut in Bochum zu gründen und damit Lehre und Forschung voranzutreiben. Der Arztberuf ist ein harter, fordernder Job, der insbesondere im Krankenhaus allen Beteiligten rund um die Uhr ein Maximum abfordert. Hut ab vor allen Ärzten, Pflegekräften und Mitarbeitern, die sich Tag und Nacht dieser Herausforderung stellen.

Und es ist kein Wunder, dass bei diesem Stress, dieser Hektik und Überbelastung auch Fehler passieren oder Therapien fehlschlagen. Das ist der Grund: Unter massivem Stress nimmt das Gehirn gerne Abkürzungen, um vermeintlich schneller zum Ziel zu kommen – es neigt zu »kognitiven Verzerrungen« (immer häufiger hört man auch das englische Wort »Bias«): Gemeint sind Fehler in der Wahrnehmung, im Denken oder Einschätzen von Situationen, die manchmal zu zweifelhaften Entscheidungen oder Einschätzungen führen können.

Mit Schrecken erinnere ich mich an die hanebüchenen Verschwörungstheorien während der Corona-Zeit. Einige machten die neue Mobilfunkfrequenz 5G für die Krankheit verantwortlich. Die Strahlung der Funkmasten rufe die Symptome hervor, ein Virus existiere nicht. Andere betrachteten Bill Gates als Strippenzieher der Pandemie. Der Microsoft-Gründer habe das Virus in einem geheimen Labor entwickeln lassen, verbreitete eine Gruppe von Verschwörungstheoretikern. Bill Gates teuflischer Plan sei: noch reicher werden (»Gates ist bereits mehrfacher Milliardär, so ein Gierlappen!«) und die Weltbevölkerung dezimieren. Darauf muss man erst mal kommen!

Achtung, Kurzschluss im Kopf!

So abstrus diese Verdächtigungen erscheinen mögen – wir alle gehen kognitiven Verzerrungen auf den Leim. Gut also, wenn man weiß, wo sie lauern. Hier eine kleine Auswahl, die nicht nur Ärztinnen und Ärzte kennen sollten, sondern jeder, der im Job Entscheidungen treffen muss.

- **Bestätigungsfehler:** Diese Verzerrung des Denkens bezieht sich auf unsere Neigung, neue Informationen so zu suchen und zu speichern, dass sie unsere eigenen Vorannahmen bestätigen. Was nicht ins Bild passt, wird ignoriert oder vergessen. Was dagegen hilft, ist **»Metakognition«:** Also immer mal über das eigene Denken nachdenken.[106]
- **Überdiagnostik:** Diese Unsitte gibt es nicht nur im Krankenhaus: Irgendetwas stimmt nicht, also wird ein Test gemacht, dann noch einer, dann noch einer und so weiter. So füllen sich die Arbeitstage in der Klinik mit einer Fülle von Tätigkeiten, die aus medizinischer Sicht zwar sinnvoll scheinen mögen, vielleicht aber vor allem dazu da sind, hinter großem »medizinischer Arbeitseifer« eine noch größere Angst zu verstecken. Am Ende wird

eine »Krankheit« operiert, bei der ohne Schaden auch Seelsorge geholfen hätte. Was gegen Überdiagnostik hilft ist, ist »watchful waiting«. Also manchmal (nicht im Notfall!) ein bisschen abwarten.[107]

- **Kognitive Entlastung:** Damit ist die sehr menschliche Neigung gemeint, komplexen Entscheidungen aus dem Weg zu gehen oder schwierige Zusammenhänge zu vereinfachen.[108]

Was dagegen hilft: weiterdenken! Oder: Die Dinge einmal völlig anders angehen als »normal«. Dazu möchte ich ein wenig ausholen und Ihnen die Geschichte von Ernie erzählen.

Was die Angst vor dem Tod mit uns macht

Ernie lernte ich im Krankenhaus kennen. Er war erst Anfang 20, und schon sehr schwer an Lymphknotenkrebs erkrankt. Ich empfahl Ernie eine Chemotherapie, um den Tumor auszuhungern, aber da er schon gestreut hatte, war es sehr schwierig, die richtige Dosis zu finden und langfristig auf einen Erfolg zu hoffen. Ich sage bewusst »hoffen«, denn Wunder passieren immer wieder. Leider trat dieses Wunder bei Ernie nicht ein. Der junge Mann mit der riesigen Geschwulst am Hals war verzweifelt, litt an Schmerzen, konnte das Krankenhaus und die Atmosphäre dort nicht ertragen und hatte niemanden, der sich um ihn kümmerte. Seine Eltern hatten sich aus der Betreuung ihres sterbenskranken Sohnes zurückgezogen, seine Freundin war mit der Situation überfordert.

Das mitzuerleben, hat mir das Herz zerrissen. Er tat mir wahnsinnig leid und motivierte mich – wie so häufig in meinem Leben, neue Wege zu gehen. So wurde ich zu seiner Bezugsperson, und vielleicht ein wenig auch zu einer Art Vater-Ersatz und zum Hausarzt seines Vertrauens, den ich für jeden Menschen seit dieser Zeit fordere. Als wieder eine Chemotherapie anstand, sagte er zu mir: »Ich kann das nicht mehr, ich gehe in diesen ›Krankmach-Bunker‹ nicht wieder rein.« Und da ich ein Verfechter der ambulanten Medizin bin, es damals aber noch keine ambulante onkologische Versorgung gab, entschloss ich spontan: »Ich nehme dich bei mir auf.«

Ein friedlicher Tod bei uns zu Hause

Ernie wohnte dann vier Monate bei uns zu Hause in einem lichtdurchfluteten Souterrainraum. Wenn ich in die Klinik fuhr, nahm ich ihn zu seiner Behandlung mit. Zu Hause war es rührend, wie Ernie mit meinen Kindern Till und Friederike mit der Puppenstube spielte oder Legohäuser und Autos bastelte, wie sie gemeinsam lachten. Dann näherte sich Weihnachten, und wir fuhren in den Urlaub. Ernies Freundin zog für diese Zeit bei uns ein, damit er nicht allein war. Als wir wiederkamen, fiel er mir vor Freude in die Arme. Es ging ihm zu diesem Zeitpunkt schon sehr schlecht, das Atmen fiel ihm immer schwerer.

Ich bot Erni mein Bett im Obergeschoss an, er konnte dort in Ruhe schlafen und war mehr in unserer Nähe. Zwischendurch stand er schleppend auf. Als abzusehen war, dass es mit ihm zu Ende ging, blieb ich bei ihm. In den letzten Stunden wurde er immer panischer: »Sag mal Dietrich, muss ich jetzt Angst haben?« »Das weiß niemand, der lebt«, antwortete ich. »Aber ich glaube, dass du in der anderen Welt getragen sein wirst. Sorge dich nicht. Ich bin bei dir und wache hier an deiner Seite.«

Meine Worte und meine Nähe beruhigten ihn, kurz darauf schlief er friedlich ein. Wir haben seine Freundin und seine Eltern angerufen. Uns gemeinsam verabschiedet, gesungen, Kerzen aufgestellt und in Andacht dieses Leben in seinen letzten Momenten gewürdigt. Auch meine Kinder haben sich verabschiedet, in stiller Trauer um einen lieben Freund. So traurig der viel zu frühe Tod von Ernie auch war – er ist friedlich gestorben, wofür ich große Dankbarkeit und Demut empfinde. Und ich hoffe, dass meine Kinder aus dieser Erfahrung das Gefühl mitgenommen haben: Der Tod gehört zum Leben.

Das ist leichter geschrieben als gesagt. Gespräche über den Tod fallen schwer, selbst mir als Arzt. Ernie war in dieser Hinsicht ein Sonderfall: Er war der erste Patient, dem ich mitteilen musste, dass er vermutlich bald sterben wird. Er hatte zwar gefühlt, dass es mit ihm zu Ende ging, aber er wollte doch auch von mir wissen, ob es noch Hoffnung für ihn gäbe. Gab es diese Hoffnung?

Ich erinnere mich genau: Ich lief draußen auf und ab, meine Kehle war wie zugeschnürt. Wie konnte ich einem Sterbenden sagen, dass er in absehbarer Zeit sterben muss? Das Todesurteil überbringen? Ich hatte große Angst vor diesem Gespräch. Was mir letztlich Kraft gegeben hat, war mein »Gottvertrauen«, meine spirituelle Haltung dem Leben gegenüber: Wir alle sind Glieder einer Kette, die bis heute reicht und mit uns nicht aufhört. Und deswegen auch mit dem Damals und mit dem Morgen verbunden ist.

Man kann das materiell verstehen und sagen, dass jedes Molekül unseres Körpers ein Teil eines früheren Körpers war. Auf der geistigen Ebene bedeutet es: Wir bleiben verbunden, wir geben unsere Energie, unser Wissen und all das, was wir im Leben geschaffen haben, an die Menschen nach uns weiter – und diese Verbindung geht auch über den Tod hinaus nicht verloren. Auch die vielen Bausteine unseres Körpers nicht. Sie werden Bestandteil anderer Lebewesen und zu Erde oder zu Luft. Diese Zugehörigkeit zur Universalität des Lebens und des Kosmos gehört zu dem, was unser individuelles Dasein wunderbar und bedeutungsvoll macht. Wir werden getragen, selbst im Tod. Diese Gedanken habe ich Ernie mitgegeben, und sie haben ihn getröstet, sodass er friedlich Abschied nehmen konnte – und ich auch.

Wir können den Tod nicht negieren und sollten dies auch nicht, aber wir können eine heitere Gelassenheit kultivieren, die sich für das Leben, für den gegenwärtigen Moment entscheidet. Wir sollten unsere Lebenszeit bewusst auskosten: die Freude und den Schmerz, die Angst und den Mut, das Leben und den Tod.

Das wurde mir an einem ungewöhnlichen Ort bewusst: im Seziersaal. Ein Ort, den ich unheimlich fand, weil ich vor meinem Medizinstudium noch nie einen Toten gesehen hatte. Meine größte Angst war, dass ich ohnmächtig werde, dass mir allein der Leichengeruch den Weg in den Raum versperrt. Meine Befürchtungen haben sich nicht bewahrheitet. Ganz im Gegenteil.

Ich habe mit Begeisterung die Anatomie des Menschen studiert. Dankbar für den Menschen, der sich uns zur Verfügung gestellt hat, damit wir an seinem Körper lernen können. Und ich habe begriffen, welches Wunderwerk der menschliche Körper darstellt. Damals habe ich mir erstmals Gedanken zur Kunst des Lebens und zur Kunst des Sterbens gemacht (im Lateinischen: *ars vivendi* und *ars moriendi*). Ich habe ein wenig verstanden, was gemeint ist mit *memento mori*: »Sei dir der Endlichkeit des Lebens bewusst.«

Seitdem lebe ich jeden Tag mit dem Bewusstsein, dass ich jederzeit sterben kann. Das ist die Wahrheit unseres Lebens, und ich glaube, diese Wahrheit ist ein wesentlicher Teil der Lebenskunst – sie hilft, im Sterben leichter, angstfreier loszulassen. Nein: Ich fürchte den Tod nicht. Und ja: Bis es so weit ist, genieße ich mein Leben in vollen Zügen. Und noch einmal ja: Bis dahin setze ich mich leidenschaftlich ein für die Projekte, für die Ideen, für die Menschen, die mir am Herzen liegen – auch und gerade dann, wenn auf den Wegen zum Ziel überall Steine liegen …

WIR
Was uns in Angst und Schrecken versetzt

Ich habe mich immer dazu berufen gefühlt, Arzt zu werden – obwohl ich als Kind so viel Angst vor Ärzten hatte, oder vielleicht auch gerade deshalb. Doch als ich das strenge Jungengymnasium endlich hinter mich gebracht hatte, studierte ich erst einmal Sinologie (Chinesische Sprache und Kultur) und Romanistik in Bochum – bis ich dann doch entschloss, meinen Traum eines Medizinstudiums zu verwirklichen. Zunächst mit dem Widerstand meines Vaters. Er sagte: »Was man einmal angefangen hat, darf man nicht aufgeben!« Und: »Erst einmal mit Erfolg zu Ende führen und dann weitersehen!« Ich habe mich schließlich durchgesetzt – und meine Eltern waren sehr bald glücklich über meine Entscheidung. Vor allem meine Mutter, bin ich doch in der Linie ihrer Familie Arzt in der sechsten Generation geworden.

Alles viel zu bunt hier

Die Rede von der »sechsten Generation« lässt meine Entscheidung logisch erscheinen und ganz einfach. Sie war es nicht. Warum sie schwer war, hat Heinz Bude in *Gesellschaft der Angst* besonders treffend auf den Punkt gebracht: »Nicht das Ich, das mit seinen Wünschen an die Grenzen des Erlaubten stößt und darüber in ein ängstliche Erwartungshaltung gerät, charakterisiert die typische Problematik der Gegenwart, sondern das Ich, das sich durch vielfältige und widersprüchliche Ansprüche und Erwartungen überfordert fühlt, dem es unendlich schwerfällt, Grenzen zu setzen, und das von nagenden Zweifeln über seine

Beziehungs-, Genuss-, Liebes- und überhaupt Lebensfähigkeit beherrscht ist.«[109] Wir leben in einer wunderbaren Welt voller Möglichkeiten, die uns ziemlich überfordert. Und das unterscheidet uns grundsätzlich von unseren Vorfahren vor rund 100 Jahren. Anders als in der Epoche von Sigmund Freud quälen wir uns nicht mehr so sehr mit dem herum, was wir nicht dürfen (aber triebhaft trotzdem tun), sondern damit, was wir nicht können (und es trotzdem können müssen – oder das zumindest meinen).[110]

»Tue täglich eine Sache, die dich ängstigt«, hat Eleanor Roosevelt (1884–1962) gesagt. Mir gefällt dieses Zitat, weil es zeigt: Mut lässt sich trainieren und hilft, mit Unsicherheiten und Ängsten besser umzugehen. Wer übt, Entscheidungen zu fällen, trainiert jedes Mal ein bisschen seinen Mut. Denn in diesem Moment lasse ich mich auf das Ungewisse ein. Es muss nichts Extremes sein wie ein Fallschirmsprung. Jede kleine Entscheidung im Alltag stärkt die Entschlussfähigkeit. Und die sogenannte Ambiguitätstoleranz, also die Fähigkeit, uneindeutige oder widersprüchliche Situationen zu meistern.

Und doch möchte ich unsere Orientierungslosigkeit inmitten der unendlichen Möglichkeiten und unsere Angst vor dem Scheitern nicht als lapidar abtun: Im Vergleich zu unseren Vor- und vor allem Vor-Vor-Vorfahren haben wir heute einen anderen Blick auf das Thema Erfolg: Ob uns etwas gelingt oder nicht, ist nicht mehr eine Frage des Schicksals oder der Gottesgnade, sondern wir sind schlicht und ergreifend selbst schuld. Wer scheitert, hat im Job nicht hart genug gearbeitet. Pech. Und ob wir Angst haben oder nicht, ist damit auch nicht mehr eine Frage einer »Gesellschaft der Angst«, sondern Privatsache. Wer sich fürchtet, hat nicht achtsam genug meditiert. Noch mal Pech.[111] »Angst vor der Angst wird zum verborgenen Motiv der populären Lehren des ›guten Lebens‹.«[112]

Wie uns die Angst vor dem Abstieg stresst

Das Gefühl, aus eigener Kraft Wohlstand erreichen zu können und sozial aufzusteigen, ist der Angst vor dem sozialen Abstieg gewichen. Sie treibt den Einzelnen zur ständigen Selbstoptimierung an, um sich den sich ändernden gesellschaftlichen Bedingungen anzupassen.

Dabei ist die Angst vor dem sozialen Abstieg heute (anders als in den beiden Jahrzehnten um die Jahrtausendwende) durchaus berechtigt. Die Studie »Bröckelt die Mittelschicht?« der Bertelsmann Stiftung zeigt, dass die Wahrscheinlichkeit für junge Menschen, es im Laufe ihres Lebens in die mittlere Einkommensgruppe zu schaffen, heute um zehn Prozentpunkte geringer ist als noch in den 1990er Jahren. Sie zeigt auch, dass die untere Mittelschicht schneller absteigt: Zwischen 2014 und 2017 rutschte mehr als jeder Fünfte aus dieser Gruppe in die untere Einkommensschicht ab – und war damit bedroht von Armut.[113] Dass die Mittelschicht schrumpft, zeigt auch eine aktuelle Studie des ifo Instituts im Auftrag der Hanns-Seidel-Stiftung: 2007 zählten noch 65 Prozent der Bevölkerung dazu, 2019 nur noch 63 Prozent. Der Rückgang scheint auf den ersten Blick zwar klein zu sein, im europäischen Vergleich ist Deutschland aber damit vom oberen Drittel ins Mittelfeld gerutscht.[114]

Mit der KI wächst auch die Statusangst

Verschärft wird die Situation durch eine wachsende Einkommensungleichheit und die Tatsache, dass man in flachen Hierarchien und im Homeoffice schlechter »Karriere machen« kann als in der klassischen Unternehmenswirtschaft. Auch eine gute Ausbildung und der allseits beklagte Fachkräftemangel schützen nicht davor, plötzlich ohne Arbeit dazustehen.

Seit der Einführung der Künstlichen Intelligenz (KI) treten Sorgen hinzu, den Wettlauf gegen die technische Entwicklung zu verlieren. Nicht nur die großen Tech-Konzerne treiben die Entwicklung voran mit dem Ziel, immer mehr Arbeit mit immer weniger Menschen zu erledigen: Busse und Bahnen werden autonom fahren, die Steuererklärung wird von KI erledigt, auch Programmierer, Texter und Grafiker, vielleicht auch Juristen und Ärzte werden zunehmend mit KI arbeiten oder durch KI ersetzt werden.

Die Logik von Effizienz und wirtschaftlichem Gewinn und das damit verbundene Leistungsprinzip »höher, weiter, schneller« durchdringt alle Lebensbereiche: Ich muss körperlich fit sein, um den Anforderungen gerecht zu werden. Ich muss auf dem neuesten Stand der Technik sein, sonst droht mir der berufliche Abstieg. Ich muss alle Aufgaben schnell erledigen, damit ich mich als wertvolle Arbeitskraft erweise und nicht bei der nächsten Entlassungswelle unter die Räder komme. Ich muss, ich muss, ich muss. Der Druck wächst. Und der Kitt unserer Gesellschaft – Freundschaft, Familie, sozialer Zusammenhalt in Vereinen, Gemeinden, Nachbarschaften – bröckelt.

Der soziale Kitt bröckelt

Ein Kennzeichen unserer Zeit ist, dass Familien, dass soziale Gemeinschaften ihre Bindungskraft verlieren. An ihre Stelle tritt die Verpflichtung des Einzelnen, für sich selbst zu sorgen, seine eigenen Interessen durchzusetzen. Nicht mehr Solidarität, nicht mehr die moralische Verpflichtung, für die Gemeinschaft zu sorgen, sondern Individualismus prägt das Leben und Denken – und lässt uns den anderen mit Argwohn betrachten.

Und das wiederrum führt, so der polnisch-britische Soziologe und Philosoph Zygmunt Baumann, zu einem »Teufelskreis«, in dem diese Wahrnehmung gleichzeitig »die chronische Zerbrechlichkeit menschlicher Bindungen« und »die Ängste, die diese Zerbrechlichkeit hervorruft« verschlimmert und verstärkt.[115] Kurzum: Beängstigende Rahmenbedingungen zwingen uns, mehr für das Ich zu kämpfen als für das Wir – und je mehr wir das tun, desto mehr Angst haben wir. Und desto leichter lassen wir uns verführen, nach immer mehr Sicherheit zu rufen, auch wenn sie in Form von Unfreiheit daherkommt – und in Form von Abwertung von allem, was uns fremd oder irgendwie »anders« erscheint und uns deshalb Angst macht.[116]

Wer Angst hat, ist leichter lenkbar

Dass populistische Parteien nicht nur in Deutschland auf dem Vormarsch sind, hängt auch mit einem wachsenden Angstgefühl zusammen: Ist unsere Rente *nicht* sicher? Werden es unsere Kinder einmal *schlechter* haben als wir? Und stimmt es vielleicht doch, was in den (»Sozialen«) Medien über »die anderen« geschrieben, gesagt, gebrüllt wird?

Interessanterweise kommt zuerst die Angst, dann der politische Ruck in extreme antidemokratische Positionen. Es ist tatsächlich die Angst vor »den anderen« – also vor Migranten oder Menschen mit Migrationshintergrund – die Präferenzen für undemokratische und extreme Positionen und auch Parteien auslöst und nicht umgekehrt. Zumindest ist das in Deutschland und in den Niederlanden so, zu diesem Ergebnis kamen der Mainzer Politikwissenschaftler Carl C. Berning und der Gießener Soziologe Elmar Schlueter schon vor gut zehn Jahren.[117]

Weil uns eine starke demokratische Mitte fehlt, ist unsere Demokratie tatsächlich existenziell bedroht. Es ist höchste Zeit, sich auseinanderzusetzen mit den Phänomenen »kollektive Angst« und »kollektive Nostalgie«: der Sehnsucht nach einer vermeintlich großen Vergangenheit. Populistische Parteien machen sich beide kollektiven Gefühle zunutze. Sie stellen eine Beziehung zwischen der Angst her (»Seht, hier haben wir diese Bedrohung!«) und ihrer Auflösung (»Wir verstehen eure Sehnsucht und versprechen euch die Rückkehr in eine Zeit, in der ihr keine Angst haben musstet!«). Damit entsteht die Fantasie einer »zukünftigen Vergangenheit«, in der alles einfach ist (weil eine »starke Hand« alles Komplexe, Verstörende draußen hält), in der alles harmonisch ist (weil alle gleich sind und niemand »anders«), in der alles wieder groß ist, »great again«,[118] und vor allem frei von jeglicher Angst.

Ein Trugschluss. Denn je enger wir unser Sicherheitsnetz zusammenziehen, desto weniger Platz haben wir für … Leben! »Freie Menschen sollen keine Angst vor der Angst haben, weil das ihre Selbstbestimmung kosten kann«, warnt Heinz Bude. »Wer von Angst getrieben ist, vermeidet das Unangenehme, verleugnet das Wirkliche und verpasst das Mögliche.«[119] Ein Grundstein für Kriege und Kriegstreiberei – wie wir leidvoll erfahren (haben). Frieden und Friedenswille sowie ein solidarisches Miteinander unterschiedlicher Lebensweisen, Positionen und Haltungen geraten so in weite Ferne. Das ist gefährlich: »Kollektive Angst stimuliert den Herdentrieb und führt zu Gräueltaten gegen jene, die nicht als der gleichen Herde zugehörig angesehen werden.« Diese Warnung des britischen Philosophen Bertrand Russell hat nichts an Aktualität verloren.

Vorsicht vor dem »Herdeninstinkt«

Aufregerthemen rund um »die anderen« werden von Dogmatikern und Populisten jeglicher Couleur benutzt, um gesellschaftliche Fronten zu verhärten. Die Spaltung wird dabei nicht nur in Kauf genommen. Sie ist vielmehr ein zentrales Element ihrer Strategie. Die Sorge, dass der Zusammenhalt in unserer Gemeinschaft bröckeln könnte, treibt auch mich um. Dass das Vertrauen in das Gemeinwesen schwinden könnte. Aber wie begründet ist die Furcht vor einer Spaltung der Gesellschaft und dem Niedergang Deutschlands wirklich, wie die Schlagzeilen einen mitunter Glauben machen? Gleich zwei aktuelle Studien beschäftigen sich mit dieser Frage – und kommen zu ähnlichen Ergebnissen. Ich greife mal vor, so schlimm ist die Lage vielleicht doch nicht?

Zwei Jahre lang hat der Berliner Soziologe Steffen Mau mit seinem Team die Stimmungslage der Deutschen untersucht. Er führte zahllose Befragungen durch, etwa über Einwanderung und Klimaschutz, und ließ Personen unterschiedlichen Alters, Bildungsgrades und Einkommens in Gruppen diskutieren.

Die Ergebnisse veröffentlichte Mau in seinem Buch *Triggerpunkte: Konsens und Konflikt in der Gegenwartsgesellschaft.*[120] Die überraschende Erkenntnis der Forscher: Bei vielen großen Fragen sind sich die Deutschen erstaunlich einig. 75 Prozent zeigen sich besorgt über den Klimawandel, 79 Prozent halten die Einkommens- und Vermögensunterschiede für zu groß, 81 Prozent finden es gut, dass gleichgeschlechtliche Ehen erlaubt sind. Kritisch wird es hingegen bei Themen wie Migration und Gendersprache, da ging es bei den Gruppendiskussionen heiß her. Es kam zum »Erregungsüberschuss«, wie es im Soziologendeutsch heißt. Menschen reagieren immer dann empfindlich, wenn sie das Gefühl haben, dass etwas unfair ist, ihre moralische Grundüberzeugungen verletzt oder jemand in ihren privaten Bereich eingreift.

Obwohl wir laut den von Mau erhobenen Daten doch einiger sind, als man vermuten würde. Was das Volk vielmehr umtreibe, sei eine »Veränderungserschöpfung«. Nicht nur die allgegenwärtigen Krisen ermüden die Deutschen, sondern auch das Tempo, mit dem die Veränderungen einhergehen. Zu einem ähnlichen Schluss kommt der Verhaltensökonom Dominik H. Enste, der am Institut der deutschen Wirtschaft zur Resilienz von Gesellschaften forscht.[121] Er sagt in einem *ZEIT*-Interview: »Das Gefühl, dass eine Krise stets die nächste bedingt und der Krisenmodus zur Normalität wird, kann zu einer Trotzreaktion und Reaktanz führen.« Allerdings sieht er Deutschland grundsätzlich für gut gerüstet, um mit den Veränderungen umzugehen. Die politischen, wirtschaftlichen und gesellschaftlichen Voraussetzungen, die aktuellen Krisen zu bewältigen, seien besser als in vielen anderen Ländern. Um Herausforderungen erfolgreich zu meistern, seien zwei Schlüsselkomponenten entscheidend: Vertrauen und Resilienz. »Resilienz meint«, so Enste, »einer Krise zu trotzen, indem man Willen zur Veränderung aufbringt und nicht starr an etwas festhält, nur weil es bislang funktioniert hat.« Also: Statt Sorgen machen, weitermachen.

Wir können auch anders

In seinem Essay *Über Unbekümmertheit* (*On Insouciance*) beschreibt der englische Schriftsteller D. H. Lawrence (1885 – 1930) einen heißen Nachmittag in Spanien.[122] Lawrence sitzt auf dem Balkon und beobachtet zwei Männer, die mit ihren Sensen eine Wiese mähen. Er nimmt das Zischen der Sensen wahr, betrachtet die Blautöne der Männerhosen und fühlt sich rundum entspannt. Doch dann beginnen zwei Frauen auf dem Balkon nebenan lauthals zu lamentieren. Und mit dem Seelenfrieden des Schriftstellers ist es schlagartig vorbei. »Sie sorgen sich! Sie lassen sich von ihren Sorgen richtiggehend auffressen. Sie sind so damit beschäftigt, sich über den Faschismus und den Völkerbund Sorgen zu machen. Sie merken gar nicht, wo sie sind«, klagt Lawrence.

Natürlich haben die Frauen recht. Ja, die politische Situation ist mehr als brenzlig. Und doch scheint es auch in diesem Moment wieder hell durch die Ritzen zwischen den dicken Brettern namens Sorge, Furcht, Panik, Angst: Das heilsame Leben in der Gegenwart. Ja, auch wenn die Lage in diesem Land, auf diesem Kontinent, in der Welt ganz und gar nicht gut aussieht: Trotzdem haben wir immer die Chance, auch die schönen Momente wahrzunehmen und wertzuschätzen. Wenn uns das gelingt, können wir im Alltag immer wieder Kraft und Lebensfreude finden. »Die kleinen Dinge? Die kleinen Momente? Sie sind nicht klein«, sagt Jon Kabat-Zinn, einer der wichtigsten Erkunder des Themas Achtsamkeit.

Auch ich freue mich über sogenannte Kleinigkeiten: den Duft des ersten Kaffees am Morgen, das Lächeln meiner Frau und meiner Kinder oder Enkel, das Lachen mit anderen Menschen, Schäfchenwolken am Himmel, bunte Blumen, die Idee für ein neues Projekt. Aus allem Kleinen kann, muss aber nicht Schönes, Gutes, Großes entstehen. Doch Freude und Gelassenheit mildern den Druck des Alltags. Es lebt sich gleich ein bisschen entspannter und wohliger. Allein das macht glücklich.

Und viel mehr noch! Darum soll es im nächsten Kapitel gehen.

III
THERAPIE
Wie wir die Angst an die Hand nehmen

»Frühlingsblumen, Herbstmond,
Sommerbrise, Winterschnee.
Wenn keine unnützen Gedanken
deinen Geist verwirren,
hast du die friedlichsten Tage deines Lebens.«
Mumon Ekai

INTRO
»Meine Seele schlägt Purzelbäume«

Ich erinnere mich gut an eine junge Patientin, die an Lymphknotenkrebs im höchsten Stadium erkrankt war. Stark abgemagert und mit gelbgrüner Hautfarbe stand sie eines Morgens in der Tür meiner Frauenkrebsstation. Gelbgrün, weil sich Gallenflüssigkeit in ihrem Körper ausgebreitet hatte. Ein sogenannter Rückstau. Die junge Frau hatte nachgedacht und war auf die Idee gekommen, ob man nicht »einfach versuchen könnte, die Gallenwege zu öffnen«.

Einfach!? Eine solche OP war sehr knifflig und konnte leicht schief gehen. »Bitte, das ist doch meine einzige Chance!«, drängte sie mich. Ich zögerte, wagte dann aber doch den Eingriff. Auch weil mich der Kämpfergeist der jungen Frau so beeindruckte: »Ich will noch viel Zeit mit meinen Lieben zusammen verbringen und habe keine Angst. Auch nicht vor dem Tod!« Ich erinnere mich noch genau an ihre Worte: »Ich liebe das Leben, und dafür kämpfe ich!«

Die Operation glückte. Ich hatte durch den Tumor, der die Gallenwege verschlossen hatte, eine Drainage gelegt, sodass die Gallenflüssigkeit wieder in den Dünndarm fließen konnte. Woche für Woche ging es der Patientin besser. Und als sie Klinik und Reha hinter sich hatte, dauerte es nicht lang, bis sie eine neue Liebe fand. Sie heiratete und führte mit ihrem Mann noch weitere zwölf Jahre lang ein glückliches Leben. »Mein Seele schlägt Purzelbäume, lieber Doc!«, schrieb sie mir. Wenn ich daran denke, bekomme ich noch immer eine Gänsehaut. Die junge Frau brachte mehr Optimismus, mehr Leidenschaft, mehr Lebensmut mit als so manch ein kerngesunder Mensch! Ihr Wille war so stark, dass sie als »Todgeweihte« damit buchstäblich Berge versetzte. Ihre (und meine!) Angst zu überwinden, war ihre einzige Chance. Sie hat sie genutzt. Und nicht nur sich selbst damit eine Perspektive geöffnet, sondern auch mir.

Das Grönemeyer 2 x 2 für Kopf und Körper

Nachdem wir uns im Detail angeschaut haben, was Angst mit uns macht und welche Ursachen sie hat, geht es nun um das konkrete Tun. Also Ärmel hochkrempeln: Schauen wir, was jeder von uns selbst tun kann, um die Angst aus seinem Kopf (hier: Seele und Gehirn) und auch aus seinem Körper (hier: Nerven und Genom) zu vertreiben.

Um es gleich zu sagen: Das eine Patentrezept, das für alle passt, gibt es nicht. Jeder Mensch ist anders, jeder Mensch braucht etwas anderes, um sich wohlzufühlen und gesund zu sein. Betrachten Sie es wie ein Mobile: Egal, welche Ideen Sie in Ihren Alltag mitnehmen und wo genau Sie an einer alten Gewohnheit rütteln, Sie bringen immer alles in Bewegung.

Viel Freude also mit ☞ **Grönemeyers Mutmachern** – ich war selbst erstaunt, wie viele es geworden sind.

Den Kopf freimachen: Mutmacher für Seele und Gehirn

Sie erinnern sich an den kleinen Mandelkern da oben in Ihrem Kopf – die »Angstzentrale« mit dem schönen Namen Amygdala? Wir wissen heute, dass die Amygdala nicht nur unsere Angstgefühle reguliert (sie löst unsere körpereigene Alarmanlage aus), sondern dass sie auch für unseren Mut zuständig ist. In der Amygdala liegen nämlich neuronale Schaltkreise, die die Angst auch wieder abschalten können. Das ist eine gute und eine schlechte Nachricht. Zuerst die schlechte: Bei chronischem Stress geht dieser Aus-Knopf kaputt, sodass die Angst-Alarmanlage auf Daueralarm schaltet. Nein, das ist nicht gesund. Jetzt die gute Nachricht: Wir können der Amygdala aktiv dabei helfen, ihren Aus-Knopf zu reparieren. Und das verblüffend einfach.

Die Natur – eine unterschätzte Heilerin

Himmel, Bäume, Gras … Zeit in der Natur zu verbringen, hat mir immer schon geholfen, mich zu entspannen. Erstens liebe ich es, natürlichen Geräuschen wie Vogelgesang, raschelnden Blättern oder fließendem Wasser und Wellen zu lauschen. Darüber hinaus wirkt der Anblick von Grün, Bäumen und Blumen und die verschiedenen Düfte beruhigend auf mich. Kennen Sie das?

- **Wald:** Ein Spaziergang durch einen dichten Wald mit hohen Bäumen und einer friedlichen Atmosphäre kann ein Gefühl von Ruhe und Gelassenheit vermitteln. Die gefilterten leichten, erdigen und terpenhaltigen Düfte der Nadelhölzer wirken nachweislich beruhigend.

- **Wasser:** Aber auch das Meer und die Strände schenken Kraft und Energie. Die Kombination aus beruhigenden Geräuschen wie Wellenrauschen, Möwenrufen sowie dem Anblick und Geruch des Ozeans schaffen eine beruhigende Umgebung, und das rhythmische Auf und Ab der Gezeiten kann meditative Stimmungen erzeugen. Ebenso wie langes Schwimmen oder Tauchen im Meer.
- **Berge:** Auch die majestätische Schönheit der Berge mit ihrer Erhabenheit, Weite und friedlichen Umgebung geben ein Gefühl von Ehrfurcht und Ruhe, und die frischere Luft in höheren Abschnitten tragen bei Wanderungen zu einem entspannteren Zustand bei. Berge können bedrücken oder aufrichten. Mich motivieren sie, geben mir Kraft, richten mich auf und stärken meine Seele.
- **Garten:** Auch Gärten, ob Blumengärten, botanische Gärten oder sogar der eigene Balkon oder Hinterhofgarten oder öffentliche Parks (nicht zu vergessen: die riesigen, alten Friedhöfe!), können zu einem friedlichen Zufluchtsort werden. Mit ihrer Vielzahl von Blumen, Kräutern und Gemüse, lebendigen Farben, angenehmen Düften und auch Tieren bieten sie eine wundervolle Möglichkeit, sich mit der Natur zu verbinden. Mich erdet dies immer wieder im wahrsten Sinne des Wortes.

Ich liebe es, abends mit meiner Frau lange im Garten zu sitzen und zu träumen, selbst im Winter. Wahre Medizin – so einfach, so gut, so nachhaltig. Ich genieße dies mit großer Dankbarkeit. Der Aufenthalt in der Natur bietet mir eine Pause von der ständigen Stimulation durch Termine und Telefon, Bildschirme und Technologie und ermöglicht meinem Geist, sich zu entspannen und neue Kraft und Energie zu tanken. Draußen im Grünen oder im Urlaub am Meer zu sein – am liebsten in der Bretagne und auch in Holland oder auf Norderney –, lenkt mich von den Alltagssorgen ab.

Durch die frische Luft werden eventuelle Ängste und negativer Stress einfach weggeblasen. Moment: Ist das wirklich schon Anti-Angst-Therapie? Hilft das der Amygdala? So einfach?

Ja! So einfach. Das konnten Wissenschaftlerinnen des Max-Planck-Instituts für Bildungsforschung zeigen. Die Forscherinnen ließen 63 gesunde Probandinnen und Probanden eine Stunde lang im Grunewald spazieren gehen oder auf einer trubeligen Einkaufsstraße in Berlin. Dann legten sie sie in einen Magnetresonanztomographen und maßen die Hirnaktivität in Regionen, die an der Stressverarbeitung beteiligt sind. Ergebnis: Die Aktivität in der Amygdala hatte nach dem Spaziergang im Grunewald abgenommen.[123] Die Ergebnisse bestätigen eine ältere Studie des gleichen Instituts[124], die gezeigt hatte, dass nahe an einem Wald wohnende Stadtbewohner eine gesündere Amygdala haben als Städter ohne Zugang zu Wald. Die hier vorgestellte Studien sind ein doppelter Weckruf. Für die Städte: Schafft Grünflächen! Und für Sie: Gönnen Sie sich einen Spaziergang oder eine Pause auf der Parkbank!

☞ **Gehen Sie raus ins Grüne! Nach nur 60 Minuten schaltet Ihre Angstzentrale im Kopf um auf Mut.**

Draußen macht glücklich

Noch nicht überzeugt? Manchmal hilft der Blick über den Tellerrand, zum Beispiel nach Skandinavien: Die Menschen in den dortigen Ländern zählen zu den glücklichsten der Welt. Finnland, Dänemark und Island belegten 2024 die ersten drei Plätze des von der UNO herausgegebenen World Happiness Report, der erfasst, wie hoch das subjektive Glücksempfinden des Einzelnen in aller Welt ist (Deutschland landete übrigens auf Platz 24).[125]

Am guten Wetter in den nordischen Ländern kann es jedenfalls nicht liegen. Von Problemen und Krisen bleiben die

Menschen dort auch nicht verschont. Woher kommt also die Zufriedenheit? Ich vermute, es liegt an der nordischen Lebenseinstellung, die von Gelassenheit, Bodenständigkeit und einem starken Wir-Gefühl geprägt ist. Und ich meine auch: Es liegt an der Natur. Deshalb habe ich an meiner ersten Stelle an der Uni Kiel Blumen in mein Arztzimmer gestellt. Damals völlig undenkbar! Trotzdem zur Freude aller – eine kleine Revolution!

Gute Freunde reisen oft nach Finnland, um dort den Sommerurlaub zu verbringen. Sie mieten sich ein »Mökki«, ein Ferienhaus am Wasser, das auch für die Finnen der Dreh- und Angelpunkt des Lebens ist. Es gibt keinen Strom, oft auch keinen Handyempfang. Nur Ruhe und eine wunderbare Natur. Unsere Freunde schwärmen auch vom dortigen Lebensgefühl, das die Finnen »Sisu« nennen. Im Kern zeichnet Sisu eine innere Stärke aus, eine Mischung aus Mut, Willenskraft und Ausdauer. Sich trotz schwieriger Situationen nicht unterkriegen zu lassen – auch wenn es zunächst unbequem ist oder Überwindung kostet.

Oder schauen wir nach Norwegen. Das norwegische Konzept des »Draußen-Lebens« mit dem wunderschönen Namen »Friluftsliv« meint, dass man im Sommer sehr viel draußen ist, dass man auch mal draußen schläft. Das allein sorgt schon für Entspannung und Wohlbefinden (wenn man an den Mückenschutz gedacht hat). »Friluftsliv« führt aber auch unweigerlich zu besserem Schlaf, weil sich der menschliche Schlaf-Wach-Zyklus endlich mal wieder mit dem Lauf der Sonne synchronisieren kann.

Auch drinnen kann ein bisschen draußen sein, und auch das kann guttun. In ihrer Metastudie haben Forscher schon vor mehr als 20 Jahren die intuitive Annahme bestätigt, dass der Kontakt mit der Natur innerhalb von Gesundheitseinrichtungen Heilung und Wohlbefinden fördert: Der Stresspegel sinkt, Aggressionen gehen zurück, Konzentration und Aufmerksamkeit verbessern sich, Patientinnen und Patienten sind insgesamt zufriedener. Vielleicht, weil Natur das Gefühl der Verbundenheit miteinander und mit der Welt fördert. Konkret heißt das für Praxen, Krankenhäuser,

Reha-Zentren: Legt Heilgärten an, stellt Pflanzen, auf, hängt Bilder mit Landschaften, Wasser, Bäumen, Blumen an die Wände. Holt die Natur ins Haus, das hilft heilen![126]

Ganz viel Natur zu fühlen zwischen Wiesen und Wäldern, in den Bergen oder am Meer, das ist für mich pure Revitalisierung mit ganz viel neuer Lebensenergie. Besonders in stressigen Zeiten, nach Aufregung oder besonders aggressiven oder traurigen Ereignissen. Ich fühle dann regelrecht, wie Adrenalin und Cortisol abgebaut werden und die glücklich stimmenden Endorphine sich ausbreiten. Bewusst und unbewusst zwischendurch als Alltagsroutine die Seele baumeln zu lassen, ist eines meiner Heilmittel für mehr Fröhlichkeit und gegen Stress und Angst.

☞ **Verbringen Sie ein paar Tage und Nächte in der Natur. Ganz einfach. Wetten, Sie schlafen besser?**

Zwischen Jetzt und Traum

Schon höre ich Sie sagen: Wann soll ich denn Zeit finden, in den Wald zu gehen, auf der Bank zu sitzen oder wie soll ich im Sommer unter freiem Himmel schlafen? Wie soll das gehen? Ich meine: Indem Sie im Hier und Jetzt schauen, was geht. Sie leben schließlich nicht in Ihrem Terminkalender, sondern im Hier und Jetzt. Oder? Machen Sie es sich also einfach.

Meine Art, »zu mir zu kommen« und dabei nebenher meiner Amygdala etwas Gutes zu tun, entsteht im Alltag. Wenn ich unsere Katze streichle oder Musik höre oder im Wald spazieren gehe. Manchmal setze ich mich dann auf den Waldboden und werde so etwas »wie eins mit der Natur«. Fühle manchmal dabei ein wenig die Unendlichkeit … und bin glücklich. Dazu muss ich kein »Ommm«-Mensch ein.

Ich meditiere seit vielen Jahren quasi nebenbei. Das ist meine Methode, um in Kontakt mit mir selbst zu kommen, meine Bedürfnisse zu spüren, aber auch, um in Berührung mit dem zu kommen, was gerade in der Realität um mich herum passiert. Hier und jetzt! Statt in Gedanken mit der Vergangenheit beschäftigt zu sein oder an die Zukunft zu denken und dabei wichtige Moment in der Gegenwart zu verpassen.

Eine Harvard-Studie zeigt, dass wir etwa 50 Prozent unseres wachen Lebens Tagträumen nachhängen oder an etwas anderes denken als an das, was wir gerade tun.[127] Eine Menge Zeit, in der wir uns in einer Art Autopilot-Modus befinden – und gerade dann suchen uns Gedanken und Bilder heim. Leider oft nicht so schöne wie Angst, Wut oder Scham. Das macht schlechte Laune – und vielleicht noch mehr Angst. Aber, und das hat sich leider noch nicht genügend herumgesprochen: Tagträumereien sind keine nutzlose Zeitverschwendung oder ein Beweis dafür, dass wir unsere Gedanken »nicht im Griff« haben. Im Gegenteil: Wenn wir unsere Gedanken wandern lassen, sortieren und festigen wir damit unsere Erinnerungen, wir lassen neue Pläne und Ideen wachsen (»Was wäre, wenn?«), führen vielleicht probehalber schon einmal wichtige Gespräche und simulieren weitere Szenarien, um uns darauf vorzubereiten. Tagträumen kann wie eine imaginierte Theaterprobe für unser eigenes Leben sein. Tagträume können gut und richtig und produktiv sein.

☞ **Erlauben Sie sich Tagträume! Sie geben Ihrem Hirn damit die Chance, sich schöne Pläne für Sie auszudenken.**

Zeit für Stille

Ich treffe oft auf das Missverständnis, dass man während einer Mediation »nichts denkt«. Vielleicht wäre das auch mal schön. Aber: Nein, das ist schlicht unmöglich! Unser Gehirn und unsere Gedanken lassen sich nicht nach Belieben an- und ausschalten. Der Gedankenstrom fließt ständig weiter. Manche vergleichen Gedanken mit Wolken, die am Himmel vorbeiziehen, andere mit

Sushi, das auf einem Laufbahn am Restauranttisch vorbeifährt oder mit Autos auf einer vielbefahrenen Autobahn. Mir gefällt das Bild mit den Wolken am besten, weil es die Flüchtigkeit der Gedankenfetzen so gut verdeutlicht.

Bei der Meditation geht es nicht darum, den Geist zu leeren, sondern vielmehr darum, die Gedanken und Gefühle zur Kenntnis zu nehmen – und dann weiterziehen zu lassen. Einfach so. Ohne sie zu bewerten. Das ist die einzig sinnvolle Möglichkeit, mit dem pausenlosen Geschnatter im eigenen Kopf in Frieden zu leben: Denn jeder Versuch, Gedanken zu verdrängen, festzuhalten oder zu unterdrücken, führt nur zu ihrer Verstärkung. Versuchen Sie einmal *nicht* an eine rote Schildkröte zu denken. Was passiert: Natürlich denken Sie (und ich auch gerade jetzt beim Schreiben) an eine rote Schildkröte.

Ich versuche stattdessen, meine Gedanken kennenzulernen, ohne mich von ihnen beeindrucken zu lassen. Durch diese Unterscheidung bleibe ich auf Distanz und vermeide, dass ich auf das Gedankenkarussell springe. Es sind meine Gedanken, aber ich bin nicht meine Gedanken. Wenn ich achtsam meine Gedanken beobachte, lasse ich mich nicht unbewusst von ihnen lenken – und kann aus Gewohnheitsschleifen des Grübelns und Sorgens leichter aussteigen.

☞ **Meditieren Sie auf Ihre Art. Schwingen Sie mit Ihren Gedanken – nicht gegen sie.**

Achtsamkeit ist mehr als ein Buzzword

Vielleicht haben Sie schon allzu oft von Achtsamkeit gehört oder gelesen und konnten dem Thema nichts abgewinnen. Trotzdem: An dieser Stelle möchte ich ein medizinisch sinnvolles, gut durchdachtes Konzept vorstellen, dessen Wirkungen in vielen Studien nachgewiesen wurden: »Mindfulness-based Stress Reduction«, kurz MBSR.

Vorher ganz kurz: Was ist mit »Achtsamkeit« gemeint? Achtsamkeit ist eine bestimmte Haltung sich selbst und seinem Leben gegenüber. Es ist die Bereitschaft, sich immer wieder ganz auf den gegenwärtigen Moment zu konzentrieren. Was passiert gerade? Was nehmen meine Sinne wahr? Was erzählen mir meine Gedanken? Wie geht es meinem Körper? Wie bewegen sich die Dinge, die Menschen, die Situationen um mich herum? Es geht darum, zunächst einmal wertfrei wahrzunehmen, was gerade passiert. Es anzunehmen und zu akzeptieren, wie es ist. Nicht sofort reagieren (bewerten, ärgern, weglaufen, bekämpfen, wegdrücken). Erst wahrnehmen, dann weitersehen.

Das Programm zur »achtsamkeitsbasierten Stressreduktion« ist ein achtwöchiges Achtsamkeitstraining, das 1979 von Dr. Jon Kabat-Zinn an der University of Massachusetts entwickelt wurde. Ursprünglich sollte MBSR dabei helfen, Stress zu bewältigen. Es arbeitet zum Beispiel mit der Konzentration auf den Atem, mit Elementen der Stille und Langsamkeit, ruhigem Gehen, bewusstem Essen, mit dem bewussten Spüren des eigenen Körpers, aber auch mit Elementen etwa aus dem Yoga und Zen. Es ist nachgewiesen, dass dieses Achtsamkeitstraining positive gesundheitliche Auswirkungen hat bei Stress, Schlafstörungen, Burn-out, chronischen Schmerzzuständen, aber auch bei Ängsten oder Panikattacken und Depressionen. »Achtsamkeit bedeutet, auf eine bestimmte Weise aufmerksam zu sein: bewusst, im gegenwärtigen Augenblick und ohne zu urteilen«, so Jon Kabat-Zinn.

Ich halte dieses Achtsamkeitstraining nicht nur wegen der nachgewiesenen Wirkung[128] für eine gute Sache, sondern noch aus einem anderen Grund: Das Prinzip Achtsamkeit ist absolut alltagstauglich und lässt sich selbst in der täglichen Hektik immer wieder einbauen – und sei es nur durch ein paar Sekunden Konzentration auf den Moment.

So bleiben Sie in Kontakt mit der Gegenwart und können die guten Dinge genießen, die die Welt zu bieten hat – und selbst auch mehr Gutes in der Welt bewegen. Sie schließen sich einen neuen Raum der Möglichkeiten auf. Nehmen Sie sich **Zeit für sich** dafür!

☞ **Planen Sie im Kalender (bitte) jeden (wirklich jeden) Tag einen Zeit-für-sich-Moment ein. Gönnen Sie sich Möglichkeitsräume!**

Wie ein Segelboot im Wind

Bei der »Achtsamkeitsmeditation« übt man, das Luftholen bei den Atemzügen bewusst wahrzunehmen: Einatmen, Atempause, Ausatmen. Dabei schweifen die Gedanken schnell ab, und man ist mental schon dabei, die Einkaufsliste für das Wochenende zusammenzustellen. Achtsam sein bedeutet, diese Abschweifungstendenz wahrzunehmen, kurz innezuhalten und dann die Aufmerksamkeit wieder auf den Atem zu richten. Das automatische Abschweifen des Geistes bezeichnet Jon Kabat-Zinn als Autopiloten.

Früher habe ich mich geärgert, wenn ich mich von meinen Gedanken habe ablenken lassen. Heute schaue ich sie mir interessiert an, sage innerlich: »Okay, ihr könnt wieder ziehen.« Und kehre zu meiner Atmung zurück. Je nach Tagesform passiert das alle fünf Sekunden oder nur jede Minute. Wichtig ist, sich für das Abschweifen nicht zu verurteilen oder womöglich Selbstvorwürfe zu machen. Alles darf sein. Alle Gedanken, Empfindungen, Körpergefühle. Hauptsache, ich kehre zu meinem Atem zurück. Freundlich, bestimmt, geduldig. Immer wieder aufs Neue. In meinen Körper hineinspüren und Gefühle zulassen. Auch die schlechten. In manchen Momenten schlagen sie wie eine Welle über mir zusammen, dann ebben sie wieder ab. Irgendwann passiert es dann: Ich werde ruhiger, etwas löst sich in mir. Vor allem aber verspüre ich wieder Vertrauen. Eine Zuversicht tief in meinem Inneren, die mir sagt: Es gibt eine Wirklichkeit in mir selbst, die gut ist und zu der ich jederzeit Kontakt aufnehmen kann. Die mir hilft, schwierige Zeiten zu meistern. Ich muss sie nur zulassen. Ich mache das so:

- Ich setze mich bequem hin und schließe die Augen.
- Ich konzentriere mich auf meinen Atem. Wie fließt er? Atme ich flach oder hebt sich mein Bauch?
- Ich atme ruhig in meinen Bauch hinein und versuche bei meinen Körperempfindungen zu bleiben.
- Dass dabei Gedanken auftauchen, ist völlig normal. Wenn ich sie bemerke, schenke ich ihnen einen Moment Aufmerksamkeit – und lasse den Gedanken wieder ziehen. Wie eine Wolke am Himmel.
- Dann kehre ich wieder zur Atmung zurück.
- Manchmal hilft es mir, die Einatmung mit dem Wort »Ein« und die Ausatmung mit dem Wort »Aus« zu begleiten. Das unterstützt meinen Geist, nicht abzuschweifen.
- Falls doch wieder Gedanken auftauchen, nehme ich sie wahr und lasse sie wieder ziehen.

Wichtig ist dabei, sich nicht unter Druck zu setzen oder zu ärgern, wenn es mit der Konzentration mal nicht klappt. Dann ist es eben so. Ich vergleiche diesen Vorgang mit dem Bild eines Segelbootes, mit dem wir durch unser Leben steuern.

☞ **Wir visieren ein Ziel an, doch manchmal kommen Winde auf und wir müssen die Richtung ändern. Wichtig ist nur, dass wir immer wieder zurück auf unseren Kurs kommen.**

Die Scheinwerfer neu ausrichten

Zum Glück sind wir unseren Gedanken nicht ausgeliefert, wir können unser Gehirn mit positiven Gefühlen und Gedanken füttern und zum Positiven beeinflussen. Denn unser Denkorgan ist neuroplastisch, das heißt, es verändert sich stetig unter dem Einfluss dessen, was es umgibt. Diese Eigenschaft können wir uns zunutze machen, um unser Leben nicht von Angst und Sorgen bestimmen zu lassen. Hierbei haben sich in Studien mehrere alternative Therapieansätze bewährt, die ohne Medikamente auskommen und gut in den Alltag integriert werden können.

Zu den am häufigsten untersuchten alternativen Therapien zählen die kognitive Verhaltenstherapie, Achtsamkeitsmeditation, Tai-Chi, Qigong und Yoga. Studien zeigen, dass alternative Therapien bei der Behandlung von Angstzuständen wirksam sind – und selbst, wenn sie genauso wirksam oder ein klein wenig weniger wirksam sind wie Medikamente: Sie haben keine der oft gravierenden pharmatypischen Nebenwirkungen und eine geringere Rückfallwahrscheinlichkeit.[129] Und auch für alle, die sich nicht extra in ein Yogastudio oder in einen Kurs für Achtsamkeitsmeditation begeben wollen, gibt es eine gute Nachricht: Es gibt mittlerweile eine Menge Online-Angebote rund um das Thema »internetbasierte kognitive Verhaltenstherapie«. Deren Wirksamkeit und praktische Anwendbarkeit bei Angststörungen und Depressionen wurden in Studien bestätigt.[130] (Schauen Sie mal beim Online-Angebot Ihrer Krankenkasse!)

☞ **Nicht gleich zu Angstlösern aus der Apotheke greifen. Erst in Ruhe Methoden ausprobieren, die keine bedeutsamen Nebenwirkungen haben, oder zumindest nur geringe.**

Hinfallen, aufstehen, weiter geht's!

Selbst wer sehr ängstlich ist und sich häufig Sorgen macht, ist im Grunde stark. Jeder Mensch ist stark. Wir haben es nur vergessen, mit welchem Mut wir zur Welt kommen. Ich muss mir nur meine Enkelkinder anschauen. Mit welchem Selbstvertrauen und mit welcher Beharrlichkeit sie laufen lernen! Es braucht viele Anläufe, und das immer wieder. Erst sind es nur tapsige Schritte, dann setzt sich das Kind immer wieder auf den Hosenboden, manchmal begleitet von frustriertem Wutgeheul. Doch gleich darauf zieht sich das Kind wieder fest nach oben und setzt weiter einen Schritt nach den nächsten. Am Anfang hält es sich noch fest, bis es sicherer wird und es wagt, ohne Festhalten zu gehen. Ich finde es immer wieder rührend, mit welcher Willenskraft kleine Kinder die ersten Schritte wagen und sich nicht entmutigen lassen, wenn die kurzen Beinchen sie nicht tragen. Hinfallen, aufstehen, weitermachen!

Gerald Hüther hat einmal in einem Interview gesagt: »Eltern versuchen in guter Absicht, dem Kind zu helfen, nicht zu stolpern, und vergessen dabei, dass das Stolpern eine notwendige Voraussetzung für das Laufenlernen ist. (…) Wenn mir im Leben alle Steine aus dem Weg geräumt werden, lerne ich nicht, darüber zu steigen. Und dann falle ich später als Erwachsener über jeden kleinen Stein und dann habe ich immer Angst.«[131]

Also: Den Kindern (in einem vernünftigen Rahmen) die Freiheit lassen, sich auszuprobieren! Und wenn das Laufen, das Radfahren, das Schwimmen schließlich klappen: dieses Strahlen, diese Freude! Irgendwann ist das alles eine solche Selbstverständlichkeit, dass sie überhaupt nicht mehr darüber nachdenken. Von Kindern können wir lernen. Ihr unbändiges Lachen und ihre strahlenden Augen erwärmen das Herz. Ja, wir sollten von ihnen lernen und auch von uns selbst: Indem wir auf unsere eigene Kindheit zurückblicken und uns mehr auf unsere Stärken als auf unsere Schwächen konzentrieren! So gehen wir selbstbewusster durchs Leben.

Ruhe da oben! Angstgedanken stoppen

Die Rolle des neutralen Beobachters schafft Distanz zu bedrohlichen Gedanken, die sich oft wie Scheinriesen verhalten. Michael Endes Geschichten über Jim Knopf und Lukas, den Lokomotivführer, habe ich als Kind verschlungen, jetzt lese ich sie mit großem Vergnügen meinen Enkelkindern vor.[132]

Im ersten Band begegnen die zwei Protagonisten in der Wüste einem »Riesen von ungeheurer Größe«. Jim Knopf würde sich am liebsten aus dem Staub machen, aber Lukas behält die Nerven. Er traut sich sogar, dem Riesen entgegenzugehen. Und was stellt sich heraus? Der vermeintliche Riese ist der nette Herr Tur Tur, ein Scheinriese, der nur aus der Ferne furchteinflößend groß aussieht. Jim Knopf begreift, dass er nur dachte, der Riese sei gefährlich, aber seine Gedanken nicht der Realität entsprachen. Und er nimmt sich für die Zukunft vor, nie wieder vor irgendetwas oder irgendwem Angst zu haben, bevor er es oder ihn nicht betrachtet hat.

Ganz schön weise für ein Kind, finde ich. Das Bildnis vom Scheinriesen ist eine Analogie zu unseren Angstgedanken. Sie erscheinen riesengroß und werden immer größer, wenn wir davonlaufen. Schauen wir sie uns hingegen genauer an, schrumpfen sie und verlieren ihre Bedrohlichkeit.

Den »Scheinriesen« die Luft ablassen

Etwa 60 000 Gedanken, Assoziationen und Erinnerungen schwirren im Kopf eines Menschen pro Tag herum.[133] Ein unablässiger »Stream of Consciousness« (**Bewusstseinsstrom**), den der irische Schriftsteller James Joyce schon fast 100 Jahre vor der Vermessung unseres »wandering mind« in seinem Roman *Ulysses* als Stilelement eingesetzt hatte. Das meiste, was uns im Gehirn herumspukt, ist völlig bedeutungslos: »Da vorn fährt jemand Fahrrad.« »Es regnet und ich habe keinen Schirm dabei. Mist!« »Wo habe ich mein Auto geparkt?« Manches jedoch macht uns Angst.

Einige Gedanken lösen emotionale Reaktionen aus, sie »triggern« Gefühle. Das Wort Trigger stammt aus dem Englischen und bedeutet Auslöser. In der Psychologie wird ein Reiz dann als emotionaler Trigger bezeichnet, wenn er unbewusst oder bewusst emotional aufgeladene Erinnerungen abruft. **Triggergedanken** können positive Gefühle auslösen, etwa wenn man an eine bevorstehende Feier denkt und sich freut. Triggergedanken können aber auch der Auftakt zu einer Gedankenkette sein, die seelische Wunden aufreißt.

Daneben gibt es **irrationale Annahmen**. Laut dem US-amerikanischen Psychologen und Psychotherapeuten Albert Ellis sind folgende acht Gedanken besonders weitverbreitet und haben die unangenehme Eigenschaft, jede Menge Angst und Ärger auszulösen.[134] Hier einige Beispiele:

- »Für jeden Menschen ist es absolut notwendig, von nahezu jeder anderen Person in seinem Umfeld geliebt oder anerkannt zu werden.
- Ein Mensch darf sich nur dann als wertvoll empfinden, wenn er in jeder Hinsicht leistungsfähig, tüchtig und kompetent ist.«

Schon an dieser Stelle muss ich kurz unterbrechen, denn die zweite irrationale Annahme klingt sehr nach meinem Vater. Er war fest davon überzeugt, dass ich als sein ältester Sohn nur dann etwas wert sei, wenn ich Bestnoten aus der Schule nach Hause bringe. Das ist mir oft nicht gelungen. Rational betrachtet sind mittelmäßige Noten eigentlich kein Weltuntergang. Aber für ihn schon. Und weiter geht's mit der Liste der irrationalen Annahmen:

- »Menschliches Leiden hat äußere Ursachen, und der Mensch kann wenig Einfluss auf den eigenen Kummer und die eigenen psychischen Probleme nehmen.
- Über tatsächliche oder vorgestellte Gefahren muss der Mensch sich große Sorgen machen und sich ständig mit der Möglichkeit befassen, dass sie eintreten werden.
- Der Mensch soll sich auf andere verlassen und braucht immer einen stärkeren, auf den er sich stützen kann.
- Die eigene Vergangenheit des Menschen hat entscheidenden Einfluss auf das Verhalten in der Gegenwart. Etwas, das früher einen Einfluss auf das Leben hatte, wird auch weiterhin einen Einfluss haben.«

Epigenetik bedeutet nicht, dass wir unsere möglichen Gesundheitsprobleme einfach hinnehmen nach dem Motto: »Schade, Marmelade«. Ja, es kann eine Erleichterung sein zu wissen, dass wir unsere Probleme mit der Seele oder dem Stoffwechsel tatsächlich »geerbt« haben. Aber das bedeutet nicht, dass wir uns auf dieser Erkenntnis ausruhen sollten. Das wäre zu bequem. Das Epigenom kann ein wenig »aufgeräumt« werden – und wenn wir das tun, geben wir unserer Lebensfreude eine Chance. Es wäre doch merkwürdig, diese Chance wider besseres Wissen zu verpassen! Und weiter geht's mit noch mehr irrationalen Sätzen:

- »Für jedes menschliche Problem gibt es die absolut perfekte Lösung, und es ist eine große Katastrophe, wenn genau diese Lösung nicht gefunden wird.
- Es ist unmöglich, mit Unsicherheiten oder Wahrscheinlichkeiten zu leben.«

Diese beiden Sätze stehen für eine Angst, mit der wir in der medizinischen Praxis nicht selten zu tun haben – weil Patientinnen und Patienten auf »klare Diagnosen« hoffen, auf eine perfekte Wirkung der vorgeschlagenen Therapien. Die gibt es oft nicht, und das ist gut so. Der Mensch ist schließlich keine Maschine, sondern ganz wunderbar »aus krummem Holz gemacht«.

Daneben gibt es noch etwas wie persönliche **Glaubenssätze**, die mit vage empfundenen Bedrohungsgefühlen einhergehen und oft aus der eigenen Vergangenheit stammen:

- »Ich darf keinesfalls meinen Job kündigen, weil ich sonst keinen anderen finde.«
- »Ich muss XY jeden Tag anrufen, sonst passiert etwas Schlimmes.«
- »Ich muss nett sein, sonst mag mich niemand mehr.«
- »Ich darf keine Fehler machen, sonst bricht alles zusammen.«
- »Ich muss funktionieren, sonst bin ich nichts wert.«

Glaubenssätze nennen Psychologen diese inneren Überzeugungen, die sich meist in der Kindheit herausbilden. Es gibt auch positive (»Wenn es jemand schafft, dann du!«), sie stärken uns auf dem Weg durchs Leben. Häufig sind es aber Poltergeister aus der Vergangenheit, die uns bis heute Angst einflößen, die unser Leben einschränken.

Sich der inneren Glaubenssätze bewusst zu werden, die hinter Ängsten wie zu versagen oder verlassen zu werden stecken, ist nicht einfach und mit Schmerz verbunden. Wenn es uns gelingt, sie einzufangen und zu entschärfen, wird unser Leben leichter, fröhlicher, freier.

☞ **Kommt Ihnen das bekannt vor? Welche Scheinriesen wohnen in Ihrem Kopf?**

Aus dem Sorgenkarussell aussteigen

Der Psychologe und Neurowissenschaftler Judson Brewer, Forschungsdirektor am Center for Mindfulness und Professor für Medizin und Psychiatrie an der University of Massachusetts Medical School, hat einen interessanten Angstmechanismus in unserem Kopf gefunden: Er nennt ihn die »Gewohnheitsschleife der Angst« (im Original: anxiety habit loop).[135] Es liegt (mal wieder) an unserem Steinzeitgehirn, das aufs Überleben gepolt ist. Unsicherheit mag es nicht, deshalb halten wir an Gewohnheiten und alten Gedankenmustern so beharrlich fest, wenn sie einmal (recht und schlecht) funktioniert haben.

Diese Gewohnheiten sind neuronal tief verankert, wir folgen ihnen, ohne die Energie aufbringen zu müssen, darüber nachzudenken. Durch derartige Gewohnheitsschleifen wird leider nicht nur unser Alltag aufrechterhalten, sondern auch unsere Angst. Brewer hat drei Faktoren gefunden, die die Schleife in Dauerbewegung halten: Auslösereiz, Verhalten, Resultat.

Der *Auslösereiz* könnte zum Beispiel der Gedanke sein: »Ich habe Angst, mich in der Öffentlichkeit zu blamieren.« Das *Verhalten*: Ich beginne mir Sorgen zu machen, dass ich unangenehm auffalle. Ich versuche Signale von meinen Mitmenschen zu deuten, ob sie mich lächerlich oder peinlich finden. »Wie schaffe ich es, so wenig Angriffsfläche wie möglich zu bieten?« Das *Resultat*: »Am besten biete ich so wenig Angriffsfläche wie möglich!«

Also vermeide ich entweder die angstauslösenden Situationen (was keine gute Idee ist) oder meine Gedanken kreisen weiter um die Angst vor der sozialen Blamage. Mein Gehirn interpretiert dieses mentale Verhalten als Problemlösung und gewöhnt sich daran. Und dann drehe ich mich endlos im Sorgenkarussell: Immer wenn ich Angst habe, fange ich an zu grübeln, weil mein Gehirn Problemlösung mit Grübeln verbindet – und so dreht sich der Sorgenkreislauf immer weiter und führt mich von Angst zu Angst zu Angst.

Wie es Gewohnheiten leider so an sich haben – sie sind schwer abzuschütteln. Wenn wir dieselbe Strecke zigmal mit dem Fahrrad zurückgelegt haben, wird die Fahrt so sehr zur Gewohnheit, dass wir abschalten und dabei an etwas anderes denken. Das geht manchmal so weit, dass wir uns gar nicht mehr erinnern, wie wir zur Arbeit gekommen sind. Aber wehe, wir wollen mal einen anderen Weg versuchen. Weil er ruhiger ist oder durch schöne, grüne Straßen führt. Versuchen Sie es mal und Sie werden sehen, wie oft Sie den alten Weg wählen. Ganz automatisch, weil das Gehirn ihn zur festen Gewohnheit abgespeichert hat. Der Neurobiologe Harald Hüther vergleicht diesen Prozess mit dem Anlegen einer eingefahrenen »**Nerven-Autobahn**«.

Achtsamkeit ist ein Weg, aus dem Automatismus negativer Gedanken auszusteigen. Von sich absehen und doch ganz bei sich sein – ohne zu urteilen. Das ist ein wichtiger Aspekt, denn wir neigen dazu, schwierige Gefühle negativ zu bewerten. Ertappen wir uns bei ängstlichen Gedanken, fängt der innere Kritiker sofort lautstark an zu nörgeln. Vielfach plappert er die negativen Glaubenssätze nach, die wir in unserer Kindheit verinnerlicht haben:

»Stell dich nicht so an.« »Ein Indianer kennt keinen Schmerz.« »Du bist ein Schisser.« Und so weiter.

Leider sind Angstgedanken hartnäckige Gesellen. Wenn sie sich einmal in unserem Kopf gemütlich eingerichtet haben, sehen sie es nicht ein, sich wieder aus dem Staub zu machen. Da braucht es schon deutliche Aufforderungen, damit sie sich verkrümeln. Drücken Sie also die »Stopp-Taste« – im Wortessinne:

☞ **Halten Sie Ihr Sorgenkarussell mit einem lauten »Stopp!« an. Sagen Sie es mehrmals. Atmen Sie tief durch.**

Vielleicht hilft das noch nicht. In diesem Fall gehen Sie einen Schritt weiter: Wenn Sie eine ruhige Minute haben, setzen Sie sich mit Stift und Zettel hin. Schreiben Sie Ihre Angstgedanken schwarz auf weiß auf. Ja, das kann erschreckend sein:

- »Ich habe Angst, dass mich mein Mann/meine Frau verlässt und damit mein Leben zerstört.«
- »Ich habe Angst, meinen guten Ruf im Job verlieren.«
- »Ich habe Angst, dass ich eine tödliche Krankheit habe.«

Liest sich schlimm, nicht wahr? Doch Sie merken gleich: Angstgedanken sind Scheinriesen. Wenn Sie sie aufschreiben, nehmen Sie ihnen die Wucht. Sie können solche Gedanken auch viel leichter auf ihren Wahrheitsgehalt überprüfen, wenn Sie sie schwarz auf weiß sehen. Vielleicht sind sie Triggergedanken, irrationale Annahmen oder Glaubenssätze? »Stopp!« Oder: »Hallo Angstgedanke, du kannst wieder ziehen. Ich brauche dich nicht.« Versuchen Sie, den negativen Gedanken loszulassen. Das erfordert Übung und Geduld. Denn Ihre Scheinriesen fühlen sich sehr wohl in Ihrem Kopf und wollen eigentlich gar nicht gehen.

☞ **Schreiben Sie Ihre Angstgedanken auf! Schon schrumpfen sie wie Scheinriesen!**

Es kann auch sein, dass Sie sich immer wieder im Sorgenkarussell um sich selbst drehen, weil Sie es vor sich herschieben, ein drängendes Problem zu lösen. Oder mit jemandem einen Konflikt auszuhandeln. Oder jemandem zu verzeihen. Oder sich zu entschuldigen. Oder etwas in Ordnung zu bringen, was Sie »verbockt« haben. In diesem Fall hilft weder »Stopp!« noch aufschreiben, sondern: Handeln! (Wenn Sie nicht allein gegen die Angst davor ankommen, holen Sie sich Hilfe. Das ist überhaupt nicht peinlich.)

»Was, wenn ich jetzt etwas ganz Furchtbares tue!?«

Ein Sonderfall in Sachen »Angst im Kopf« sind Zwangsgedanken. Solche Gedanken drehen sich nicht nur um alltägliche Grübelfragen (»Habe ich das Auto abgeschlossen oder nicht?«). Es sind vielmehr »Tabugedanken«, die so schlimm sind, dass sich Betroffene kaum darüber zu sprechen wagen. Etwa: »Was, wenn ich meine Kinder oder meinen Partner, meine Partnerin … töte …, wenn ich Selbstmord begehe …?«

Dabei haben Menschen, die unter derartig beängstigenden Gedanken leider, überhaupt nicht und wirklich niemals die Absicht, so etwas tatsächlich zu tun. Im Gegenteil: »Zwangsgedanken entstehen aus Angst, dass Menschen, die einem wichtig sind, etwas zustoßen könnte. Sie verkehren Fürsorglichkeit in die Furcht vor sich selbst«, erklärt der Psychologe Thomas Hillebrand.[136] Angst und Absicht seien für Betroffene oft nicht mehr zu unterscheiden. Er schätzt, dass in Deutschland gut jeder vierte Zwangspatient an derartig »**inakzeptablen Zwangsgedanken**« leidet, das wären dann also 700 000 Menschen. Viele davon wagen nicht, über ihre inneren Qualen zu sprechen. Oder werden von Psychoanalytikern missverstanden, die dann auch noch meinen, es handele sich um »unterbewusste Wünsche«. Das sind sie nicht!

Was hilft? Auch hier wieder: aufschreiben. So erkennen die Patienten: »Das ist nur eine Geschichte, wie in jedem Kriminalroman, sie hat aber keine Bedeutung für mein Leben«, erklärt

Hillebrand. Außerdem wichtig: nicht weglaufen vor Situationen, in denen Zwangsgedanken auftauchen. Sondern sich den vermeintlichen Gefahren aussetzen.

☞ **Bitte: Nehmen Sie professionelle Hilfe in Anspruch.**

»Danke!« macht glücklich

Gedanken und Worte haben eine große Macht. Sie können uns bestärken oder verunsichern, inspirieren oder langweilen, Begeisterung auslösen oder Angst machen. Aber wir können selbst entscheiden, welchen Gedanken wir unsere Aufmerksamkeit schenken, um eine positive Geisteshaltung zu kultivieren. Dabei geht es nicht darum, alles Belastende und Bedrückende auszublenden, sondern die Scheinwerfer neu auszurichten, um für die Herausforderungen des Alltags besser gewappnet zu sein. Das kann schon morgens mit der Frage auf der Bettkante beginnen: Worauf freue ich mich, wofür stehe ich heute auf? Jeder kann Dankbarkeit als eine Art Ritual in seinen Alltag einbauen. Denn die Wiederholung von Worten hat die Kraft, Gefühle zum Positiven zu verändern. **Der Geist funktioniert wie ein Muskel.** Worauf man seine Aufmerksamkeit richtet, beeinflusst den Gemütszustand. Glück kann man trainieren.

Dabei hilft beispielsweise ein Dankbarkeitstagebuch, in das man täglich kleine Momente des Alltags einträgt, für die man dankbar ist. Oder man denkt an einen nahestehenden Menschen und schreibt auf, was man an ihm wertvoll findet. Das mag zunächst etwas künstlich wirken, aber auch hier gilt: Wir sehen oft so schnell das Negative. (Unser Hirn liebt Angst, Grusel, Drama!) Wenn wir uns auf das Gute konzentrieren, überlisten wir diesen Mechanismus. Wir fangen an, nach Positiven zu suchen. Wenn wir das zwei bis drei Monate lang jeden Tag tun, werden wir tatsächlich glücklicher und zufriedener. Der Geist fängt an, sich auf positive Dinge zu konzentrieren.

☞ **Schreiben Sie jeden Tag auf, wofür Sie dankbar sind. So richten Sie Ihren Scheinwerfer weg von der Angst und hin auf die Lebensfreude.**

Der Trick mit dem Gummiband

Manchmal kann unser Gehirn nicht unterscheiden, ob schreckliche »Blitzgedanken« für etwas stehen, das gerade passiert, oder für ein Trauma, das schon lange vorbei ist. Zum Glück gibt es Tricks, um das Gehirn aus seinem Albtraum zu befreien: **Aufwecken**! Das funktioniert zum Beispiel mit einem sehr starken Sinnesreiz. Ein Reiz, der so stark ist, dass sich das Gehirn erst einmal damit beschäftigen muss und gar keine Kapazität mehr hat, in seiner Albtraum-Achterbahn weiterzufahren. Wenn Sie also von einem solchen »Flashback« getroffen werden und das Gefühl haben, wie neben sich zu stehen, dann versuchen Sie doch einmal Folgendes:

- **Fühlen:** Legen Sie sich ein Gummiband um das Handgelenk und lassen Sie es auf die Handfläche schnippen. Oder halten Sie den Kopf unter kaltes Wasser. Oder nehmen Sie einen eckigen Gegenstand in die Hand und ballen Sie Ihre Hand zu einer Faust.
- **Riechen und schmecken:** Riechen Sie an einem starkem Essig. Oder beißen Sie in eine Zitrone oder Chilischote.
- **Hören:** Stecken Sie sich Kopfhörer in die Ohren und hören Sie sich kurz (!) und laut einen schrillen Klingelton an.
- **Sehen:** Konzentrieren Sie sich auf eine bestimmte Farbe in Ihrer Umgebung. Oder schauen Sie sich ausdrucksstarke Fotos an, die Ihnen ein gutes Gefühl geben, zum Beispiel Urlaubsbilder auf Ihrem Smartphone.

Aber Vorsicht: Es geht nicht darum, dass Sie sich verletzen! Diese Übungen dienen lediglich dazu, Ihr Gehirn aus dem Horrorfilm abzuholen, in den es sich verirrt hat.

☞ **Stoppen Sie Flashbacks, indem Sie Ihr Gehirn mit starken Sinnesreizen auf etwas anderes fokussieren.**

Ab auf die Ruheinsel!

Bewusst Pausen in Beziehungen, in Arbeitsprozessen und im Alltag einzulegen, das gehört für mich dazu – ebenso wie mal ein Powernap zwischendurch. Gemütlich kochen, das Essen in Ruhe gemeinsam genießen – mindestens zweimal pro Tag, wenn irgendwie möglich. Dann wieder Wandern, Schwimmen, Laufen, Fahrradfahren … ein solcher Ausgleich ist für mich wesentlich. Das sind meine »Rituale«, um Stress, Hektik und Aufregung im Rahmen zu halten.

Warum das funktioniert? Rituale legen sich wie ein Gerüst auf unseren Alltag und geben uns Orientierung – ganz gleich, wie chaotisch unsere Welt gerade ist. Auch ganz einfache Rituale wie ein gemeinsames »Guten Appetit!« vor dem Essen können eine beruhigende Wirkung haben, uns aufeinander einschwingen und unser Gruppengefühl stärken.

Besonders unruhigen »Geistern« empfehle ich Morgenrituale mit einer festen Abfolge, zum Beispiel eine kurze Meditation, dann ein warmes Getränk und Zeit zum Lesen. Das Gleiche gilt für den Abend: Am besten folgt man einer festen Routine vom Abendessen bis zum Ausschalten des Smartphones: wenn nicht gerade Lektüre und Meditationsanleitungen auf dem Smartphone installiert sind, am besten ein bis zwei Stunden vor dem Schlafengehen ausschalten. Vielleicht noch ein Gespräch, eine kurze Lektüre, eine Meditation – und dann ab ins Bett. Durch diese äußeren Signale geleitet, kommen Körper und Geist – ich sage lieber: der KörperGeist – leichter zur Ruhe.

Ganz anders sieht es aus bei Menschen, die sich schnell in Routinen festfahren oder »nicht in die Gänge kommen«: Manchmal braucht es Rituale, um ein wenig Überraschung (um nicht zu sagen: Unordnung) zu erzeugen, damit der Geist wieder in

Bewegung kommt. Und es braucht Stressoren wie eine kalte Dusche am Morgen, um Motivation und Resilienz aufzubauen.

☞ **Schaffen Sie sich Rituale für Ihren Alltag. Je besser Sie sich strukturieren, desto weniger Chancen hat die Angst, sich in Ihrem Leben breit zu machen.**

☞ **Falls Sie »überstrukturiert« sind, gilt das Gegenteil: Schaffen Sie sich Rituale für ein bisschen erfrischende Unordnung.**

Singen! So hat die Angst keine Chance

Ich erinnere mich noch gut an einen Weihnachtsabend auf meiner Frauenkrebsstation. Alle Patientinnen, die die Kraft hatten, über Weihnachten nach Hause zu fahren, waren abgereist. Übrig waren diejenigen, die von Chemotherapie und Strahlenbehandlung zu geschwächt oder erst kürzlich operiert worden waren, und diejenigen, die sich langsam damit abfinden mussten, dass dies vielleicht ihr letztes Weihnachtsfest war. Fern von den Freunden und der Familie. Zwar hatten wir die Station so gut weihnachtlich geschmückt wie möglich – doch über den Zimmern und Fluren hing eine dicke, dunkle Wolke. Betrübt ging ich von Zimmer zu Zimmer, und plötzlich hatte ich eine Idee …

Wir rollten alle Betten aus den Zimmern heraus in den Stationsflur – und sangen: »O du Fröhliche«, »Alle Jahre wieder!«, das ganze Programm! Hier und da waren sicherlich die Töne schief, und da und dort steckte ein Tränchen im Knopfloch, aber insgesamt wurde es doch noch ein richtig schöner Weihnachtsabend. Er hat mich mehr bewegt als so mancher Abend unter dem Weihnachtsbaum mit meiner eigenen Familie.

Kaum etwas schafft mehr Verbundenheit als gemeinsames Singen. Auch wer schon lange bettlägerig war und kaum noch Kraft zum Sprechen hatte, rappelt sich auf und singt mit. Das bringt das Gefühl zurück: »Ich habe die Kraft, mit allen zusammen etwas zu schaffen!« Und heißt es nicht auch: Wenn man singt, kann man keine Angst haben?

Ich erinnere mich auch noch gut an den Herzensjubel, der mich überkam, als ich als kleiner Junge zum ersten Mal das Lied »Geh aus mein Herz und suche Freud« hörte. Diese Melodie hat mich förmlich in ihren Bann gezogen, und den wunderbar eingängigen Text werde ich wohl nie vergessen: »Narzissen und die Tulipan, die ziehen sich viel schöner an als Salomonis Seide«. Diese Musik füllte sofort mein Herz, sie streichelte meine Seele. Alles vibrierte, flimmerte; ein Zauber, der bis heute nichts von seiner Faszination verloren hat. Für mich die erste tiefe, unvergessliche Herzensfreude, die bis heute aus der Kindheit strahlt!

Fröhliche Menschen singen gern, und singende Menschen machen sich und bei einiger Musikalität auch andere fröhlich. Gemeinsames Singen kann sich bis in glückselige Selbstvergessenheit steigern. Das habe ich schon als Junge im Chor erlebt. Ob wir nun in kleinem Rahmen Choräle oder in großer Besetzung die Matthäus-Passion oder die Carmina Burana vorgetragen haben, stets hatte ich den Eindruck: Wenn man singend gemeinsam schwingt, dann verbindet sich manchmal alles mit allem, Wahrnehmungsgrenzen schwinden. Eine himmlische Erfahrung.

Singen hat zudem positive gesundheitliche Wirkungen. Es gibt Hinweise aus der Neuropsychoimmunologie, dass emotionale Glücksgefühle weiße Blutkörperchen und Abwehrkaskaden aktivieren können, auch wenn dies wissenschaftlich noch nicht hinreichend gesichert ist. Schaden jedenfalls kann Singen nicht, weder dem Sänger, der damit seinem dankbaren Herzen Luft macht, noch denen, für die man singt. Meine Erfahrung zeigt, dass es sehr hilfreich sein kann, mit schwerkranken Menschen zu singen, ihnen vorzusingen oder sie schöne Musik hören zu lassen. Ich halte es für dringend notwendig, die Forschung in diesem Bereich weiter zu intensivieren.

Auch Gerald Hüther ist überzeugt: »Das Singen schafft sehr optimale Bedingungen dafür, dass Selbstheilungsprozesse im

Körper in Gang kommen und diese so ablaufen, dass man schneller wieder gesund wird.« Die verschiedenen Bereiche des Gehirns schwingen sich wieder aufeinander ein, es kehrt wieder Ruhe ein. »Wenn man singt, passt plötzlich wieder alles zusammen, man verbindet sich mit seinen Bedürfnissen«, sagt Hüther. Dazu kommen die vielen schönen Erinnerungen, die an den alten Liedern hängen. Das alles tut gut![137] Und wenn dann auch noch herzliches Lachen ausbricht, verliert alles seinen Schrecken. Das Lachen ist ein »Sieg über die Angst«.[138]

Musiktherapie wirkt und hilft – auch wenn sie noch viel zu wenig akzeptiert ist. Man sollte sie in kritischen Lebensphasen oder in bestimmten emotional ausgeprägten Situationen gezielt einsetzen, beispielsweise bei Kindern in depressiven Phasen, bei melancholischen Schüben oder bei zeitweiliger Hyperaktivität. Man kann den Menschen mit bestimmten Musikstilen, Rhythmen und Arten musikalischen Ausdrucks wieder Kraft geben und sie beseelen. Man kann sie bei innerer Unruhe besänftigen, ihre Schmerzen lindern und ihnen Mut machen. Musik berührt Herz und Seele, geht auf direktem Wege durch den gesamten Körper, versetzt Magen und Muskeln in Schwingung.

Wer schon einmal ein japanisches Trommelkonzert gehört hat, der weiß: Auf derart urgewaltige Körpergefühle trifft man nur selten. Diese Klänge gehen buchstäblich durch Mark und Bein, nicht nur über den Rhythmus, sondern auch wegen der Vielfältigkeit der musikalischen Nuancierung. Jedenfalls spürte ich, als ich vor vielen Jahren in Japan zum ersten Mal zu einem solchen Konzert eingeladen wurde, ein tiefes Gefühl der Entgrenzung. (Derartig hohe Dosierung freilich dürfte musiktherapeutisch nur in Ausnahmefällen angezeigt sein.)

☞ **Wer singt und lacht, dem kann die Angst nichts anhaben.**

Tanzen – ein rhythmisches Urbedürfnis

Wer sich auf Trommelrhythmen einlässt, spürt unmittelbar, wie Musik bewegt, innerlich und äußerlich. Tanzen übersetzt Musik in Bewegung und schafft Gemeinschaft. In diesem Zusammenhang muss ich an den amerikanischen dokumentarischen Tanzfilm *Mad Hot Ballroom* denken. Ein sensationeller Film, der zeigt, wie sich pubertierende Kinder vieler Nationen an sozialen Brennpunkten New Yorks nahekommen, kulturelle Barrieren überwinden und zu schulischen und sportlichen Hochleistungen animiert werden.

Erzählt wird von einem Wettbewerb von Hunderten von Schulen zu Anfang unseres Jahrhunderts, an dem acht- bis zwölfjährige Jungen und Mädchen teilnehmen. Keiner konnte vorher tanzen. Sportlich durchtrainierte und völlig unsportliche, dicke und dünne, große und kleine Kinder machen mit. Pädagogen und Tanzlehrer versuchen mit unterschiedlichen Methoden die Kinder für den Tanz und das Lernen, für Toleranz und Respekt und für ein solidarisches Miteinander zu begeistern. Und es gelingt! Trotz mancher Pubertäts-Turbulenzen. Ein leidenschaftlicher, ein fröhlicher, ein Mut machender Film mit viel Witz und Ironie. Märchenhaft und doch aus dem prallen Leben gegriffen.

Tanzen ist offenbar ein Urbedürfnis und seine heilende Potenz seit Urzeiten bekannt. Nicht von ungefähr übten und üben Medizinmänner ihre Kunst tanzend aus, versetzen sich tanzend in Trance und nehmen die Menschen rhythmisch mit. Tanzen hilft, sich emotional wie auch körperlich zu entspannen. Klang und Takt berühren die Seele und haben auch physisch einen hohen Aufforderungscharakter: Unwillkürlich gerät man in Bewegung, wippt mit und schwingt sich schließlich in den Rhythmus ein. Die gesamte Muskulatur lockert sich spontan. Es gibt keine bessere Bewegung, um kleine blockierte Gelenke freizumachen und verschobenen Bandscheiben die Möglichkeit zu geben, im Hin und Her, im Biegen und Wiegen sanft in ihre richtige Position zurückzurutschen.

Kein Zweifel: Tanzen kann heilen, körperlich, seelisch, sozial. Es gibt eine Zeitschrift *Tanztherapie*, einen Berufsverband der Tanztherapeuten, und wenn Sie mit dem Stichwort »Tanztherapie« in Ihrer Region suchen, finden Sie unzählige Angebote. Doch eine offizielle Anerkennung als Heilmittel? Fehlanzeige. Dass die therapeutischen Segnungen des Tanzes von den meisten Ärzten, Kassenfunktionären und Politikern kaum wahrgenommen werden, mag einerseits damit zusammenhängen, dass Tanzen und Singen unter einem gewissen Vergnügungsverdacht stehen. Zum anderen führt die öffentliche »Vernutzung« von Musik in Supermärkten und Einkaufszentren, Arztpraxen und Flugzeugen, Toilettenanlagen und Sportstätten zu einem tiefen Überdruss – und damit zu einer kulturellen Abwertung einer eigentlich »hohen« Kunstform. Musik zur Förderung der Kontemplation, Tanz als Weg zur Selbsterfahrung und als Form des gemeinsamen kulturellen Erlebens, als medizinische Intervention zum Abbau von Ängsten und Stress – diese Chancen drohen unter die Räder der Lärmvermüllung unseres Alltags zu geraten.

Und doch kann jeder seinen Weg finden, Musik und Tanz für sich als Quellen der Lebensfreude zu erschließen. Im Idealfall in einer Weise, die Konzentration auf beides erlaubt und die nicht auf bloße Beschallung und hektisches Gehopse hinausläuft. Genießen ist eine Kunst, und wer sich ein wenig mit Kunst auskennt, kann sie noch mehr genießen. Aktives Musizieren, Singen, Tanzen eröffnen neue, faszinierende Welten. Natürlich ist kaum einer ein Virtuose, das muss auch nicht sein, und ich habe auch noch nie Menschen getroffen, die völlig unmusikalisch sind. Wichtig ist nur: Mit Herz und Seele zuhören und dabei Freude tanken, das kann jeder lernen.

☞ **Tanzen kann heilen: körperlich, seelisch und auch sozial**

In den dicken Heften von *Reader's Digest*, die bei meiner Großmutter im Regal standen, gab es eine Rubrik, die ich immer zuerst las: »*Lachen, die beste Medizin.*« Dort waren Anekdoten und Witze versammelt, nicht immer zum Kaputtlachen, aber oft für einen Kicherer gut. Als ich dann selbst Mediziner war, erinnerte ich mich in vielen Situationen an die Empfehlung und fand sie immer wieder bestätigt: Lachen kann Leiden nicht heilen, aber es fördert nachweislich den Heilungsprozess.

Lachen ist das vermeintlich Nutzloseste, was man sich denken kann. Aber es befreit von psychischen Blockaden und eingefahrenen Denkschemata. Es macht Spaß und ist gesund. Es bremst die Produktion von Stresshormonen und regt die Ausschüttung von Glückshormonen an. Genau deshalb gehört Lachen für mich unbedingt zur Lebenskunst. Beim ausgiebigen Lachen werden bis zu 300 von insgesamt 630 Körpermuskeln aktiviert und trainiert. Viel tiefgehender noch: Lachen bedeutet, sich freuen zu können und das auch anderen gegenüber zum Ausdruck zu bringen.

Der Lachende versteckt sich nicht, sondern trägt seine Lebenslust und Fröhlichkeit nach außen. Lachen ist spontan, ehrlich und befreiend: Es bringt einen voran, löst uns von inneren Problemen und überwindet Grenzen. Und wenn es nicht Ausdruck von Schadenfreude oder Spott ist, verbindet es. Lachen aber stiftet nicht nur Gemeinschaft, sondern wirkt darüber hinaus kulturübergreifend und -verbindend, denn es ist eine Sprache, die auf der ganzen Welt gesprochen wird. Deshalb kann man gemeinsam mit Menschen lachen, obwohl man gar nicht versteht, was sie sagen. »Lachkommunikation« funktioniert situativ. Dafür müssen wir nicht dieselbe Sprache sprechen.

Bricht das Lachen einmal aus, kann man sich gemeinsam freuen, sich herzhaft miteinander amüsieren und sich dadurch näherkommen. Mit anderssprachigen Menschen kann man ebenso lachen wie mit gehörlosen oder hirngeschädigten Menschen. Lachen ist die absolute Leichtigkeit des Seins – und es kann auch in Konflikten schwierige Situationen entspannen oder Dramatisches entschärfen. Es kann in einer hochernsten Lage dazu führen, dass der Knoten sich unversehens löst. Wir wissen vom amerikanischen Arzt Patch Adams, der die Lachkultur in den Heilungsprozess integriert, dass Lachen therapeutisch stimulieren kann und Menschen, die schwer krank sind, wieder Kraft und Selbstvertrauen gibt. Wer's nicht glaubt, dem sei der wundervolle Kinohit mit Robin Williams als Patch Adams ans Herz gelegt. Anfangs mag *Clinic Clowning* gewöhnungsbedürftig sein, doch dann überzeugt sein Konzept rundum. Nicht nur Kranke können davon profitieren, sondern alle.

Und doch: Lachen ist nicht gleich Lachen, Humor ist nicht gleich Humor. Es kommt, um ein Bild aus dem Slapstick aufzugreifen, darauf an, wem die Torte ins Gesicht fliegt: mir, dir oder dem Schicksal. In der Tat gibt es einen Humor, der sich gegen den Menschen selbst richtet: Es ist sehr einfach, eine Pointe und einen Lacher zu konstruieren, der die eigene Unfähigkeit oder das eigene Trauma bloßstellt. Das Schlimme daran ist, dass man zwar die anderen zum Lachen bringt, aber die eigene Angst und das eigene Trauma mit jedem Witz neu zementiert werden.

Nicht wirklich gut zur Bewältigung der Angst geeignet ist auch Humor auf Kosten meines Gegenübers. Auch hier gilt: Es ist ganz leicht, einen Witz zu machen, der den anderen oder einen Dritten bloßstellt. Lächerlich macht. Aber diese Art von Humor hinterlässt etwas Bitteres, etwas Gemeines. So heilen keine Wunden, so reißen alte wieder auf und es entstehen neue.

Aber es gibt auch den Humor, der dem Schicksal die Torte ins Gesicht wirft. Ein Beispiel, das mir kürzlich erzählt wurde: Eine Patientin betritt den Behandlungsraum, in dem die Zugänge für Chemotherapie gelegt werden. Der Chirurg begrüßt sie fröhlich lachend mit den Worten (Triggerwarnung: Jetzt wird es etwas derb): »Was machen wir? Lokalanästhesie oder Mittelalter-Methode?« »Ja, also«, antwortet die Patientin, »soll ich mich gleich erschießen lassen? Nee, dann lieber eine kleine Narkose, oder?« »Sch*** Krebs, dann mal los!«, antwortet der Chirurg, beide kichern noch ein wenig, dann wird der Port gelegt.

Das klingt brutal, nicht wahr? Es ist brutal, und ein solcher Humor passt sicherlich nicht in jedes Patientengespräch und ganz sicher auch nicht zu jedem Naturell. Aber ist Krebs nicht auch brutal? Der Klinikalltag zeigt: Mit dieser Art von bitterem, schwarzen Humor lässt sich – wenn es passt – eine Menge Spannung aus dem Klinikalltag nehmen. Der Zusammenhang zwischen verschiedenen Arten von Humor, Wohlbefinden und Ängsten ist sogar schon wissenschaftlich untersucht worden. So fragten sich drei italienische Forscher, wie sich Spaß, wohlwollender Humor, Nonsens, Witz, Ironie, Satire, Sarkasmus und Zynismus unterscheiden und wie sie sich auf das Wohlbefinden auswirken. Sie baten 254 erwachsene Männer und Frauen, Fragebögen über ihren bevorzugten Humor (Comic Style Markers, CSM), ihre Sorgen (Penn State Worry Questionnaire, PSWQ) und ihr Wohlbefinden (World Health Organization-5 Well-Being Index, WHO-5) auszufüllen. Ergebnis: Am besten ging es denjenigen, die Spaß und Humor liebten. Und diejenigen, die viele Sorgen im Leben hatten, versuchten diese mit positivem Humor oder negativem Zynismus zu vertreiben.[139]

Andere Studien, vor allem aus der Onkologie, zeigen, dass Humor hilft, über peinliche Gefühle hinwegzukommen (das gilt vor allem für Männer mit Hodenkrebs), Anspannung loszuwerden, Solidarität mit anderen Patienten aufzubauen. In einer humorvollen Atmosphäre können Patientinnen und Patienten viel leichter über ihre Ängste sprechen. Und nicht zuletzt hat das Lachen physiologisch messbare Effekte auf den Körper: Lachen stärkt das Immunsystem (es motiviert die »Killerzellen«), macht Schmerzen besser erträglich und dämpft die Stressreaktion.[140]

Lachen hilft auch, festgefahrene, in Angst erstarrte Gedanken zu lockern. Selbst dann, wenn es um das schlimmste Grauen geht: den Holocaust. Die Philosophin Hannah Arendt entzauberte das »Böse«, als sie den Eichmann-Prozess beobachtete, indem sie sich auf die komischen Seiten des Nazi-Verbrechers konzentrierte. Ihr fiel auf, wie lächerlich dieser Eichmann wirkte, der zu einem stumpfen und stupiden Verwalter des Todes geschrumpft war. Hannah Arendt schaffte etwas, was in ihrer Situation – kurz nach dem Krieg, sie war selbst Jüdin – eigentlich unwahrscheinlich war: Sie schaffte es, über den »Hanswurst« der Nazis zu lachen. Damit brachte sie den »Scheinriesen« zu Fall und fand selbst zu einer Kreativität und Freiheit des Denkens, die bis heute beeindrucken.[141]

Vielleicht kann man es so sagen: Humor ist wie Salz. Humor nimmt ein wenig das Scharfe, das Bittere – und macht das Schicksal ein wenig erträglicher. Er verbindet Gegensätze. Er gibt dem Leben Geschmack, wenn es fade ist. Und oft merken wir erst, wie wichtig er ist, wenn er vergessen wurde.

☞ **Wenn es hart auf hart kommt: Werfen Sie dem Schicksal die Torte ins Gesicht! Humor zieht der Angst den Stecker.**

Und Liebe versetzt Berge …

Ganz einfache Dinge im Alltag haben mir geholfen, mein Leben selbst in hochaktiven und auch belastenden Zeiten zu genießen oder zumindest schnell wieder zur Ausgeglichenheit zurückzufinden. Neben dem Humor war das immer die Liebe! Die zu und von meiner Frau, meinen Kindern und Enkelkindern. Sie zu genießen und zurückzugeben, ist das größte Glück. Mich mit lieben und sympathischen Menschen zu umgeben und toxischen Einflüssen aus dem Weg zu gehen, gehörte für mich zeitlebens dazu. Wobei ich mehr und mehr finde: Die am meisten toxischen Menschen begegnen mir nicht im echten Leben, sondern in den Medien … Schauen wir uns das jetzt einmal näher an.

Social Detox – mal raus aus den Medien

Ich bin in der digitalen Steinzeit aufgewachsen. Wenn ich meinen Enkelkindern von dem Leben der 1970er und 1980er Jahre in Deutschland erzähle, klinge ich manchmal wie ein Märchenonkel: »Es gab eine Zeit, in der die Menschen nicht ständig erreichbar waren. Sie gingen zum Einkaufen in die Geschäfte und wenn sie was wissen wollten, in die öffentliche Bibliothek. Es gab keine Handys und kein Internet. Wir haben uns zum Lernen nicht vor den Computer gesetzt, sondern Bücher und Lernhefte durchgearbeitet.« Ungläubiges Staunen seitens der Enkel. Schlagartig komme ich mir dann wie mein eigener Opa vor – dabei bin ich doch erst 72 Jahre. Alles ist eben relativ im Leben.

Gefühlt liegt das analoge Zeitalter eine Ewigkeit zurück, doch es sind erst ein paar Jahrzehnte vergangen, seit die Digitalisierung unseren Alltag radikal verändert hat. Vieles wird heute am Bildschirm erledigt. Ich möchte das Internet überhaupt nicht verteufeln – es eröffnet neue, spannende Möglichkeiten. Ich bespiele selbst einen Instagram-, Facebook- und Tiktok-Kanal und teile meine Ansichten auf LinkedIn. Es macht mir Spaß, mit der Welt in Kontakt zu sein. Ich nutze auch Videokonferenzen, um mit anderen Menschen auf der ganzen Welt zu arbeiten und Vorträge zu halten. Viele Dinge hat das Internet erst ermöglicht, ohne die digitale Vernetzung würden zum Beispiel viele soziale Projekte nicht zustande kommen. Allerdings gilt eine Einschränkung, die der große Heilkundige Paracelsus so treffend formuliert hat: »Alle Dinge sind Gift, und nichts ist ohne Gift.« Heute sagen wir meistens: »Die Dosis macht das Gift.« Das gilt in besonderem Maß für den Umgang mit den digitalen Infoquellen und »Social Media«, der oftmals das gesunde Maß überschreitet.

Einfach mal kein Doomscrolling

Gerade in Krisenzeiten legen viele ihr Smartphone kaum noch aus der Hand, um auf den neuesten Stand zu bleiben. »Doomscrolling« nennt man dieses Verhalten, eine Wortschöpfung aus dem Englischen. **»Doom« steht für Untergang, Verhängnis, Unheil**. »Scrolling« für Blättern und nach unten wischen, den Bildschirm noch unten verschieben. Ein bisschen Sensationslust spielt vielleicht auch mit hinein.

Denn ein Mechanismus ist tief in uns verankert: Unser Gehirn hat im Laufe der Evolution gelernt, besonders stark auf Gefahren zu reagieren. Deshalb nehmen wir vor allem die negativen Schlagzeilen und Nachrichten wahr, die uns Angst einjagen – auch wenn die Wahrscheinlichkeit, dass uns etwas ähnlich Schlimmes passiert, verschwindend gering ist. Je furchtbarer ein Ereignis ist und je mehr Menschen innerhalb kurzer Zeit dabei ums Leben kommen, desto größer fällt unsere Resonanz aus.

Dass wir so stark auf Neuigkeiten reagieren, hat etwas mit unserer Hirnchemie zu tun. Informationen lösen eine biochemische Kaskade unseres Belohnungssystems im Kopf aus. Jeder Klick bedient unsere Lust an (eher »Sucht nach«) Neuem. Hier: »Ein tolles Sonderangebot!« Da: »Ein schrecklicher Unfall!«

Dabei schüttet unser Körper ständig den Neurotransmitter Dopamin aus. Er sorgt dafür, dass wir aufregende Dinge wiederholen wollen, treibt uns an und motiviert uns, Ziele aktiv zu verfolgen. Dass Content-Ersteller die Mechanismen unserer Hirnchemie nutzen, versteht sich von selbst. Deshalb fällt es so schwer, mit dem Scrollen durch den Newsfeed aufzuhören, wenn immer neue Fotos, Reels, Videos und Nachrichten folgen. Wer weiß, vielleicht kommt noch was besonders Originelles … oder furchtbar Beängstigendes? Unser Steinzeitgehirn möchte nichts verpassen – war es doch in der Vergangenheit so wichtig, neue Nahrungsquellen zu finden oder Gefahren rechtzeitig zu erkennen. Kein Wunder, dass die Suchtgefahr groß ist. Und die Angst immer nur ein Klick entfernt.

Regelrecht süchtig sind viele von uns auch nach sogenannten »Pushnachrichten«. Hier: »Eine Nachricht!« Da: »Eine Terminerinnerung!« Einerseits ist es praktisch, seinen Zahnarzttermin nicht zu verpassen. Und doch setzt das häufige Blimblim die Stresshormone Adrenalin, Noradrenalin und Cortisol frei: also die biologische Kampf- und Fluchtreaktion.

Immer mehr Menschen sind immer länger online. Laut einer ARD/ZDF-Onlinestudie waren 2023 in Deutschland Menschen unter 30 jeden Tag 352 Minuten im Internet unterwegs – das sind fast sechs Stunden.[142] Viele mögen ihr Smartphone oder Tablet gar nicht mehr aus der Hand legen, aus Angst, etwas zu verpassen. »Fear of missing out« oder kurz »FOMO« beschreibt dieses Phänomen. Eine neue Angst. Zusätzlich fühlen sich viele unter Druck gesetzt, ständig erreichbar zu sein sowie auf das Non-stop-Palaver auf Social Media möglichst schnell mit Likes und Kommentaren reagieren zu müssen. Das alles versetzt uns in ständige Alarmbereitschaft. Kein Wunder, dass Erschöpfung, Angstzustände und Depressionen zunehmen.

Zum Glück haben wir eine ganze Reihe von Möglichkeiten, Kopf und Seele trotzdem immer wieder Ruhe zu gönnen. Ich sage: **Tun Sie das, was Ihnen wirklich guttut**. Finden Sie heraus, was Ihnen einfach guttut und was Sie belastet. Wenn Sie merken, dass Ihr Handy Sie belästigt, dann schalten Sie es aus und beschweren Sie sich nicht, dass es Sie belästigt. Jammern hilft nicht. Sondern umdenken: Hier einige Möglichkeiten aus meinem eigenen Alltag.

Ein Telefon ist keine Uhr: Unser digitaler Butler versorgt uns mit (fast) allem, was wir benötigen. Deshalb haben wir uns angewöhnt, auch die Uhrzeit mit dem Handy zu checken. Doch so ist man nur einen Fingertipp von der nächsten App entfernt. Mal schnell den Newsfeed checken? Wer eine Armbanduhr trägt, trickst diesen Reflex aus. Also:

☞ **Holen Sie Ihre Armbanduhr aus der Schublade.**

Smartphone weg vom Bett: Das Schlafzimmer ist nicht zum Doomscrollen da, sondern zum Schlafen. Ein Rückzugsort, an dem wir zur Ruhe kommen. Ich lese abends gern gemütlich ein Buch und gehe danach nicht mehr online. Das hilft mir, Abstand vom Tag zu nehmen – und besser einzuschlafen.

☞ **Suchen Sie Ihren alten Wecker raus, und legen Sie das Smartphone in ein anderes Zimmer**.

Schluss mit Bimmeling! Besonders nervig sind die Signaltöne eingehender Nachrichten. Sie reißen uns aus der Gegenwart, stören die Konzentration und verschwenden wertvolle Zeit. Zum Glück können wir sie deaktivieren. Ich habe mir angewöhnt, alle Apps und Programme, die ich nicht regelmäßig nutze, zu löschen. Ein gutes Gefühl. Für Sie vielleicht auch? Na dann:

☞ **Wer Sie »pusht«, bestimmen Sie allein. Weg mit den nervenden Nachrichten.**

Ich habe mir angewöhnt, nicht jede Nachricht sofort zu beantworten und nicht ständig Meldungen zu lesen. Stattdessen lege ich einen Zeitpunkt am Tag fest, an dem ich Nachrichten beantworte. Für die mentale Hygiene ist es besser, nicht ständig erreichbar zu sein. Sonst schaltet man doch nie ab und lebt im dauernden Stand-by-Modus – wie ein elektronischer Diener. Auf Social Media gilt für mich die Regel: Es ist in Ordnung, Posts auch mal nicht zu kommentieren oder zu liken. Dadurch gewinne ich Lebenszeit. Mittlerweile sage ich mir oft:

☞ **Kein Kommentar**!

Digitale Vernetzung schön und gut. Aber wie kommunikativ und sinnstiftend ist es, wenn alle nur noch vor dem Bildschirm kleben? Ich plädiere für **regelmäßige Offline-Zeiten**: rausgehen,

Leute treffen, malen, kochen, spazieren gehen, ein Museum besuchen. Gut für unsere Seele und unser Nervensystem. Wem es schwerfällt, die Bildschirmzeit zu verkürzen, kann bewusst digitale Pausen einlegen, zum Beispiel das WLAN stundenweise ausschalten oder das Handy mal zu Hause zu lassen. Allein bei der Vorstellung fängt Ihr Auge an nervös zu zucken? Dann ist es höchste Zeit!

Es gibt allerdings auch immer mehr digitale Möglichkeiten, mit denen wir uns gezielt eine Portion Entspannung, **eine Anti-Angst-Stunde** gönnen können. Denken Sie nur an die Vielzahl qualitativ gut gemachter Meditations-Apps (zum Beispiel Headspace). Denken Sie an die Fülle von Podcasts und Hörbüchern, die Sie sich zu Ihren Lieblingsthemen anhören können. Denken Sie an die wunderbaren Sprachlern-Apps (zum Beispiel Duolingo), die kostenlos dazu beitragen, die Welt besser zu verstehen. Denken Sie an Ihre »Familiengruppen«, in denen man sich gegenseitig gute Wünsche und Grüße schickt. Für das Smartphone gilt wie für alles: Es kommt darauf an, was Sie daraus machen. Im Sinne von: *bewusst* machen.

☞ **Auch das gibt es: Anti-Angst aus dem Smartphone. Nutzen Sie es so, wie es Ihnen guttut.**

Keine Macht den Angstmachern

Die Flut der schlechten Nachrichten macht etwas mit uns: Sie zieht uns emotional runter. Denn unser Gehirn macht keinen Unterschied, ob wir von einem Unglück persönlich getroffen sind oder von ihm erfahren. Wir werden von allem, was uns begegnet, emotional beeinflusst. Was also tun, um sich gegen das Unglück zu wappnen? Nichts mehr lesen oder keine Clips mehr anschauen? Tatsächlich kenne ich Menschen aus meinem Freundeskreis, die das tun, weil sie die immerwährenden Meldungen über Kriege, Terroranschläge und Wirtschaftskrise nicht mehr ertragen können. Dafür habe ich sogar Verständnis, mir wird es manchmal auch zu viel.

Nur: Es funktioniert nicht, sich von allem Negativen abzuschirmen, weil wir in einer Gesellschaft leben, in der wir von solchen Geschehnissen erfahren, ob wir wollen oder nicht. Das sprichwörtliche »Kopf-in-den-Sand-Stecken« ist ein verzweifelter Versuch, sich gegen die Zumutungen des Lebens abzuschirmen: die Stressreaktion Freeze (Einfrieren). Das Englische kennt den schönen Satz »What you resist, persists.« Auf Deutsch: **Wogegen du dich sträubst, das bleibt bestehen.**

Was meiner Meinung nach gegen Ängste wirklich hilft, ist, sich sachlich zu informieren. So halte ich es im Umgang mit meinen Patientinnen und Patienten, so verhalte ich mich auch persönlich. Gerade in der heutigen Zeit, in der das Leugnen von Fakten und »Fake News« um sich greifen, finde ich es essenziell, gut informiert zu sein – um nicht Angstmachern auf den Leim zu gehen.

Oft reicht es aus, eine einzige Nachrichtensendung oder eine seriöse Informationsquelle zu verfolgen, die der journalistischen Sorgfaltspflicht unterliegen. Das gibt es auch online: Das Online-Angebot »Funk« des öffentlich-rechtlichen Rundfunks richtet sich an vor allem an junge Zielgruppen, die auf den großen Social-Media-Plattformen wie YouTube oder TikTok unterwegs sind. Zu den erfolgreichsten Formaten zählen »maiLab«, »TerraXLesch&Co« und »MrWissen2go«. Wer gerne Wissenschafts-Videos schaut, kann sich hier auf dem Laufenden halten.

☞ **Entscheiden Sie bewusst, wann Sie welche Nachrichten wann konsumieren. Und wann welche *nicht*.**

Vorträge und Podiumsdiskussionen zu strittigen Themen sind eine gute Möglichkeit, verschiedene Standpunkte kennenzulernen und sich eine eigene Meinung zu bilden. Viele Hochschulen bieten eine »Lange Nacht der Universitäten« an. Statt dröger Wissensvermittlung sprechen die Professorinnen und Dozenten kurzweilig und mit Humor über ihre jeweiligen Fachgebiete. Ich gehe jedes Mal bereichert nach Hause. Eine besonders unterhaltsames Format ist der »Science Slam«: Hier präsentieren junge Wissenschaftlerinnen und Studenten ihre Forschungsthemen auf einer Bühne. Zehn Minuten haben sie dafür Zeit. Am Ende entscheidet das Publikum, wer gewinnt.

☞ **Zurück auf die Marktplätze des Wissens und der Diskussion in der echten Welt!**

Die Angst vergessen? Kann man lernen!

Neue Gewohnheiten kann man lernen – doch wie lange das dauert, ist von Mensch zu Mensch sehr unterschiedlich. »How Habits Are Formed: Modelling Habit Formation in the Real World« (Wie Gewohnheiten geformt werden: Modellierung der Gewohnheitsbildung in der realen Welt), lautet der Titel einer Studie von Dr. Phillippa Lally vom University College London.[143] Sie wollte wissen, wie lange exakt Verhaltensänderungen dauern. Dazu bat sie Versuchspersonen anzugeben, an welcher positiven Gewohnheit sie arbeiten wollen: zum Beispiel ein Glas Wasser vor dem Essen trinken. Anschließend sollten sie dieses Verhalten einüben. Auf einer Liste hielten sie fest, wie selbstverständlich sich das neue Verhalten bereits anfühlte. Phillippa Lally fand heraus, dass die Entwicklung kurvenförmig verläuft: Zu Beginn steigt der Grad der wahrgenommenen Gewöhnung an das neue Verhalten schnell an; mit der Zeit verlangsamt sich dieser Anstieg bis zu einem Punkt, an dem das neue Verhalten als »automatisiert« empfunden wird. Spannend: Wann das passiert, ist höchst unterschiedlich. Manche erreichten ihn nach 18 Tagen, andere erst nach 254 Tagen. Die Unterschiede waren also erheblich.

Aber ganz gleich, wie schnell oder wie langsam wir eine Veränderung schaffen – das Schöne ist: Wenn wir etwas oft genug wiederholen, wird unser Gehirn uns dafür belohnen. Inzwischen weiß man, dass die Plastizität unseres Gehirns unabhängig vom Alter bestehen bleibt: Es ist zeitlebens in der Lage, neue neuronale Vernetzungen bildet. Etwas Neues auszuprobieren, erzeugt im Gehirn etwas, was der Neurobiologie Gerald Hüther gerne »ein energiezehrendes inkohärentes Durcheinander« nennt. Unbekanntes bedeutet nämlich immer, dass man nicht auf eingeübte Routinen zurückgreifen kann. Unser Gehirn muss neue Verknüpfungen finden, probieren und dann einüben.

Das sorgt zunächst für Chaos im Kopf, wird dann aber, wenn wir die Herausforderung meistern, Stück für Stück aufgeräumt. Eine neue Ordnung wurde gefunden. Dadurch kommt es zu einer Aktivierung des Belohnungssystem im Gehirn, im Mittelhirn werden neben Dopamin körpereigene Opiate ausgeschüttet. Je nachdem, wie intensiv das dadurch erzeugte Gefühl ist, nennen wir es Begeisterung, Lust oder Freude. Dieses Belohnungssystem führt schließlich dazu, dass wir das Erlebte wiederholen möchten. Deshalb trainieren Leistungssportler, treten Musiker trotz Lampenfiebers auf oder organisieren Ehrenamtliche Nachbarschaftstreffs. Eustress, die positive Seite von Unsicherheit und Aufregung, motiviert uns und fordert uns zum Handeln auf. Wenn wir eine Herausforderung gemeistert haben, belohnt uns unser Gehirn mit der Ausschüttung von Dopamin – wir sind motiviert, neue Herausforderungen zu meistern.

☞ **Sie wollen mit neuen Gewohnheiten die Angst vertreiben? Manchmal geht es schnell, manchmal langsam. Aber es geht!**

Diesen Prozess machen sich Psychologen in der sogenannten Konfrontationstherapie zunutze. Das heißt: Die Betroffenen setzen sich bewusst (und dosiert) angstauslösenden Situationen aus. Denn diese zu meiden, ist leider keine gute Idee. Passiert das mehrfach, weichen wir der Angst also immer wieder mit Vermeidungsstrategien aus, so setzt sich im Hirn das Denkmuster fest: »Das hat aber gut geklappt. Das machen wir jetzt immer so.« Aber das ist keine gute Idee.

Denn mit jeder Vermeidung verstärken wir die Angst. Und mit jeder Vermeidung nehmen wir uns selbst die Chance zu erleben, dass die Angst zwar immer wieder kommt – aber auch immer wieder geht. Gehen *muss*, schon aus physiologischen Gründen.

- Unser Körper ist nicht dazu in der Lage, Angst ohne Ende ansteigen zu lassen. (Das Alarmsystem im Hirn ist nicht dafür gemacht.)
- Unser Körper ist nicht dazu in der Lage, Angst dauerhaft auf einem hohen Niveau zu halten. (So viele Stresshormone haben wir gar nicht vorrätig.)
- Deshalb *muss* Angst nach einer Weile von selbst abklingen.[144]

Da kann der Verstand sich noch so eindringlich melden, gegen die Steinzeitanteile in uns kommt er nicht an. Es sei denn, wir binden unseren präfrontalen Kortex bewusst ein und erobern uns den Handlungsrahmen zurück: der Angst als Scheinriese bewusst ins Auge blicken. Das hat mein Freund Andreas getan. Aber von Anfang an:

Dass eine Busfahrt uns nicht umbringt oder der Einkauf im Supermarkt keine Lebensgefahr darstellt, das wissen wir eigentlich alle. Trotzdem: Hat sich die Angst oder eine Phobie einmal verfestigt, ist der Ausstieg aus der Angstspirale sehr schwer. So ging es Andreas. In einer sehr stressigen Lebensphase erlitt er ausgerechnet, als er gerade mit einem Bus fuhr, einen schlimmen Panikanfall. Totaler Kontrollverlust. Todesangst. Für Andreas war es eine Grenzerfahrung, die ihn nachhaltig traumatisierte. Von nun an breitete sich Panik in ihm aus, wenn er nur an die Bushaltestelle dachte! Er hörte mit dem Busfahren auf, nutzte aber weiterhin die Straßenbahn. Bis auch das nicht mehr ging. Das Autofahren traute er sich erst recht nicht mehr, weil er befürchtete, am Lenkrad panisch zu werden und die Kontrolle über das Fahrzeug zu verlieren. So wurde sein Aktionsradius immer kleiner.

Als er überraschend seine Traumstelle angeboten bekam, die allerdings weder zu Fuß noch mit dem Fahrrad zu erreichen war, beschloss er, sich von seiner Angst nicht mehr dominieren zu lassen. Er wusste, dass ein steiniger Weg vor ihm lag. Aber er schmiedete einen Plan.

Zunächst suchte er sich eine Bushaltestelle aus, deren Fahrt bis zur nächsten Haltestelle sehr kurz war. In Begleitung seiner Frau ging er zu dieser Bushaltestelle und beobachtete, wie die Busse kamen und wieder wegfuhren. Das war schon schwer erträglich für ihn. Aber er zwang sich, die Angst auszuhalten. Sein Nervensystem beruhigte sich allmählich, sodass er allein zur Bushaltestelle gehen konnte. Und er machte eine entscheidende Erfahrung:

☞ **Wenn wir uns etwas Sinnvolles (!) immer wieder trauen, wird die Angst nicht stärker und stärker, sondern sie klingt ab.**

Die Taktik der kleinen Schritte

In den nächsten Wochen suchte Andreas täglich diese Bushaltestelle auf – bis er keine Angst mehr verspürte, und auch »die Angst vor der Angst« vor der Bushaltestelle kleiner und kleiner wurde. Der nächste Schritt: einsteigen und an der nächsten Haltestelle wieder aussteigen. Und zwar an einem Sonntag, in einen leeren Bus. Diesmal begleitete ich ihn.

Er war kreidebleich und zitterte, als wir einstiegen. Wir stellten uns im Bus direkt vor die Ausstiegstür mit dem großen Fenster, ich legte ihm meine Hand auf die Schulter und versuchte so, ihn ein wenig zu beruhigen. Er atmete langsam ein und durch die Lippenbremse aus: die Anti-Panikatmung (zu dieser Technik später mehr). Nach knapp einer Minute war die Fahrt vorbei. Für mich kurz, für meinen Freund eine gefühlte Ewigkeit. Als wir ausstiegen, zitterte er am ganzen Leib und musste sich erst mal hinsetzen. Als ihn aber die Erleichterung durchflutete, war er stolz auf seine Leistung – und motiviert, weiterzumachen. Schritt für Schritt erweiterte Andreas in den nächsten Wochen seinen Aktionsradius. Ganz langsam, gerade so, wie er es aushalten konnte und genau so lange, dass sein Gehirn die alte Verknüpfung »Bus = Panik« verlernte.

Heute fährt er mit Bus und Bahn zu seiner neuen Arbeitsstelle, die sich tatsächlich als Traumjob entpuppt hat. Heilfroh, aufgehört zu haben, vor seiner Angst wegzulaufen. »Wenn mich jetzt wieder eine Panikattacke heimsuchen sollte, weiß ich, dass es ein Fehlalarm meines Gehirns ist und was ich dagegen tun kann«, sagte Andreas kürzlich zu mir, »ich habe es einmal geschafft, ich werde es wieder schaffen.«

☞ **Langfristig löst nicht die Vermeidung von Angst, sondern nur deren Überwindung positive Gefühle aus.**

Angst verlernen in künstlichen Welten

Die Konfrontations- oder Expositionstherapie wenden Psychologen auch erfolgreich bei der Behandlung von Phobien an, bei denen Spinnen, Spritzen oder hohe Brücken Panik auslösen. Auch hier werden die Betroffenen dosiert dem Objekt ihrer Angst oder einer angstauslösenden Situation ausgesetzt. So lernt ihr Gehirn: »Keine Angst! Die befürchtete Katastrophe tritt nicht ein. Ich kann die Situation meistern.«

Doch manche Menschen können sich auf die Therapie nicht einlassen, weil ihre Angst zu groß ist, um einen echten Angstauslöser zu ertragen. Virtuelle Umwelten können ihnen Konfrontation erleichtern – denn der Kontakt mit einer »virtuellen« Spinne löst offenbar einen vergleichbaren Effekt aus wie ein echter Kontakt: eine neue Erfahrung. Oder, wie es Konfuzius sagt: »Der Mensch hat drei Wege, klug zu handeln. Erstens durch Nachdenken: Das ist der edelste. Zweitens durch Nachahmen: Das ist der leichteste. Drittens durch Erfahrung: Das ist der bitterste.«

Was genau virtuelle Spinnen beim Menschen auslösen, untersucht Florian Binder vom Max-Planck-Institut für Psychiatrie in München. Er setzt Studienteilnehmern eine Virtual-Reality-Brille auf und zeigt ihnen mehrere Szenarien, in denen unter anderem Spinnen auftauchen. Die Brille misst die Pupillengröße, die Blickrichtung, parallel werden der Herzschlag erfasst – und das Verhalten der Testpersonen beobachtet. Aufbauend auf den hohen Erfolgsquoten der virtuellen Konfrontationstherapie ist seine Zukunftsvision: »Sie können sich (…) zu Hause aufs Sofa setzen, die Brille aufsetzen und werden dann dort automatisch so durch die Therapie geleitet, dass man keine Therapeuten mehr braucht.«[145]

Was tun mit der Angst im Krankenhaus?

Aus unserer Erfahrung und inzwischen auch aus Studien wissen wir, dass Patienten, die mit Angst in die Operation gehen, es nach der Operation viel schwerer haben, wieder auf die Beine zu kommen. Sie haben sogar ein höheres Risiko, nach der Operation chronische Schmerzen zu bekommen.[146] Es gibt auch Brustkrebspatientinnen, die so viel Angst vor dem Krankenhaus und ihrer Krankheit haben, dass sie den Krebs komplett verleugnen. Wenn sich dann niemand Zeit nimmt, in Ruhe mit ihnen zu sprechen – nicht nur über den Krebs, sondern über ihre Angst –, dann erhöht sich ihr Risiko, in Zukunft eine allgemeine Gesundheitsangst zu entwickeln.[147]

Im Schnitt lassen wir Ärzte unsere Patienten nicht lange reden, bevor wir sie zum ersten Mal unterbrechen: nur 18 Sekunden. Das ist die eine Seite. Auf der anderen Seite gibt es Patientinnen und Patienten, die (aus Angst?) nicht zuhören wollen. Oder die Dr. Google befragt haben und meinen, sie wüssten sowieso schon alles.

Es ist gar nicht so einfach, mit den Patientinnen und Patienten auf Augenhöhe zu sprechen, wie man so schön sagt. Ich lege sehr großen Wert darauf und finde es gerade deshalb schwierig. Die Menschen kommen oft mit irrationalen Ängsten und unrealistischen Vorstellungen zu uns. Sie wollen »ganz gesund« werden. Dabei wissen wir heute, dass mehr als die Hälfte aller Krankheiten in Deutschland chronisch sind. Es gibt nicht die eine Pille oder Operation, die alles heilt. Mit Diabetes, Asthma oder Arthrose müssen die Patienten für den Rest ihres Lebens leben lernen. Sie müssen ihr Leben darauf einstellen, sie müssen sich umstellen – und das ist harte Arbeit an sich selbst. Es kann durchaus Angst machen, sein altes Selbstbild durch ein neues zu ersetzen, das nicht mehr so superstark, supertoll und superbelastbar ist. Das bedeutet Arbeit an der eigenen Haltung.

Doch als Arzt kann ich chronische Krankheiten nicht »wegzaubern«, nur weil ich einen weißen Kittel trage. (Deshalb trage ich seit 30 Jahren keinen.) Ich sehe meine Aufgabe als Arzt darin, aufzuklären. Zu ermutigen. Zu motivieren, eigenverantwortlich mit einer Krankheit umzugehen. Und vor allem aktiv und mutig – nicht »gegen die Angst«, sondern »mit der Angst«. Genau das fördert die Heilung. Und stärkt die neue Haltung.

Den Körper beruhigen: Wohlsein für Nerven und Epigenom

Wollen wir gesund bleiben, sollten wir manchmal ganz einfach innehalten, zur Ruhe kommen. Wenn uns die schlechte Laune überfällt, Sorgen die Stimmung trüben, weil wir überlastet sind, niedergedrückt von der kaum zu bewältigenden Arbeit oder von familiären Problemen, wenn wir uns antriebslos fühlen, gelähmt von den Verhältnissen daheim oder am Arbeitsplatz, dann ist es Zeit, unserem Körper etwas Gutes zu tun. Das streichelt auch die Seele. Sonst besteht die Gefahr, dass sich das Unwohlsein infolge der »Verstimmung« körperlich manifestiert, zum Beispiel in Form von Bauch- oder Rückenschmerzen. Das eine belastet das andere, die Psyche den Körper – und umgekehrt.

In diesem Kapitel liegt der Fokus auf dem Körper. Es soll darum gehen, den Körper zu beruhigen. Wenn ich es schaffe, meinen Körper zu entspannen, beruhigen sich auch der Geist und meine Gefühle. Der Körper signalisiert dem Gehirn: »Ich bin entspannt, du brauchst keine Angst zu haben.«

Doch bevor ich verschiedene Methoden vorstelle, wie wir Anspannung lösen – das vor allem bedeutet Angst auf körperlicher Ebene –, möchte ich noch einmal kurz auf unser wundervolles (und wundersames) Nervensystem eingehen. Dieses Wissen hilft, die Vorgänge in unserem Organismus besser zu verstehen – und sich ihnen nicht ausgeliefert zu fühlen.

Angst und Stress – man könnte diesen Zustand auch als »Stress-Angst« definieren – führen das vegetative Nervensystem in die Einseitigkeit. Das würde ich gern mit dem Bild einer Waagschale verdeutlichen: Je nach Anforderung des alltäglichen Lebens senkt sich die Waagschale mit Sympathikus und Parasympathikus mal auf die eine, dann auf die andere Seite. Befinden sich beide Schalen im Gleichgewicht, haben wir unsere Balance gefunden – die allerdings stetig neu austariert werden muss. Bei Stress-Angst oder auch chronischem Stress verharrt die Waagschale bleischwer auf der Seite des hochgradig aktivierten Sympathikus.

Von der Anspannung sind besonders die Muskelpartien betroffen, die uns aufrecht halten: Nackenmuskeln, kurze Muskeln der Wirbelsäule, Hüftbeuger, Schulterheber. Ihre Aufgabe ist es, den Körper zu schützen. Sie können die Anspannung über Jahre halten, auch wenn sich die Muskeln dabei verkürzen. Deshalb sind diese Muskelpartien bei vielen Menschen chronisch verspannt. Beides bedingt sich gegenseitig: Menschen, die unter chronischen Schmerzen leiden, leiden häufiger an Angststörungen als Menschen, die keine Schmerzen haben. Schmerzen im unteren Rückenbereich können beispielsweise dazu führen, dass sich Betroffene sorgen, ihre Arbeit nicht mehr adäquat ausüben zu können oder dass ihr Alltag eingeschränkt wird. Diese Sorgen können sich zu einer generalisierten Angststörung entwickeln.

Zurück zur Balance

Glücklicherweise haben wir einen Verbündeten für ein gutes Leben im Gleichgewicht. Sie erinnern sich: Der Parasympathikus ist der Teil unseres Körpers, der beruhigend oder bremsend wirkt, nachdem der Sympathikus uns angeregt (oder gestresst) hat. Die gegensätzlichen Reaktionen von Sympathikus und Parasympathikus werden seit Hunderten, vielleicht Tausenden von Jahren in den verschiedenen Heilkünsten der Welt genutzt. In unterschiedlichen Varianten geht es dabei immer um Anspannung und Entspannung, um Tonisierung und Sedierung, um den ständigen Wechsel von Bewegung und Ruhe. Nicht nur in der Medizin, sondern auch im täglichen Leben, wie beim Wechsel von Tag und Nacht, von hell und dunkel.

Dieser universale Dualismus wird für mich besonders deutlich in dem chinesischen Symbol von Yin und Yang zum Ausdruck gebracht. Zwei gleichwertige Formen in einem scharf begrenzten Kreis, die sich parallel in einer hellen und dunklen Birnenform von wenig nach viel ausdehnen können und ineinander übergehen. Die Monade (griechisch: Einheit) ist das Symbol der unteilbaren Einheit der Gegensätze, wie These und Antithese in der Dialektik oder 0 und 1 in der digitalen Welt. In der Symbolik der chinesischen Monade sind die Formen von Yin und Yang millimetergenau identisch und gehen ineinander über: die ganzheitliche Harmonie der Gegensätze. In jeder der beiden Elemente ist eine kleine Insel des anderen zu finden, also in jedem Yin immer auch ein bisschen Yang und umgekehrt. Sind die beiden Elemente gleichwertig in Form und Füllzustand, herrscht Harmonie.

Diese innere Logik der Gegensätze, die die Yin-Yang-Monade ausdrückt, ist in allen Lebensbereichen anwendbar. Übertragen wir doch einmal diese Logik in einem kleinen Gedankenmodell auf das vegetative Nervensystem, in dem der beruhigende Vagusnerv, (Yin) den aktivierenden Sympathikus (Yang) immer wieder in einen harmonischen Zustand zurückführt.

Diese unbewusst oder durch therapeutische Maßnahmen stattfindende Gegenregulation und den dadurch erfolgten Ausgleich empfinden wir dann als Wohlbefinden. Zum Beispiel, wenn eine durch mentalen Stress erhöhte Herzfrequenz zur Belastung wird und der »Vagustonus« ihn heruntergeregelt hat. Womit wir bei der Frage sind: Was ist der »Vagus«?

Vagusnerv – ein komplexes Steuerungssystem

Erinnern Sie sich an das Beispiel mit der stumpfen Spritze? Um aus dem Schock wieder herauszukommen, braucht unser Körper Informationen, dass die Gefahr gebannt ist. Diesen Impuls erhält er vom Parasympathikus, dessen wichtigster Teil der sogenannte Vagusnerv ist.

Der Vagus ist der einzige Nerv in unserem Körper, der seinen Ausgang im unteren Hirnstamm hat und sich beidseitig durch den gesamten Körper zieht. Von der seitlichen Region des Halses entlang der Halsschlagader bis zum Becken. Er reguliert das Herz, die Lunge, die Muskeln von Rachen und Atemwegen und den Magen-Darm-Bereich. Seinem mäandernden Weg durch den Körper verdankt der Vagus übrigens seinen Namen (das lateinische Verb »vagare« heißt umherschweifen).

Bereits Anfang der 1970er Jahre stimulierten die französischen Wissenschaftler Yves Gahery und Denise Vigier den Vagusnerv einer Katze und stellten dabei fest, dass die Aktivität bestimmter Hirnnerven verringert wurde. Schon im 19. Jahrhundert hatten die experimentierfreudigen Brüder Weber den Zusammenhang zwischen Herztätigkeit und Vagus im Tierexperiment entdeckt, als sie den Herzschlag durch mechanischen Druck manipulierten. Tatsächlich gelang ihnen der Nachweis, dass eine Vagusreizung zur Verlangsamung des Herzschlags führt. (Nicht nachmachen! Einige Tieren sind dabei gestorben.)

Dass der Vagusnerv mit verschiedenen Organen verbunden ist, deckt sich mit modernen Erkenntnissen. Im Hirnstamm befinden sich verschiedene Gruppen von Nervenzellen, die sich zu Kerngebieten gruppieren. Der Vagusnerv ist mit vier dieser Kerne verbunden. Über ihn werden Informationen vom Körper zum Stammhirn geleitet und umgekehrt. Dabei fließen rund 80 Prozent der Nervensignale von den Organen zum Gehirn, und nur etwa 20 Prozent vom Gehirn zum Körper.[148] Und genau das können wir nutzen: Wenn es uns gelingt, unseren Körper zu beruhigen, dann überträgt sich das über den Vagusnerv bis in unser Gehirn – und so beruhigen wir unsere Seele, unseren Geist, wie auch immer Sie das nennen mögen.

Der Vagusnerv spielt eine wichtige Rolle bei der Angst- und Stressbewältigung, aber auch für unseren Darm: Er stellt eine direkte Verbindung zwischen Gehirn und Darmflora, unserem Mikrobiom, her. Das erklärt, warum Sorgen, Ängste und Stress so oft zu Verdauungsproblemen führen. Alles, was die Seele belastet, liegt uns eben »schwer im Magen« und »muss erst verdaut werden«.

Die richtigen Impulse setzen

Noch einmal zurück zum Ende des 19. Jahrhunderts: Schon damals beobachteten Wissenschaftler, dass eine Kompression der Hauptschlagader, in der die Vagusnerven verlaufen, bei der Behandlung von Epilepsie helfen könnte. Dieser Ansatz wurde in den 1980er Jahren wieder aufgegriffen, als man auf die Idee kam, Epilepsiepatienten mit elektronischen Vagusnerv-Stimulatoren zu helfen. (Man kann sich das Gerät ähnlich vorstellen wie einen Herzschrittmacher.) Die Stromimpulse wirken über den Vagusnerv im Gehirn und hemmen dort die Aktivitäten, die zu epileptischen Anfällen führen.

Dabei machten die Ärzte eine interessante Entdeckung: Egal ob das Gerät gegen die Epilepsie wirkte oder nicht – die Patienten entwickelten eine positivere Lebenseinstellung! Heute werden in Studien Vagusnerv-Stimulatoren zur Behandlung von therapieresistenten Depressionen untersucht. Die Geräte werden auch als potenzielle Behandlung für andere Krankheitsbilder getestet wie Arthritis, Adipositas und Morbus Crohn.

Später brachte eine Studie der Universitätskliniken Tübingen und Bonn Erstaunliches zutage: Die Stimulation des Vagusnervs am Ohr verstärkt innerhalb von Minuten die Kommunikation zwischen Magen und Gehirn! Da ein Ast des Vagusnervs zentral im Ohr verläuft, werden neuerdings auch Elektroden in die Ohrmuschel etwas oberhalb des Gehörgangs eingesetzt. Auch bei quälenden chronischen Rückenschmerzen beeinflusst eine solche Vagusnerv-Stimulation das Schmerzempfinden nachhaltig.

Und mit dieser Erkenntnis sind wir endlich wieder in Ihrem Alltag angekommen. Sie selbst haben Zugriff auf Ihren Vagusnerv! Also Ohren gespitzt: Allein über die Berührung der Ohren kann der Vagus stimuliert werden. Das geht so:

☞ **Akupressur der Ohren:** Legen Sie den Zeigefinger auf den Hörausgang und streichen Sie sanft bis zum unteren Ende der Ohrmuschel. Massieren Sie diesen Punkt etwa 30 Sekunden lang sanft kreisend. Entweder beide Ohren gleichzeitig oder abwechselnd.

☞ **Massage hinter den Ohren:** Die Haut hinter den Ohren sanft massieren, zum Beispiel mit leichten Auf- und Abbewegungen. Sie können auch mit den Fingerspitzen kreisen oder die Ohrhaut 30 Sekunden lang sanft von oben nach unten streichen. Mehrmals wiederholen, bis ein Entspannungseffekt eintritt.

Kalt macht cool

Wenn Sie regelmäßig in die Sauna gehen, kennen Sie bestimmt diesen Effekt: Aufgeheizt kühlen Sie sich unter der Schwalldusche oder im kalten Becken ab. Zunächst ist es ein Schock: Die Zähne klappern, und Sie atmen flach. Vielleicht beginnt auch der Körper zu zittern. Doch die Belohnung erfolgt auf den Fuß.

Kaum liegen Sie gemütlich eingewickelt im Ruheraum, flutet eine angenehme Entspannung durch Ihren Körper. Warum?

Sie ahnen es bestimmt schon. Ihr vegetatives Nervensystem hat reagiert. Der Kälteschock hat zuerst den Sympathikus aktiviert. Danach leitet der Vagusnerv die Entspannung ein. Je stärker der Reiz, desto stärker fällt die Reaktion aus. Wer sich regelmäßig Kälte aussetzt, trainiert effektiv den Vagusnerv.

Um von den positiven Effekten zu profitieren, reicht auch eine Kaltwasseranwendung zu Hause. Ich habe es mir angewöhnt, meine morgendliche Dusche mit kaltem Wasser abzuschließen. Oder mehrmals zwischen heiß und kalt abzuwechseln. Toll! Am Anfang hat es mich Überwindung gekostet. Doch eigentlich sind nur die ersten Sekunden schlimm, dann gewöhnt sich der Körper an die Temperatur. Ich dusche rund eine Minute kalt und genieße das kalte Wasser zum Schluss richtig. Ich fühle mich danach wach, ruhig und erfrischt. Ganz nebenbei trainiere ich meinen Körper, mit verschiedenen Temperaturreizen umzugehen. Mittlerweile bin ich so weit, dass ich unter der kalten Dusche tief in den Bauch atme, um die Wirkung noch zu steigern.

Neben dem Wohlfühlfaktor setzen regelmäßige Kälteanwendungen eine Kaskade von positiven Effekten in Gang: Der Körper bildet vermehrt Immunzellen, Stoffwechsel und Hormonausschüttung verbessern sich. Es kommt zu einer vermehrten Ausschüttung von Endorphinen – Hormone, die uns wacher und glücklicher machen. Gleichzeitig werden Stresshormone wie Cortisol reduziert.

Wer eigentlich zu den »Warmduschern« zählt und sich am Morgen vor der kalten Dusche fürchtet, kann mit einer »Light«-Variante startet: dem kalten Knieguss nach Kneipp.

- **Zuerst hinten an der Wade rauf:** Am rechten kleinen Zeh beginnen. Den Wasserstrahl entlang der Fußaußenseite zur rechten Ferse führen. Dann langsam an der Außenseite der

Wade hinauf zur Kniekehle führen, mittig innehalten und das Wasser etwa zehn Sekunden fließen lassen.

- **Dann hinten an der Wade runter:** Den Strahl über die Innenseite der Wade bis zum Knöchel führen. Das Ganze am linken Bein wiederholen.
- **Dann an der Vorderseite des Unterschenkels rauf:** Das Wasser von den Zehen des rechten Fußes über das Schienbein knapp über die Kniescheibe fließen lassen, dort etwa zehn Sekunden innehalten.
- **Dann an der Vorderseite des Unterschenkels runter:** Den Strahl am Schienbein entlang wieder zu den Zehen des rechten Fußes führen. Mit dem linken Bein genauso verfahren. Und dann (Achtung, brrrr):
- **Beide Fußsohlen kalt abduschen.**

Wer täglich einen kalten Knieguss durchführt, stärkt das vegetative Nervensystem in seiner Regulationsfähigkeit. Abends durchgeführt, erleichtert er das Einschlafen.

Bei leichtem Herzrasen in stressigen Phasen hilft es übrigens schon, ein Glas kaltes Wasser zu trinken. Durch die Kälte werden nicht nur die Speiseröhre, sondern auch das umliegende Gewebe gekühlt und somit zugleich der Parasympathikus stimuliert. Er reagiert direkt auf die Kälteempfindung, indem er die Herzfrequenz senkt.

☞ **In Ihrem Leben geht es heiß her? Ab unter die kalte Dusche!**

Eisige Kälte als heilsamer Schock

Entsprechend nutzen einige Ärzte die Kälte- oder auch Kryotherapie begleitend bei Depressionen, Burn-out, Schlaflosigkeit, Arthrose und Autoimmunerkrankungen wie Schuppenflechte. Studien belegen, dass eine bewusst angewandte Kryotherapie Entzündungen eindämmt und über das parasympathische

Nervensystem Heilprozesse anstößt. Gerade in der Schmerztherapie scheint Kälte eine positive Wirkung zu entfalten.

Die Kryotherapie hat durch das Eisbaden eine neue Aufmerksamkeit erhalten. Einer ihrer prominentesten Vertreter ist der Niederländer Wim Hof, auch als »Iceman« bekannt. In den sozialen Medien gibt es zahlreiche Videos von ihm, etwa wie er in Shorts einen verschneiten Berg hochstapft. Hof hält zahlreiche Kälteweltrekorde und hat eine eigene Heilmethode entwickelt. Sie basiert auf drei Grundpfeilern: Atemtraining, Kältetherapie und Meditation. Hof zufolge kann man sein vegetatives Nervensystem durch seine Methode gezielt beeinflussen. Lange zweifelten Wissenschaftler an seiner Methode. Inzwischen gibt es Studien, die Aspekte seines Ansatzes bestätigen.

Eine ehemalige 80-jährige Patientin von mir aus Kiel schwimmt regelmäßig auch im Winter in der Ostsee und berichtete, dass es ihr gegen Schmerzen helfe und ihre Stimmung aufhelle. Und sie versicherte mir überzeugend, dass nichts so erfolgreich aus ihrem Kopf raus und in den Körper hinein helfe wie eiskaltes Wasser. Auch bei Ängsten und kreisenden Gedanken in der Sorgenspirale scheint es zu helfen. Studien belegen die stimmungsaufhellende Wirkung des Eisbadens. Winterschwimmer berichten übereinstimmend, dass sie sich energetischer fühlen als vorher, dass sich ihre Laune und ihr Wohlbefinden verbessert.

Ich selbst schwimme leidenschaftlich gern. Gerade bei längeren Schwimmeinheiten erlebe ich immer wieder das Gefühl, eins zu werden mit dem Wasser: Ein besonders großartiges Gefühl übermannte mich beim Neujahrsschwimmen in der Nordsee, das ich beim letzten Jahreswechsel zusammen mit mehreren Hundert Menschen auf Norderney erstmals »genießen« durfte. Bei sechs Grad eine Minute rein ins Wasser und dann wieder raus. Bibber, zitter und brrr! Ich habe mich danach total froh und munter und noch lange Zeit voller Power gefühlt. Das ist eine ganz besondere Erfahrung von Glück und Transzendenz.

Eins sein mit der Natur, mich der Energie des Wassers überlassen und in meinem Rhythmus mitschwingen. Quasi nebenbei aktiviere ich meinen Vagusnerv, indem ich lange gegen den Wasserwiderstand ausatme. Damit trainiere ich meine Lunge und deren Volumen. Bisher bin ich bei Minustemperaturen noch nicht ins Wasser gestiegen, Winterschwimmen ist definitiv etwas für die Fortgeschrittenen. Aber wer weiß? Die Erfahrungsberichte machen mich neugierig. Vielleicht probiere ich es doch einmal aus, um zu schauen, ob es stimmt:

☞ **Eisbaden macht (manche Menschen) glücklich.**

Die Heilkraft von Wärme und Berührung

Die Hydrotherapie, die zum Teil mit starken Kältereizen arbeitet, steht hier durchaus im Widerspruch zu der von mir hochgeschätzten asiatischen Heilkunde. In der Traditionellen Chinesischen Medizin (TCM), aber auch im indischen Ayurveda, wird davon ausgegangen, dass Kälteschocks hochgradigen Stress für den Körper bedeuten. Um Stress zu lindern und Ängste abzubauen, wird daher viel lieber mit Wärme gearbeitet.

In Indien bin ich in den Genuss des Shirodhara gekommen, dem ayurvedischen Stirnguss. Dabei fließt erwärmtes Öl langsam, sehr langsam über den flachliegenden Kopf. Die Behandlung stimuliert das sogenannte Stirnchakra, eines der Energiezentren in unserem Körper. Bei mir löst der Stirnguss immer wieder meditative Zustände aus. Fast noch angenehmer ist die rhythmische Vierhand-Massage (Abhyanaga), ebenfalls mit erwärmtem Öl. Die ausleitenden und revitalisierenden Massagen werden nach einem überlieferten Schema vierhändig und synchron auf jeder Körperhälfte gleichzeitig ausgeführt. Massagen bringen Menschen in eine oft verloren gegangene Harmonie mit dem eigenen Körper. Ich jedenfalls fühle mich nach jeder Massage beglückt und tiefenentspannt.

Zuwendung durch Berührung ist unglaublich wichtig. Das kann auch ein Streicheln (gilt auch für kuschelige Hunde und Katzen) oder eine liebevolle Umarmung sein. Der Zusammenhang zwischen Berührung und Wohlbefinden ist übrigens schon in der Entwicklungsgeschichte des Embryos begründet. Aus einem der drei Keimblätter entwickelt sich die Haut und das Nervensystem, hier entsteht bereits eine Verbindung. Deshalb lindert es Ängste, wenn uns jemand die Hand hält oder einfach nur die Hand auf den Rücken legt – körperliche Zuwendung berührt auch unsere Seele.

☞ **Lassen Sie sich in den Arm nehmen! Wer sich halten lässt, der hält die Angst leichter aus.**

Wie Atmung uns beruhigt

Wann haben Sie zuletzt auf Ihren Atem geachtet? Atmen Sie flach, tief, halten Sie manchmal die Luft an? Den allerwenigsten ist ihr Atem bewusst, in der hektischen Betriebsamkeit des Alltags beachten wir ihn kaum noch. Streng genommen brauchen wir das auch nicht, weil unsere Atmung unbewusst abläuft, gesteuert vom vegetativen Nervensystem. Wenn der Atem stockt oder flach ist, ist dies meist eine Folge von Angst oder Stress. Die wirksamste Art, den Vagusnerv positiv zu stimulieren, besteht darin, richtig atmen zu lernen. Lernen? Etwas so selbstverständliches wie Atmen? Ja, gerade weil wir unbewusst atmen, bemerken wir unseren Atemrhythmus oft nicht.

Je tiefer wir atmen, desto besser versorgen wir unseren Körper mit Energie. Dabei spiegelt der Fluss des Atems auch den Dualismus aus Aktivität und Passivität wieder. Atmen wir ein, spannen wir das Zwerchfell und die Atemhilfsmuskeln an: Die Lunge wird auseinandergezogen und die Luft kann einströmen.

Atmen wir aus, entspannen sich die Muskeln, die Lunge kehrt in ihre Ausgangsstellung zurück, die Luft entweicht.

Und auch hier arbeiten Sympathikus und Parasympathikus eng zusammen. Der Sympathikus wird beim Einatmen aktiviert, der Parasympathikus beim Ausatmen. Der Ausatmung kommt daher eine besondere Rolle zu. Bei einem flachen Atem – unter Stress – atmen wir nur kurz aus, deshalb verbleibt zu viel verbrauchte Restluft in der Lunge. Deshalb nehmen wir mit der Einatmung auch nicht genügend sauerstoffreiche Luft auf. Das Atemzentrum gibt daraufhin den Befehl, vermehrt zu atmen – der Atem wird noch flacher.

Bei Stress steuert der Sympathikus das System in den Alarmbereich, die Atmung wird schneller und flacher. Dieser Prozess läuft unbewusst ab. Unabhängig davon, ob wir auf einem Bürostuhl sitzen oder das Auto auf der vereisten Fahrbahn ins Schliddern gerät. Wenn die Gefahr gebannt ist, holt uns der Parasympathikus zurück in die Entspannung.

Bei Dauerstress, oder wenn wir nicht aktiv gegensteuern, findet ein negativer Lernprozess statt – der flache Atem wird zur Gewohnheit. Die Atmung bleibt im Gefahrenbereich – was natürlich von unserem Gehirn aufmerksam registriert wird. Es interpretiert: Mein Körper befindet sich nicht in Sicherheit. Also verstärkt es die Angstreaktion mit der Ausschüttung von Stresshormonen.

Kommen wir überhaupt nicht mehr runter, geraten wir in eine dauerhafte Angst-Stress-Spirale, die sich immer weiter nach oben schraubt. Und was wir nicht vergessen dürfen: Permanente Anspannung strengt unseren Organismus enorm an. Darauf ist er nicht ausgerichtet. Das ist in etwa so, als würde man ständig mit angezogener Handbremse durchs Leben rasen.

Nur ein **harmonisch atmendes Leben** ist ein gutes Leben! Denn unsere Atmung ist wichtig für eine gute Regulationsfähigkeit. Verharren wir hingegen in der Anspannung, büßen wir diese Fähigkeit ein – und tun uns zunehmend schwer, die Herausforderungen des Lebens zu meistern.

Die Kunst, richtig Luft zu holen

Eine tiefe Atmung versorgt unseren Körper mit Sauerstoff. Optimalerweise atmen wir voll aus: Nur so reinigen wir den Körper von der verbrauchten Luft und ermöglichen unseren Lungen, möglichst viel neuen Sauerstoff aufzunehmen. Es ist in etwa vergleichbar mit dem Befüllen eines Glases – wird es nie richtig geleert, können wir nicht ausreichend frisches Wasser nachgießen. Im Fall unserer Lungen bedeutet das: Ein flacher Atem führt zu Sauerstoffmangel, der auch unsere Atemmuskulatur beeinträchtigt und Spannungen im Zwerchfell, in den Zwischenrippen- und Rumpfmuskulatur auslösen kann.

Etwa 15-mal pro Minute saugen wir Luft ein und stoßen sie kurz darauf wieder aus – pro Atemzug gelangen im Schnitt ein halber Liter Luft in die Lunge. Insgesamt machen wir rund 20 000 Atemzüge pro Tag. Die Einatmung versorgt uns mit Sauerstoff, bei der Ausatmung wird Kohlendioxid abgegeben. 70 Prozent aller Giftstoffe verlassen den Körper über die Lunge. Atmen ist ein automatischer Prozess, der dem vegetativen Nervensystem unterliegt. Das Atemzentrum im Hirnstamm steuert nicht nur die Atemmuskulatur von Zwerchfell und Zwischenrippenmuskeln, es regelt auch, wie oft und wie tief wir Luft holen. Verschiedene Rezeptoren im Körper messen den aktuellen Sauerstoffbedarf, Atemfrequenz und -volumen werden entsprechend angepasst.

Das Besondere an unserer Atmung ist, dass sie das einzige System unseres Körpers ist, das sowohl bewusst als auch unbewusst gesteuert werden *kann*. Mit wenigen Atemzügen können wir unser Nervensystem dazu bringen, von einem sympathischen zum parasympathischen Zustand zu wechseln.

☞ **Die Arbeit von Nieren, Galle oder Herz können wir willentlich nicht beeinflussen (bis auf einige Yogis vielleicht, wie vereinzelt berichtet wird) – unseren Atem schon.**

Wie entspannend ein ruhiger Atem ist, zeigt sich auch an unserem Herzschlag – er ist an unseren Atem gekoppelt. Beim Einatmen schlägt das Herz schneller, beim Ausatmen langsamer. Eine schnelle Atmung interpretiert unser Körper als bedrohliches Signal und beschleunigt den Herzschlag. Damit stellt uns unser Körper über den Sympathikus Energie zur Verfügung: »Angst verleiht Flügel«, heißt es so treffend. Atmen wir hingegen langsam ein und aus, idealerweise mit Fokus auf die Ausatmung, kommt unser Körper zur Ruhe. Das spiegelt auch unser Herzschlag wider: Er wird langsamer, der Blutdruck senkt sich. Unser Körper kann sich erholen.

Auch mental kommen wir zur Ruhe: Durch achtsames Atmen gewinnen wir innere Ruhe. Viel zu oft liegt unser Fokus auf dem Außen, konzentrieren wir uns hingegen auf unseren Atem, sind wir bei uns selbst und unserer inneren Wahrnehmung. Die Tiefenatmung, bei der bewusst in den Bauch geatmet wird, unterstützt diesen Prozess. Hier können wir unsere Emotionen wie Freude oder Angst deutlich spüren. Redenswendungen wie »Mir ist flau im Magen« oder »Schmetterlinge im Bauch« verdeutlichen diesen Zusammenhang. Die Wahrnehmung unserer Gefühle hilft, bei uns selbst anzukommen.

Tiefe Atmung mithilfe des Zwerchfells und der Bauchmuskulatur ist die Basis der meisten Entspannungstechniken. Gleichzeitig halten Sie mit regelmäßigen Atemübungen Ihre Lunge jung. Damit beugen Sie altersbedingten Ursachen des verminderten Lungenvolumens vor. Regelmäßiges Training hält die Lunge fit und sorgt dafür, dass der Körper gut mit Sauerstoff versorgt wird. Das bringt Energie und hebt die Stimmung.

Ein weiterer Vorteil von Atemübungen: Sie brauchen keine Hilfsmittel oder müssen nicht extra irgendwo hinfahren. Sie tragen alles in sich. Sie brauchen nur einen ruhigen Ort, wo Sie ungestört sind. Wenn möglich, sollten Sie jeden Tag fünf Minuten dafür einplanen. Am besten gleich morgens auf der Bettkante. Es ist natürlich besser, die Übung öfter zu wiederholen, besonders wenn Sie unter Druck stehen. Das geht zu Hause genauso wie im Büro, auch vor oder nach dem Sport.

☞ **Einfache Bauchatmung:** Setzen oder legen Sie sich bequem hin, schließen Sie die Augen. Eine Hand auf die Brust legen, die andere auf den Bauch. Langsam durch die Nase einatmen, die Luft kurz anhalten, dann wieder ausatmen. Achten Sie dabei darauf, in den Bauch zu atmen. Sie sollten spüren, wie sich die Bauchdecke hebt und senkt. Dann beide Hände unter die Rippen legen, auch hier sollten Sie spüren, wie sich Ihre Hände bewegen. Bei der Tiefenatmung bleibt der Brustkorb möglichst ruhig, während sich die Bauchdecke hebt und senkt. Fünf Minuten (falls Sie zappelig werden, wenigstens drei Minuten!) ruhig und tief atmen. Dann die Hände sinken lassen, nachspüren und das Gefühl der Entspannung genießen.

Von Asien atmen lernen

Alle gängigen asiatischen Bewegungslehren wie Yoga, Tai-Chi oder Qigong arbeiten mit der Tiefenatmung. Diese Kulturen sind überzeugt, dass wir Lebensenergie über die Atmung aufnehmen. Die Chinesen bezeichnen diese Lebensenergie als Chi, die Inder als Prana. Bereits 1 500 v. Chr. hat sich in Indien eine Heilkunst entwickelt, die aus den heiligen Schriften des Hinduismus hervorgegangen sein soll, den »Veden«. Ayurveda, zusammengesetzt aus den Worten Ayus (Wissen) und Veda (Leben) baut auf einem Menschenbild auf, das physische, emotionale und spirituelle Aspekte verbindet. Alle Ayurveda-Therapien zielen deshalb darauf ab, den Patienten sowohl körperlich als auch geistig und seelisch zu stärken.

Die Inhalte der »Veden« wurden zum Teil vor 5 000 Jahren erzählt und niedergeschrieben. Als wesentliches Element unserer Existenz wird dort das »Pranayama« beschrieben. Der Begriff setzt sich zusammen aus den Sanskrit-Worten Prana (Lebensenergie) und Ayama (ausdehnen und kontrollieren). Es geht also um die Vertiefung der Atmung – ein wesentliches Element im »Radja Yoga«, dem klassischen »königlichen Yoga«. Der Atem soll Körper und Geist zusammenbringen und zusammenhalten. Für mich eine wesentliche Technik zur Vitalisierung der untrennbaren Einheit von Körper und Geist, die ich »Körper-Geist« nenne.

Der Fokus liegt dabei auf der Ausatmung. Dieses wesentliche Prinzip des ayurvedischen Heilwissens findet sich auch in anderen asiatischen Therapieverfahren. So beinhaltet auch die chinesische Atem- und Bewegungsmethode des Qi Gong spezielle Atemtechniken zur Therapie verschiedener körperlichen und mentalen Erkrankungen. Sie wirken! Messbar: Heute wissen wir dank der modernen Neurowissenschaft, dass das Prinzip der langen Atmung, speziell der Ausatmung, aktiv auf den Vagusnerv einwirkt. Nicht umsonst heißt es in der Yogastunde bei der Ausatmung: »Lasse los!« Gelingt dies in Einklang mit Konzentration und Meditation, können sich die Praktizierenden idealerweise selbst vergessen: Sie sind frei, auch von Ängsten und bedrückender körperlicher Verspannung. Wenn ich an meine eigenen Yoga-Erlebnisse denke, erinnere ich mich vor allem an ein überströmendes Glücksgefühl: einem Gefühl der Verbundenheit mit allem Lebendigem.

Die Yoga-Atmung dehnt die Zeit der Ausatmung bewusst auf die zweifache Länge der Einatmung, um das volle Ausatmungsvolumen der Lunge möglichst vollständig zu nutzen. Dadurch ergibt sich ein Verhältnis von 1:2 zwischen der Dauer der Einatmung und der Dauer der Ausatmung. Wer darauf achtet, macht die Ausatmung, die gewöhnlich von allein passiert, zu einer aktiven Aktion. Im Folgenden stelle ich drei einfache Übungen aus der Yoga-Atmung vor, die den Vagusnerv stimulieren und die helfen, Anspannung und Ängste zu lösen. Die Übungen sind leicht umzusetzen – jede braucht etwa fünf Minuten:

☞ **Bienenatmung:** Eine entspannte Sitzhaltung einnehmen. Durch die Nase einatmen, dann langsam durch den Mund ausatmen. Dabei die Zungenspitze an die Rückseite der Schneidezähne legen und ein summendes Geräusch erzeugen. Möglichst lange summend ausatmen, ohne sich anzustrengen. Den Vibrationen bewusst nachspüren. Dann wieder durch die Nase einatmen. Den Atemzyklus etwa fünf Minuten wiederholen. Die einfache Übung aus dem Pranayama beruhigt schon nach wenigen Atemzüge das parasympathische Nervensystem.

☞ **4/7/8-Atmung:** Vier Sekunden lang langsam und tief einatmen (der Bauch soll dick werden, dicker als vorher), sieben Sekunden halten und dann ganz langsam ausatmen und dabei bis acht zählen. Ich favorisiere die **Atemtechnik »4711«** (die Kölnisch-Wasser-Zahl kann man sich so gut merken), bei der man bei der Ausatmung bis elf zählt, nicht nur bis acht. Diese Übung zwei- bis dreimal täglich möglichst zur gleichen Zeit durchführen. Das entspannt total, die Lunge wird bis in die Tiefe mit Sauerstoff versorgt. Viren und Bakterien werden ausgeschwemmt und die Durchblutung vom Herzen weg (CO_2 raus) und zum Herzen hin (Sauerstoff rein) wird optimiert. Welch ein Glück.

☞ **Wechselatmung:** Klassische Atemtechnik aus dem Yoga. Bequem hinsetzen. Der Daumen der rechten Hand verschließt das rechte Nasenloch, der Ringfinger der rechten Hand das linke Nasenloch. Ringfinger lösen und durch das linke Nasenloch einatmen, die Luft anhalten und das rechte Nasenloch öffnen. Die angehaltene Luft durch das rechte Nasenloch ausatmen und gleich wieder einatmen. Beide Nasenlöcher verschließen, Luft anhalten und links ausatmen. Fünf- bis zehnmal wiederholen. Die Wechselatmung wirkt energetisierend und hilft bei Nervosität und innerer Unruhe.

SOS-Atmung gegen die Panik

Auch wenn einen die Angst zu überwältigen droht, können wir über die Atmung einen Zugang zu unserem Körper gewinnen. Denn die Gedanken sind oft keine Hilfe: Viele Betroffene wissen ja, dass ihnen nicht wirklich Lebensgefahr droht – aber es fühlt sich trotzdem so an. Die Atmung ist blockiert, es wird verzweifelt um Luft gerungen. Selbst wenn es schwer fällt, versuchen Sie trotzdem ruhig ein- und auszuatmen. Dabei hilft ein kleiner Trick:

☞ **Die Lippenbremse:** Legen Sie die Lippen bis auf einen kleinen Spalt leicht aufeinander. Über die Nase einatmen und durch den Widerstand der leicht geschlossenen Lippen wieder ausatmen. Sie sollten ein leises Zischen hören. Konzentrieren Sie sich auf den Vorgang des Atmens. Sie können Ihre Atmung mit Gedanken unterstützen, indem Sie beim Einatmen an das Wort »Ein« und das Ausatmen mit dem Wort »Aus« denken.

Auch wenn es Ihnen am Anfang vielleicht nur ein oder zwei Sekunden gelingt, auszuatmen – machen Sie weiter. Mit der Zeit werden die Atemzüge länger. Durch den Widerstand der Lippenbremse entsteht ein Überdruck in den Atemwegen, die Bronchien weiten sich, sodass sich die Lunge besser der verbrauchten Luft entledigen kann. Der Sauerstoffgehalt im Blut steigt, der Puls senkt sich und Sie werden ruhiger.

Wer zu Panikattacken in Verbindung mit Atemnot neigt, muss sich zu dieser Übung vermutlich überwinden. Hier ist es gut für die Betroffenen, auch im Alltag ohne belastende Situationen die tiefe Bauchatmung zu praktizieren. Sie beruhigt nicht nur, sondern hilft dabei, die eigene Selbstwirksamkeit zu stärken: Ich finde einen Zugang zu meinem Körper. Ich bin Panikattacken und Angstzuständen nicht ausgeliefert. Ich kann mich beruhigen.

Aloha, Om, Summen oder Gurgeln

Eine weitere Möglichkeit, den Vagusnerv zu aktivieren, ist die Stimulation der Kehlkopfmuskeln. Sie befinden sich in der unmittelbaren Nähe zum oberen und rückläufigen Kehlkopfast des Vagus. Wenn der Kehlkopf vibriert, werden die Nervenfasern vom Vagus stimuliert. Anfang der 1990er Jahre führte mich meine Suche nach den Heilkünsten der Weltmedizin nach Hawaii. Dort lernte ich durch einen hawaiianischen Schamanen die verblüffende Kraft der Stille und Intuition kennen. Er stand in der Tradition einer Heilkunst, die ihre Kraft aus dem Urvertrauen der Natur bezieht.

☞ »**Aloha**« ist nicht nur sprachlicher Ausdruck großer Lebensfreude, sondern bezeichnet vielmehr einen bestimmten Atemrhythmus. »Alo« steht für den Moment der Einatmung, »Ha« für den des Ausatmens. Wird der Rhythmus des Luftholens mit der Aussprache der beiden Silben verbunden, führt das automatisch zu Entspannung und innerer Beruhigung. Diese Form der emotionalen Beruhigung durch bewusste Atemtechnik wird auch beim gemeinsamen Musizieren und Singen praktiziert.

☞ »**Ommm …**«: Eine andere Form den Kehlkopfast des Vagus zu erreichen, ist das Chanten (Singen von Mantras). Im Yoga wird Summen oder das Singen von Mantras seit jeher praktiziert. Am bekanntesten ist die sakrale hinduistische Silbe »Om«, mit deren Hilfe eine tiefe Schwingung in der Kehle erzeugt wird.

Um den Vagusnerv zu stimulieren, muss man nicht unbedingt ein Mantra singen. Alle anderen Geräusche eignen sich auch: brummen oder eine Melodie summen. Alles, was für einen funktioniert und wobei man eine Resonanz oder Vibration in sich verspürt. Der Effekt verstärkt sich, wenn das Gesicht entspannt und der Kiefer leicht geöffnet ist. Tief durch die Nase einatmen und so lange tönen, summen oder brummen, bis aller Atem aus dem Körper entwichen ist. Hierbei profitieren wir sogar auf doppelte Weise: Wir stimulieren den Vagusnerv durch die tiefe Ausatmung und durch die Aktivierung seines Kehlkopfastes. Ein Prinzip, das sich im Übrigen auch der Obertongesang zunutze macht, dessen Ursprünge in der Mongolei liegen.

☞ **Gurgeln:** Selbst altbewährte Hausmittel wie Gurgeln stimulieren den Vagusnerv im Kopfbereich. Im hinteren Teil des Mundraumes verläuft der Rachenast des Vagus. In der kalten Jahreszeit habe ich es mir zur Gewohnheit gemacht, nach dem Zähneputzen mit Salzwasser zu gurgeln. Salz wirkt antibakteriell und verhindert, dass sich Erkältungsviren im Mund ausbreiten. Wenn ich gleichzeitig kräftig das Salzwasser im Rachen hin- und herbewege, werden die Rachenmuskeln aktiviert, die den Vagus stimulieren. Eine Win-win-Situation für meinen Körper: Ein gut funktionierender Vagusnerv stärkt das Immunsystem und wirkt Entzündungen entgegen. Wer den Geschmack von Salzwasser nicht mag, kann auch mit lauwarmem Wasser oder Kräutertee gurgeln. Kamillentee ist für seine entspannende Wirkung bekannt und besitzt darüber hinaus antibakterielle Eigenschaften.

Die Gene aufräumen? Das geht!

Kommen wir noch einmal zurück zum Thema Epigenetik: Auch hier haben wir einige Möglichkeiten, auf eigentlich unzugängliche Körperstrukturen (die Gene!) doch zuzugreifen und damit zu mehr Gesundheit und Wohlbefinden zu finden.

Sie erinnern sich: Äußere Einflüsse wie Ernährung, Rauchen, Stress oder Traumata verändern unsere epigenetischen Strukturen. Dabei werden chemische Gruppen an die DNA gehängt oder auch wieder entfernt. Auf diese Weise regulieren unsere Zellen, welche Baupläne sie ablesen, welche Körperstrukturen und Botenstoffe sie damit bauen – und welche nicht.

Heute wissen wir, dass bestimmte Lebensmittel und gesunde Bewegung dabei helfen, »zugeklebte« DNA wieder freizumachen.

Gutes Essen, gute Laune!

Beispiel grüner Tee: Er gilt als äußerst gesund und verbessert in asiatischen Ländern die Krebsstatistik. Epigenetiker haben herausgefunden, warum das so ist. Grüner Tee enthält sehr viel Epigallocatechin-3-Gallat (EGCG). Dieser Stoff mit dem unaussprechlichen Namen aktiviert ein Gen, das Krebs bekämpft. Bei älteren Menschen ist dieses Gen oft stumm geschaltet, weil methyliert – wie ein zugeklebter Ikea-Bauplan, mit dem niemand mehr etwas anfangen kann. Grüner Tee bzw. EGCG kann diese Verklebungen lösen und Gene reaktivieren, wobei einige Menschen grünen Tee nicht gut vertragen. Zum Glück gibt es weitere Wege, mit denen wir selbst unser Epigenom »aufräumen« können.

Zum Beispiel mit Polyphenolen aus schwarzem Tee, Kurkuma oder Brokkoli, die ebenfalls die Fähigkeit haben, abgeschaltete Gene wieder zu aktivieren. Auch Soja-Polyphenole schalten Gene wieder an. Sie tun dies, indem sie bestimmte Enzyme blockieren, die normalerweise die »Kleber« auf den Genen verteilen. So kommt es erst gar nicht dazu, dass Gene überhaupt abgeschaltet werden.

In Brokkoli stecken außerdem Stoffe, die reich an Schwefel sind, wie zum Beispiel Sulforaphan. Diese Verbindungen können ebenfalls dazu beitragen, dass die Markierungen auf unserer DNA korrigiert werden. Eine besondere Rolle spielt dabei die Aktivierung eines bestimmten Genregulators, der Tumorgene unterdrückt – und so das Krebsrisiko senkt.[149]

Ein weiterer Kandidat für epigenetisch wirksame Ernährung ist Vitamin A. Zusammen mit seinen Abbauprodukten reguliert dieses Vitamin zum Beispiel die Entstehung des Embryos, unsere Sehfähigkeit und die Vermehrung unserer Zellen. Darüber hinaus hat Vitamin A Einfluss auf die Gesundheit unserer Hautzellen und unseres Immunsystems. Das sind eine Menge positive epigenetische Effekte – aber Vorsicht: Vitamin A niemals en masse als Nahrungsergänzungsmittel »einwerfen«, weil es gefährliche Nebenwirkungen haben kann.[150] Essen Sie lieber Karotten (am besten mit Butter oder Pflanzenöl, damit Ihr Körper das Vitamin bestmöglich verwerten kann)!

Damit habe ich eine passende Brücke geschlagen zu einem leider viel zu häufig gedankenlos oder aber »überkorrekt« genossenen Glück: Essen. Wem es lediglich »molekularmedizinisch notwendige« oder »möglichst rasche« Nahrungsaufnahme bedeutet, dem entgeht ein Genuss-Kosmos: Ob Festmenü oder Currywurst – das Entscheidende ist, dass die Mahlzeit gut schmeckt, dass man mit Vergnügen isst und – das muss ich auch hier betonen – bewusst genießt und erst einmal keine Angst vorm Dickwerden hat.

Das Wichtigste ist nicht die ständige Beobachtung der Kohlenhydrate, der versteckten Fette und des Nährwerts, sondern der aufmerksame und reflektierte Umgang mit dem, was wir essen und wie wir es tun. Dafür sollten wir uns Zeit lassen. Genießen – ja, aber trotzdem vernünftig und im Wissen über die Zusammenhänge. Noch nie war es so einfach, sich Wissen anzueignen, das auf den eigenen Stoffwechsel zugeschnitten ist. Aber wie gesagt: Noch wichtiger als Detailwissen ist es, ohne Angst und Stress zu essen. Denn diese Gefühle sind die wahren Dickmacher. Sie verführen dazu, zu viel zu essen. Angst und Stress gehören in die mentale Mülltonne!

Schon ein Kind, das die ökologischen Grundlagen erst ansatzweise kennt, merkt schnell, dass eine Tomate, die auf dem Balkon bei der Großmutter oder zu Hause im Garten wächst, besser schmeckt als die wässrige rote Kugel aus Groß-Zuchtanlagen. Am besten schmeckt das Essen, wenn man sich schon mit der Absicht, ja mit dem entschiedenen Vorsatz hinsetzt, es zu genießen. Auch der Wein ist delikater, wenn wir ihm »die Freude abtrinken«, mit der er gezogen, gelesen und gekeltert worden ist. Am köstlichsten schmeckt natürlich immer noch das, was man gemeinsam genießt; der einsame Zecher ist ein trauriges Bild. Geteilter Genuss dagegen ist potenzierter Genuss. Eigentlich weiß das jeder. Kochen bedeutet Zeit, Mühe und Anstrengung – all das ist Voraussetzung für das gemeinsame Feiern des Essens. Kochen und Anrichten in Gesellschaft stimmen besonders intensiv darauf ein. Der betörende Duft der Speisen, das Verwöhnen des Auges durch die einladende Dekoration des Tisches und der Teller steigern den eigenen und den gemeinsamen Genuss.

Genuss beim Essen meint daher nicht Völlerei, sondern auch: maßhalten. Lieber weniger Essen intensiv genießen statt viel Essen kaum oder gar nicht genießen. Wahrer Genuss setzt manchmal sogar Verzichten voraus: Fasten schärft den Geschmackssinn! Das kulinarische Erleben nach Phasen der Zurückhaltung oder karger Ernährung ist intensiver und tritt deutlicher ins Bewusstsein, sowohl in der sinnlichen als auch in der emotionalen Wahrnehmung des Genusses. Auch die Gesundheit geht mit Mäßigung einher, und dazu gehört es, das Gleichgewicht zu finden: das Gleichgewicht mit der Natur und mit sich selbst.

☞ **Grüner Tee, Soja, Brokkoli und Karotten räumen Ihr Genom auf – und Genuss tut Ihrer Seele wohl.**

Turne bis zur Urne: Wer sich bewegt, bewegt was

Es gibt zwar keine wissenschaftlich umfassende Definition, was Leben ist. Doch was unabdingbar dazu gehört, wissen wir: Bewegung ist Leben, innere wie äußere. Ich habe immer viel Sport getrieben, ich musste meinen Körper im wahrsten Sinne des Wortes nach vorne bewegen, jeden Muskel, und ich habe im Sport fast alles mitgemacht, was mitmachbar war: Leichtathletik, Turnen, Schwimmen, Fußball, Handball, Volleyball, Basketball, Tennis, Golf, Tischtennis, Segeln, Billard, aber auch Karate, Tai-Chi, Taekwondo.

Körperliches Bewegtsein hat sehr viel mit dem innerlichen geistigen Bewegtsein zu tun. Wer sich bewegt, kann etwas bewegen, innerlich und äußerlich. Das ist Lebendigkeit. Bewegung ist Körpererfahrung, und sie schafft Lebenslust wie Gesundheitskompetenz. Ich habe mir inzwischen für den Morgen eines jeden Tages ein kleines Ganzkörper-Gymnastik-Programm zusammengestellt: Ich spanne und entspanne jeden Muskel und atme dabei ganz bewusst ein und aus. Ich mache das nicht gezielt als Training, sondern vor allem aus Lebenslust. Durch Übungen, die ich im Yoga, Tai-Chi und Karatetraining gelernt habe, erfahre ich mich auf eine ganz andere Weise als sonst, ich fühle mich gut und gehe nach jedem Training voller Elan in den Tag. Andere laufen oder schwimmen morgens oder gehen abends ins Fitnesscenter; wieder andere spielen Golf. Hauptsache, einmal bewusste Bewegung täglich in jedem Alter; auch das Spazierengehen und Wandern gehören dazu, das haben so viele Menschen vergessen.

Wir wissen heute, dass Sport epigenetische Prozesse beeinflusst und hilft, Entzündungen, Krebs und neurodegenerativen Erkrankungen vorzubeugen oder sie zu heilen.[151] Auch die Hirnleistung und unser Wohlbefinden profitieren auf diesem Wege.[152] Aus Versuchen mit Ratten weiß man zum Beispiel, dass insbesondere Schwimmen die DNA-Methylierung direkt im Hypothalamus beeinflusst.[153] Und auch bei Menschen hat man eindrucksvolle Effekte nachgewiesen:

In den USA wurden acht Jahre lang insgesamt 70 Zwillingspaare beobachtet, bei denen jeweils ein Zwilling sportlich aktiver war als der andere. Und siehe da: Nicht nur waren die aktiveren Personen etwas schlanker, tatsächlich sah auch ihr Genom anders aus. »Es ist bekannt, dass körperliche Betätigung die Anfälligkeit für Fettleibigkeit verringert«, erklärte Studienautor Professor Dr. Michael Skinner. »Aber jetzt sieht es so aus, als ob körperliche Betätigung durch Epigenetik viele Zelltypen beeinflusst, von denen viele an Stoffwechselkrankheiten beteiligt sind«. Auch bekannt als das »metabolische

Syndrom« – ein Risikofaktor für Herz-Kreislauf-Erkrankungen oder Diabetes.[154]

Vielleicht belächeln Sie Mediziner wie Skinner oder auch mich, oder Sie sind sogar leicht verärgert: Ausgerechnet Bewegung anzuraten, übertrifft doch an Sinnlosigkeit das Eulentragen nach Athen meilenweit. Ich erinnere mich noch lebhaft an die Empörung eines Patienten, dem ich mit ähnlichem Rat gekommen bin: »Bewegung?« fragte er böse. »Ich bin Maurer, Herr Professor!« Am liebsten hätte er wohl noch hinzugefügt: »Kein Sesselfurzer wie Sie …!« Und ich hätte ihm nicht einmal böse sein können, denn das Schlüsselwort war wohl, und es ist womöglich auch jetzt, noch nicht deutlich genug geworden.

***»Bewusste* Bewegung«** – das hatte ich gemeint und gesagt, und die ist jedem anzuraten, ob er nun Holzfäller oder Schweigemönch ist. Bei meinem erbitterten Maurerpolier etwa war es so, dass er sich bei der harten täglichen Arbeit viel zu einseitig belastete, was zu schmerzhaften Verspannungen, ja zu Blockaden geführt hatte. Auch dieser beruflich so sehr bewegte Mann brauchte Bewegung, aber zum Ausgleich eben völlig andere als die zur gefährlichen Routine gewordene. Dazu musste er ein Gespür für seinen Körper entwickeln. Und dieses Gespür brauchen auch Sie, wenn Sie den hohen physischen Belastungen Ihrer Arbeit gewachsen sein, ja, und auch weiter und lange Freude an ihr haben wollen.

Der Philosoph Nietzsche hat einmal gesagt: »So wenig als möglich *sitzen*; keinem Gedanken Glauben schenken, der nicht im Freien geboren ist und bei freier Bewegung – in dem nicht auch die Muskeln ein Fest feiern.«[155] Und er hat das »Sitzfleisch« als »die eigentliche Sünde wider den heiligen Geist« bezeichnet. Für die meisten Menschen gilt: Wer sich bewusst und, um mit Nietzsche zu reden, »frei« bewegt, erfährt Entscheidendes über sich. Sie selbst sind sich dann der beste Arzt. Sie selbst merken in der Bewegung, wo es klemmt, am und im Körper, wie es um Ihre Tagesverfassung und um Ihr innerliches oder körperliches Gleichgewicht bestellt ist. Bewusste Bewegung hilft auch, Spannungen zu lösen. Denn »Sitzen und nicht bewegen, ist das neue Rauchen und kann tödlich enden« habe ich mal geprägt. Ebenso als Bewegungsmotto: »Turne bis zur Urne!« Das ist das eine.

Die Neurophysiologie ist das andere: Bei Bewegung ist auch das Gehirn hochgradig aktiv: auf der emotionalen Ebene der Verarbeitung, aber auch in seiner plastischen Entwicklung, weil durch die Bewegung alle Gehirnregionen angesprochen sind. Menschen, die mit den Händen arbeiten, die Klavier oder Flöte spielen, die basteln, Knoten lösen, sticken oder Körbe flechten, die also Tätigkeiten ausüben, die einen synchronen Ablauf von Muskelanspannung und Entspannung, von meditativem Loslassen und Konzentration verlangen, beugen auch Alterungsprozessen vor. Denn solche Tätigkeiten verlangen hohe Aufmerksamkeit und fördern die Durchblutung.

Sie alle kennen diese – manche werden sagen – schreckliche Röhre: den Kernspintomografen. Das segensreiche Gerät vermag nicht nur sehr genaue Bilder aus dem Körperinnern für verlässliche Diagnosen zu liefern, es entschlüsselt auch neurologische, also nervliche Vorgänge. Daher wissen wir, dass in einem bestimmten Areal des Gehirns die Durchblutung zunimmt, wenn wir die Finger bewegen oder andere motorische Aktivitäten entwickeln. Die Mehrdurchblutung erzeugt Wohlbefinden.

Ich mag es, wenn ich meine Muskeln bewege, und ich weiß, dass es anderen Menschen genauso geht. Die Bewegung sollte dabei reiner Selbstzweck sein, und bewusst genossen werden im Gegensatz zu den weitgehend zu Automatismen gewordenen alltäglichen Verrichtungen. Ich laufe zum Beispiel am Wochenende und täglich im Urlaub nicht gezielt irgendwohin, sondern um des Laufens willen. Ich genieße dieses wunderbare Gefühl, wenn alles in Bewegung ist, wenn ich mich »innerlich freilaufe«. Ich wähle dazu bevorzugt Strecken im Wald. Und wenn ich dann dessen Duft rieche und in seine natürliche Lebenswelt eintauche, bin ich auf einmal völlig entspannt. In diesem trotz der Laufbewegung meditativen Ruhezustand kommen mir die besten Gedanken. Viele Entscheidungen treffe ich beim Laufen.

In den Bergen erfahre ich dieses Glück ganz besonders; gerade wir Flachländler erleben diese Welt intensiv: Berge geben mir Kraft und Rückendeckung. Sie ziehen mich hoch, bewegen mich und zeigen mir: Man muss sich anstrengen, um ein Ziel zu erreichen. Wenn man dann angekommen ist, verspürt man die tiefe Genugtuung manchmal fast euphorisch. Man hat die selbstgestellte Aufgabe bewältigt und alle Widernisse des anstrengenden Ersteigens überwunden. Eine Bergwanderung – gerne auch auf Mallorca in der Wärme – ist jedes Mal eine Herausforderung, aber erzeugt auch für kurze Zeit riesiges Glück. Die Zeit bleibt stehen, die Unendlichkeit berührt mich, sie lässt den Kopf abschalten und Sorgen und Ängste verschwinden für einen Moment. Je weiter und je höher hinauf der Weg führt, desto lieber ist er mir. Er gibt mir gerade dadurch Kraft, dass er mir meine Grenzen zeigt und mir gleichzeitig hilft, diese Grenzen anzugehen, sie vielleicht noch ein Stückchen hinauszuschieben. Aber selbst dann, wenn ich nicht weiterkomme, ist das eine gute Erfahrung. Ich habe Wichtiges gelernt.

Auch die Bewegung im Wasser verschafft Glücksgefühle. Ich empfehle Schwimmen nicht nur meinen Patienten – ich selbst habe große Lust daran. Ich habe schon mit vier Jahren das Wasser genossen und bin mit meinen Kindern in ihrem dritten Lebensmonat schwimmen und tauchen gegangen. Tatsächlich lernten sie früher tauchen als krabbeln. Und mein Motto »Turne bis zur Urne« bezieht diesen ersten Lebensabschnitt genauso mit ein wie Kniebeugen oder Tanzen im hohen Lebensalter. Auch hier ist es wieder die Leichtigkeit, die zur Bewegung und zur Anstrengung dazugehört. Wasser nimmt uns die Schwere.

Ich liebe es zu schnorcheln. Das macht meinen Kopf frei und ich bin auch schon mal vor Jahren mit einer Sauerstoffflasche getaucht. Man erlebt dabei die Leichtigkeit des Seins und des Schwebens unter Wasser noch einmal intensiver als beim Schwimmen im Wasser. Wir wissen, dass krebskranke Menschen sich im Wasser auf einmal befreit und gut fühlen. Dass die meisten Menschen das Wasser lieben, hängt möglicherweise damit zusammen, dass wir uns darin an das Wasser im Mutterleib erinnert fühlen, und vielleicht sogar damit, dass das Leben entwicklungsgeschichtlich dem Urozean entstiegen ist. Wir kommen alle aus dem Wasser und haben diese Urerinnerung an einen uns gemeinsamen Raum des Lebendigen als emotionale Qualität noch in uns. Es könnte sein, dass sie in unseren Genen niedergelegt ist.

Schwimmen hat mit rhythmischer, auch mit symmetrischer Bewegung zu tun. Die Muskulatur wird gelockert und gleichzeitig gestärkt. Patienten mit verkrümmter Wirbelsäule, und davon sind beileibe nicht nur Stubenhocker betroffen, können dem Muskelschwund, der durch die Skoliose entsteht, durch Kraulen entgegenarbeiten, neue Kraft gewinnen und Schmerzen verringern. Im Auftrieb des Wassers ist der Druck von oben, vom Kopf abwärts auf die Wirbelsäule, stark reduziert, der Patient kann sich befreit bewegen. Gerade hart arbeitende Menschen profitieren von dieser »weichen« Arbeit im Wasser.

☞ **Sport löst positive epigenetische Veränderungen aus. Ganz gleich ob Laufen, Krafttraining oder Schwimmen – alles ist besser als Sitzen!**

Wir können also viel tun, um unser Gehirn und unsere Seele, unsere Nerven und unsere Gene widerstandsfähiger gegen Angst und Stressschäden zu machen. Doch wie sieht es aus in unserer Arbeitswelt und in der Gesellschaft insgesamt? Können wir auch dort etwas tun gegen Stress, gegen Sorgen, Panik und Angst? Für mehr Lebensfreude für alle?

ARBEIT
Raus aus dem Angstzirkus

Für mich gibt es kaum etwas Beunruhigenderes als ein narkotisiertes Baby auf dem Operationstisch. Es gibt kaum einen schlimmeren Moment, als wenn der Chirurg das Skalpell ansetzt und sich der makellosen Babyhaut nähert. Jaja, ich weiß, dass diese Herzoperation dem Baby das Leben retten wird. Oder: Dass bei männlichen Säuglingen oft ein innenliegender Hoden operiert werden muss. Aber trotzdem! Auch für einen Arzt mit 40 Jahren Berufserfahrung gibt es Angstmomente, die bleiben. Und die vielleicht gerade deshalb kreativ machen: Nicht umsonst lautet das Motto meiner Medizin »micro is more« – ich bin ein leidenschaftlicher Verfechter möglichst schonender und minimalinvasiver Behandlungen … Und ja: Nur selten lässt sich eine berufsbedingte Angst mit einer technischen Innovation aus der Welt schaffen. Oft muss man mitten hindurch. Aber wie? Indem man erst einmal herausfindet, durch welche Tür man eigentlich gehen muss.

Arbeitsangst hat viele Gesichter

Angst im Job hat viele Auslöser, viele Ausprägungen und viele Ausgangstüren. Je nachdem, mit welcher Arbeitsangst wir es zu tun haben, hilft also immer ein anderes Anti-Angst-Mittel. Deshalb müssen wir uns noch mal genauer anschauen, welche Angstauslöser sich rund um den Arbeitsplatz und den damit verbundenen Aufgaben und sozialen Kontakten verstecken – und warum, auch wenn wir als »Wissensarbeiter« im Einsatz sind, uns ausgerechnet unser Körper immer wieder einen Strich durch die Rechnung macht. Hier also ein Kurzbesuch in den fünf Hauptabteilungen der Arbeitsangst: Menschen, Aufgaben und der eigene Körper, außerdem die generelle oder globale Arbeitsangst und die Existenzangst.

Angst vor Menschen, also »soziale Angst« im Job bezieht sich oft auf Angst vor Mobbing (Schikane durch Kollegen) oder vor »Bossing« (Schikane durch Vorgesetzte). Ängstliche Menschen stecken hier oft in einem Teufelskreis: Diejenigen, die sich sowieso schon häufig Sorgen machen oder sich mit Ängsten plagen, sind oft schlimmer von Mobbing betroffen als robustere Naturen. Auch wenn Sie häufig Sätze denken wie »Ich werde hier immer nur ausgenutzt« oder »Alles muss man alleine tun«, haben Sie möglicherweise mit sozialer Angst zu tun. Auch die Angst vor Kundenkontakten, Gesprächen mit Vorgesetzten, Teamarbeit und eine generelle Angst, bei einer Begegnung kritisiert zu werden, gehört zur Abteilung »soziale Angst«.

Die Angst vor schwierigen Aufgaben, vor hohen Anforderungen funktioniert ein wenig anders. Eine solche »funktionale« Angst bezieht sich auf die Furcht, eine Rolle nicht erwartungsgemäß ausfüllen zu können. Wer kennt nicht die Angst vor Überforderung, vor Misserfolg, vor Versagen? Wer kennt nicht die Angst, Fehler zu machen? Auch die Angst vor plötzlichen Veränderungen ist weitverbreitet. Genau wie die Angst vor dem, was plötzlich auf einen zukommen könnte: neue Projekte, neue Probleme, neue Technologie. Das alles sind keine irrationalen Ängste: So viele schnelle technische Veränderungen, so viele Rollenkonflikte (man soll zum Bespiel gleichzeitig Chef und Coach sein), so hohe Belastungen durch Fachkräftemangel vor den Kulissen einer schwankenden Wirtschaft – das ist nicht leicht wegzustecken. Das macht Angst.

Zu den sozialen und funktionalen Ängsten im Job kommt dann auch noch die **Angst um den eigenen Körper:** Was, wenn der eigene Körper am Arbeitsplatz peinlich auffällt, wenn er schwitzt, zittert, wenn er im Gesicht rote Flecken produziert? Wenn er vor

Stress krank wird? Wenn er das lange Stehen oder schwere Heben gar nicht schafft? Oder sich einen Infekt einfängt? Und was sagt man dem Team und den Vorgesetzten, wenn man durch eine bestehende Angsterkrankung oder Depression oder eine körperliche Einschränkung den Aufgaben nicht mehr gewachsen ist?

Zur sozialen, funktionalen und körperbezogenen Angst kommen dann noch **generelle und existenzielle Ängste:** Gemeint ist die Angst, die schon zwei Ampeln vor der Arbeitsstelle den Nacken hochkriecht. Die Angst, nach Feierabend zufällig Arbeitskollegen zu treffen. Die Angst bei der Erinnerung an schreckliche Dinge, die vor langer Zeit im Job passiert sind. Die Angst beim Blick in die Zukunft: die Arbeitsstelle zu verlieren, aus der Arbeitslosigkeit nicht mehr herauszukommen, alles zu verlieren, nackte Existenzangst.

Ich bin kein Psychologe und kein Personaler. Deshalb habe ich für dieses Kapitel eine Vielzahl von Studien zum Thema Arbeitsangst gesichtet und Ihnen hier zusammengestellt, was mir – vor dem Hintergrund meiner Erfahrung als Arzt und auch als Arbeitgeber – für Sie hilfreich schien.[156]

Hinter Arbeitsangst steckt ein Tabu

Menschen, Aufgaben, der eigene Körper, generelle Arbeitsangst, Existenzangst – hinter diesen verschiedenen Ängsten steht etwas ganz anderes, über das wir in diesem Buch noch gar nicht gesprochen haben, weil es sehr schwer ist, überhaupt darüber zu sprechen: Scham.

Tatsächlich hilft uns unsere Angst, uns vor Beschämung zu schützen. Und das wiederum hilft uns, unsere *Integrität* zu bewahren. Integrität kommt vom Lateinischen »integritas« und bedeutet so etwas wie »vollständig« oder »unversehrt«. Gemeint ist die Unversehrtheit unseres Körpers und auch die Unversehrtheit von allem, was uns als Person ausmacht: unsere *Wertvorstellungen*, unsere *Zugehörigkeit* zu bestimmten anderen (ein Dorf oder

Stadtteil, eine Religion oder eine Haltung, eine Interessengruppe oder eine Profession, ein Verein oder eine Fankurve), unsere Bedeutung für bestimmte Andere und Anerkennung von bestimmten Anderen: unsere *Reputation*. Die ist in unseren projektbezogenen Jobs ganz besonders wichtig. Und in unserer ruppigen Social-Media-Shitstorm-Zeit ganz besonders anfällig geworden.

Wie schnell fühlen wir uns (zu Recht!) gekränkt, wenn jemand unsere Identität beschämt (zum Beispiel Herkunft, Glaube, Geschlecht)? Wie tief verletzt, wenn jemand unseren Körper angreift (was bei Sanitätern, Polizisten, Mitarbeitern der Bahn, Journalisten, Lehrern immer häufiger vorkommt)? Wie nachhaltig gerät unser Integritätsgefühl ins Wanken, wenn jemand in unsere Räume eindringt (Büro, Auto, Privaträume) oder unsere Projekte torpediert (Arbeitsergebnisse, Teams, Budgets)?

Wer unsere Integrität verletzt, will uns als Person den Wert absprechen und außerdem unsere soziale Einbindung und Anerkennung infrage stellen. Das führt bei Menschen, denen das Selbstbewusstsein fehlt, solche Attacken direkt in die Schranken zu weisen, zu starken Schamgefühlen. Und dann oft zu ängstlichem Rückzug. (Manchmal auch zu wütender Rache.) Kontinuierliche Scham trägt dann dazu bei, dass sich zum Beispiel Depressionen, Posttraumatische Belastungsstörungen oder soziale Angststörungen aufrechterhalten.[157]

Vielleicht ist Angst vor der Arbeit immer auch eine Angst vor Verletzung der Integrität, letztendlich also Angst vor Beschämung. Nur: Warum trifft uns die Scham überhaupt so tief in der Magengrube? Warum tut sie so weh? Was ist der evolutionäre Sinn?

Möglicherweise ist es so: Scham sorgt dafür, dass ich die eigenen Grenzen fühlen und verteidigen kann. Damit ich bei dem bleibe, was *mir* wichtig ist. Bei dem, was *ich* fühle und brauche. Scham schützt mich – und doch ist Scham ein schreckliches Gefühl. Ein Tabu-Gefühl. Ein oft hinter anderen Gefühlen (Angst, Wut) verstecktes Gefühl. Wenn wir Angst vor und bei der Arbeit loswerden wollen, müssen wir uns die Scham also noch ein wenig näher anschauen.

☞ **Hinter der Angst versteckt sich oft ein noch stärkeres Gefühl: Scham.**

Aktiv werden – statt maulen und vermeiden

Eine Beschämung durch Vorgesetzte, Kunden und Kollegen kann als ein so schreckliches Erlebnis empfunden werden, dass sie Menschen zu Reaktionen treibt, die alles noch schlimmer machen. Diese Reaktionen können ganz leise sein oder sehr laut.

Grübeln, Sorgen und sich in Wunschdenken versteigen sind leise. Vermeidungsstrategien, Rückzug und Ausweichen sind stumm. Maulen, jammern, klagen sind oft (nicht immer) flüsternd. Alle diese Reaktion laufen auf das Gleiche hinaus: nichts tun; still und passiv bleiben vor Angst. Doch das Nichtkonfrontieren mit Menschen und Situationen, die einen beschämen wollen oder beschämt haben, macht letztendlich noch mehr Angst. Ist also keine gute Idee.

Doch auch die laute Reaktion hilft nicht weiter: Zurückschreien, wilde Rache üben, laut um Hilfe rufen in der Hoffnung auf einen Retter. Das alles mag sich kurzfristig entlastend anfühlen, funktioniert aber nicht als Anti-Angst-Strategie und erst recht nicht als Anti-Scham-Strategie – weil es unprofessionell wirkt. Inkompetent. Un-erwachsen. Der eigenen Reputation im Job hilft es jedenfalls nicht.[158]

Beide Strategien – still und passiv zu bleiben oder laut und emotional zu werden – machen die Angst vor der Arbeit nicht besser, sondern schlimmer. Was stattdessen hilft, ist überlegte Aktivität. Die Erschließung der eigenen Ressourcen in dem Wissen, dass Angst, Scham, Überforderung am Arbeitsplatz zum Menschsein dazugehören. Schon immer. Und dass wir gerade deshalb unsere Situation so gut wie möglich kontrollieren können und sollten – auch wenn wir eine hundertprozentige »Problemfreiheit« nie erreichen werden. Das ist normal! Verschiedene psychologische Studien zeigen, dass es vor allem das subjektive, rationale »Gefühl der Kontrolle« ist, das gegen Arbeitsplatzangst wichtig ist. Und damit kommen wir zu dem, was Sie konkret gegen Ihre Arbeitsangst tun können. Wirksam, weil auf den Punkt.

☞ **Wenn die Job-Angst sich meldet: Puls runterregeln, Kopf einschalten, kontrolliert handeln. (Nicht schreien!)**

Rational handeln – statt nur gefühlsgetrieben

Der erste Schritt raus aus der Angst besteht darin, sich überhaupt erst mal einzugestehen, dass Angst ein Thema ist, in dem man drinsteckt. Schon allein das Betroffensein empfindet manch einer als beschämend und duckt sich vor dem Thema weg – was natürlich nicht weiterhilft. Also bitte, »Ja!« sagen zur Angst. Die Universität Potsdam schlägt folgenden inneren Dialog vor:[159]

> *»Versuche zu verinnerlichen, dass Gefühle von Unzulänglichkeit und Enttäuschung universal sind (…) menschlich sind (…) Jede und Jeder von uns erlebt diese Gefühle hin und wieder (…) die meisten Menschen haben sich (als Kinder) zum Beispiel schon einmal in der Öffentlichkeit in die Hose gemacht oder ähnliche Missgeschicke erlebt (…) Du bist nicht allein (…) Wir alle teilen das (…) auch schmerzhafte und leidvolle Erfahrungen gehören zu unserem menschlichen Leben dazu (…) Sage zum Beispiel zu dir selbst: ›Die Gefühle, die ich in schwierigen Situationen und Zeiten in meinem Leben erfahre, sind die gleichen Gefühle, die auch andere erfahren‹. (…) Keiner ist perfekt oder immun dagegen, Angst und Scham zu verspüren.«*

Dann kommt der zweite Schritt: herausfinden, wo genau die Angst sitzt. Ist es eine soziale oder eine funktionale oder eine körperliche oder eine allgemeine oder eine existenzielle Angst? Oder alles zusammen? Und schließlich der dritte Schritt: gezielt gegensteuern. Vielleicht hilft es Ihnen, ein Stimmungstagebuch zu führen und auszuwerten, um die Wirkung Ihrer Gegenmaßnahmen zu beurteilen und rechtzeitig gegensteuern zu können, wenn sich Panik am Horizont zusammenbraut.

Die meisten der folgenden Ideen stammen aus medizinischen oder psychologischen Studien, in denen Menschen befragt wurden, die ihre Angst am Arbeitsplatz überwinden oder überwunden haben. Hier sind meine besten Anti-Angst-Hacks für Sie. Ohne Anspruch auf Vollständigkeit (und ohne Geling-Garantie, denn am Ende müssen Sie sowieso selbst herausfinden, was Ihnen guttut und was zu Ihnen passt.)

Raus aus der Angst vor Menschen

Dass ein probates Mittel gegen soziale Ängste ausgerechnet soziale Kontakte sein sollen, klingt zunächst seltsam. Aber Menschen zu meiden, macht die Angst vor Menschen nur noch größer. Deshalb ist es eine gute Idee, die Isolation immer wieder zu durchbrechen und gute Beziehungen zu pflegen, auch wenn man sich dabei unbehaglich fühlt. Es muss ja nicht die große After-Work-Party sein, wie wäre es mit einem Espresso zu zweit, mit dem netten Kollegen oder der neuen Kollegin? Es muss auch nicht gleich der große Vortrag auf der Konferenz sein, wie wäre es, endlich einen Kanal zu finden, um die eigene Meinung zu sagen? Vielleicht per Mail an den Chef, via LinkedIn an eine Expertin? Es geht darum, grundsätzlich Teil der Gemeinschaft – des Teams, des Unternehmens, der Branche – sein zu wollen, statt sich aus Angst gleich von Aktivitäten auszuschließen.

Es geht darum, überall dort mitzumachen, wo es sich gut anfühlt. Und es geht darum, in toxischen Beziehungen, in Lästerkartellen, in Mobbing-Clubs nicht mehr mitzumachen und dysfunktionale Teile des Netzwerkes stillzulegen. Wer aus der Angst vor Menschen raus will, muss rein in das resiliente Handeln: Damit ist die Fähigkeit gemeint, produktive und konstruktive Teile des eigenen Netzwerks zu aktivieren. Und zwar aus einer rationalen, starken Haltung heraus (»Hallo, ich brauche hier deine Expertise, ich schätze deine Unterstützung sehr!«) und nicht aus einer bedürftigen Haltung heraus (»Hilfe, ich fühle mich so überfordert, niemand achtet auf meine Bedürfnisse!«).

Jammern und Klagen sind letztlich unprofessionell, und doch ist es manchmal schwer, aus dem emotionalen Loch herauszukommen und den Schritt zu einer abgeklärten, rationalen, resilienten Haltung zu schaffen. Wenn die eigene Kraft dazu nicht reicht, gönnen Sie sich professionelle Hilfe: Fragen Sie Ihren Hausarzt, Ihre Krankenkasse oder professionelle (!) Coaches oder Therapeuten. Oder tauschen Sie sich mit anderen Betroffenen aus (außerhalb der Arbeit!).

☞ **Soziale Angst ist ein verbreitetes Phänomen, Sie können sicher sein, dass Sie damit nicht allein sind. Gehen Sie trotz Ihrer Angst auf Menschen zu.**

Aber ist Ihre Angst vor Menschen im Job überhaupt eine »Störung«? Oder eine gesunde Reaktion? Das ist ein wichtiger Unterschied! Denn: Wenn Ihre Angst vor Menschen im Unternehmen gar nicht Ihr individuelles Problem ist (Angststörung), sondern das Problem von Ihrem Gegenüber ausgelöst wird (Stichwort »dunkle Triade« aus Narzissmus, Machiavellismus, Psychopathie) oder von den Strukturen Ihres Unternehmens (unklare Rollen, unerreichbare Ziele, dysfunktionale Prozesse) – dann wenden Sie sich bitte nicht nur an Ihren Parasympathikus, sondern an Ihre Personalabteilung. Oder an den Betriebsrat, an Gleichstellungsbeauftragte, Arbeitsrechtler, bei strafrechtlich relevanten Mobbing-Vorfällen an die Polizei. Strukturelle

Probleme sind nicht individuell lösbar, Sie brauchen also kein »schlechtes Gewissen« zu haben, wenn Sie sich offizielle Unterstützung organisieren.

☞ **Holen Sie sich Unterstützung, wenn Sie im Job berechtigte Angst haben. Diese Hilfe steht Ihnen in unserem Rechtsstaat zu.**

Aber das ist der letzte Schritt – davor kann man vieles tun, was viel niederschwelliger ist und hilft, Eskalationen von vornherein zu vermeiden. Es klingt ein bisschen lapidar, aber: Wie wäre es mit einem Hund? Fragen Sie nach: Viele Firmen erlauben heute Hunde im Büro. Wir haben unseren Bürohund immer dabei. Hätte er eine Jobbeschreibung, stünde da: »Er baut zuverlässig Stress ab, fördert die Kommunikation unter den Mitarbeitenden, regt zu gemeinsamen Spaziergängen an und steht zum Streicheln bereit, um das Kuschelhormon Oxytocin im Körper der Mitarbeitenden zu aktivieren und so zuverlässig die Stimmung am Arbeitsplatz zu heben.« Macht er prima. Kann ich nur empfehlen.

Schluss mit der Angst vor Aufgaben

Jeder kennt sie: Aufgaben, die man tagelang vor sich herschiebt. Lästige Formulare ausfüllen, schwierige Anträge schreiben, komplizierte Verträge prüfen – oft sind es Dinge, die langweilig oder zu schwierig, aber eben wichtig sind. Für manche Menschen wird dieses ängstliche Vor-sich-Herschieben zum Dauerzustand. Die Angst wird immer größer. Das belastet die Betroffenen und wird irgendwann zu einem Risikofaktor für das Unternehmen. Die Angst vor Kündigung ist dann sogar berechtigt. Was hilft?

Im Beruf: Routinen entwickeln, möglichst dem eigenen Arbeitsrhythmus folgen. Große Aufträge in überschaubare Teile zerlegen. Und die Dinge wie ein Regisseur angehen: sich um die Details kümmern, aber immer wieder herauszoomen, um das große Ganze zu sehen. Wo stehe ich? Wie viel Zeit habe ich? Wie viel Budget?

Bei widersprüchlichen Anforderungen und unklaren Zielen hilft es, die eigene Rolle zu klären. Das ist in Familienbetrieben und Start-ups besonders schwierig: Da ist man zum Beispiel gleichzeitig Fachexperte und Vorgesetzter, Moderator, Vater und Gründer. (Kenne ich. Ist gar nicht so einfach, aber machbar.)

Studien zur Angst am Arbeitsplatz zeigen, dass Betroffene kleine Tricks entwickeln, um sich Mut zu machen: Sie schreiben sich eine Liste mit ihren Talenten und hängen sie an den Computer oder drucken Kundenfeedback aus und hängen es an die Pinnwand. So sehen sie schwarz auf weiß: »Ich kann das. Ich schaffe das.« Empowerment suchen Betroffene auch im Privaten: Sie übernehmen neue Rollen in der eigenen Familie oder engagieren sich ehrenamtlich als Experten für Angststörungen. Viele betätigen sich auch kreativ (Kunst, Handwerk, Kochen etc.), um das Vertrauen in die eigene Selbstwirksamkeit zu stärken.

Bei der Angst vor Aufgaben gilt übrigens das gleiche »Aber« wie bei der Angst vor Menschen: Wenn Ihre Angst nicht auf einer individuellen Angststörung beruht, sondern darauf, dass das Unternehmen Ihnen ein absurdes Arbeitspensum aufbürdet, reicht es nicht aus, die Probleme »wegzuatmen«. Strukturelle Probleme lassen sich nicht emotional, sondern nur rational bewältigen. Also: Aufgaben und Arbeitszeiten überprüfen lassen. To-do-Listen mit kühlem Kopf abarbeiten. »Nein!« sagen zu Anforderungen, die nicht erfüllbar sind.

Lassen Sie emotionale Manipulationsversuche möglichst abperlen. Weisen Sie Moralpredigten zurück: Ein Unternehmen (auch ein Familienunternehmen) ist nicht das Gleiche wie eine Familie, ist nicht das Gleiche wie ein Freundeskreis – sondern eine effizienzlogisch funktionierende Organisation, in der Sie keine kostenlosen Liebesdienste, sondern vertragsgemäße Leistungen erbringen. Gerne auch mit Herzblut, aber eben nicht kopflos! Wenn Sie das für sich klar trennen können, steigt sogar Ihre Reputation im Unternehmen, und aus Erfahrung kann ich Ihnen sagen: Das hilft auch gegen Ihre Rückenschmerzen.

☞ **Optimieren Sie Ihre Routinen, klären Sie Ihre professionelle Rolle und sagen Sie »Nein!« zu emotionaler Manipulation.**

Die Angst um den eigenen Körper überwinden

Tatsächlich treten körperliche Erkrankungen und Ängste häufig gemeinsam auf und können sich gegenseitig verstärken. Der Körper bietet also einen »Hebel« gegen die Angst. Für Sie bedeutet das: Essen Sie gesund und regelmäßig. Gehen Sie an die frische Luft, bewegen Sie sich draußen, kleine Schritte sind besser als gar keine. Eine Metastudie der Universitäten Dunedin (Neuseeland), Oxford und Zürich zeigt,[160] dass es sogar egal ist, mit welchem Sport Sie gegen die Angst anarbeiten – Hauptsache, Sie bewegen sich überhaupt. Ich sage immer: Es reicht in der Regel, zehn Minuten am Tag etwas für seine Gesundheit zu tun: spazieren gehen, Dehnübungen oder Muskeln aktivieren. Wir können auch im fortgeschrittenen Alter sterbende Muskelzellen reaktivieren. Seit meiner Kindheit mache ich jeden Tag Dehnübungen, dazu ein bisschen Kraftübungen. Und ich bin viel an der Luft, gehe spazieren, fahre Fahrrad, versuche die Sonne zu erhaschen.

Entspannen Sie sich, atmen Sie tief durch und schlafen Sie regelmäßig. Schlaf hilft dem Körper, die Angst zu vergessen! Und überlegen Sie einmal ganz nüchtern, wie viele Muntermacher (Kaffee, Nikotin) im Job Ihnen wirklich guttun und ob Sie nach Feierabend wirklich so viele Angstbremsen (Alkohol) brauchen – oder ob Sie das nicht anders regulieren können …

Und noch ein Trick, um die Perspektive auf den eigenen Körper zu verändern: Sehen Sie die Angstreaktionen Ihres Körpers nicht als Schwäche, sondern zum Beispiel als Countdown für einen Raketenstart: Ihr Körper ist stark und bereit, sich einer beängstigenden Situation zu stellen. Klingt doch gleich viel cooler, oder?

Und nun die strukturellen Hebel: Stimmt Ihre Arbeitsbelastung mit Ihrer tatsächlichen Leistungsfähigkeit überein? Wenn nicht, kommunizieren Sie Ihre Überlastung. Wenn es nicht anders geht, versuchen Sie, mit dem Arbeitgeber eine Lösung zur Verkürzung der Arbeitszeit oder einen anderen Aufgabenbereich zu finden. An weniger Tagen sehr gute Leistungen zu erbringen, statt im Vollzeitjob immer wieder komplett auszufallen, könnte Gefallen finden.

☞ **Kümmern Sie sich um Ihren Körper, verstehen Sie seine Reaktionen – dann lässt er Sie nicht im Stich.**

Existenzielle Angst kann wie ein Sprungbrett wirken

Die Auseinandersetzung mit existenziellen Ängsten kann dazu führen, die eigene Freiheit und die eigene Verantwortung klarer in den Blick zu bekommen. Der bewusste Blick in den existenziellen »Abgrund« kann motivieren, nach Sinn und Bedeutung (oder dem persönlichen Glauben) zu suchen. Gemeint ist ein höherer Sinn (nicht nur Quartalszahlen), gemeint sind eigene Ziele (nicht der »Purpose« des Unternehmens). All dies kann persönliches Wachstum auslösen.

Dazu braucht es eine Differenzierung im inneren Dialog: Ist wirklich alles nur schwarz oder weiß? Supergut oder grottenschlecht? Senden Sie, wenn Ihr Hirn mal wieder auf den Schwarz-weiß-Modus umschaltet, ein klares: »Moment mal, da oben!«, »Hör auf, Menschen zu idealisieren oder zu dämonisieren! Schluss mit dem Drama- und Katastrophendenken! Was ist mit den Zwischentönen?« Das führt zu einem differenzierteren Denken und zu weniger Scham und Angst. (Ausnahme: Sie leiden unter Zwangsgedanken, die Sie partout nicht abstellen können – in diesem Fall kontaktieren Sie einen darauf spezialisierten Profi.)

Stecken Sie immer wieder im Katastrophendenken fest, können Sie auch in Eigenregie eine »kognitive Neubewertung« versuchen. Hier eine gekürzte Fassung einer Folge von Fragen, die die Universität Potsdam ausgearbeitet hat:[161]

»Was könnte jetzt wirklich Schreckliches
passieren, schlimmstenfalls?
Wie wahrscheinlich ist es, dass das tatsächlich eintritt?
Angenommen, deine schlimmsten Befürchtungen
würden tatsächlich wahr werden, wie würdest du
mit der Situation umgehen? Was spräche dafür,
dass du auch das bewältigen könntest?
Muss man sich überhaupt in einer
solchen Situationen schämen?
Muss man überhaupt ängstlich sein?
Welche Auswirkungen hat es auf das Leben,
wenn man sich kaum schämt und Angst hat?
Wenn du die gewählte Situation in der Realität
erleben würdest, wie müsstest du diese bewerten,
damit sie nicht mehr beschämend
und angstauslösend auf dich wirken würde?«

Akzeptieren wir die existenzielle Angst, sie ist Teil des Lebens. Für alle Menschen. Manche machen sich nur keine Gedanken darum. Akzeptieren Sie auch Ihre Angststörung, Ihre Zwangsstörung, Ihre Depression – diese kann eine Krankheit wie Diabetes sein oder die Folge einer schwierigen Vergangenheit. Niemand muss sich deswegen schuldig fühlen oder schämen. Es passiert einfach. Man wird nicht gefragt. Aber man kann sich fragen, was man tun kann, um Lebensfreude zurückzugewinnen.

Ein letzter Punkt, der besonders wichtig ist: Bitte trennen Sie Ihre Angst von Ihrer Persönlichkeit.

☞ **Sie *sind* nicht Ihre Angst. Sie haben mit Angst *zu tun*. Das ist gut so. Denn Angst kann ein Wegweiser zur Veränderung sein.**

In zehn Sekunden raus aus der Angst

Manchmal ist keine Zeit für lange Reflexionen und Interventionen. Da muss die Angst sofort weg. Weil ein Job sofort fertig werden muss. Hier acht unauffällige Anti-Angst-Hacks, die innerhalb von nur zehn Sekunden wirken.

☞ Füße kreisen lassen, Zehen anspannen und entspannen
☞ Still lächeln, auch wenn es nichts zu lachen gibt
☞ Unter dem Tisch einen Anti-Stressball quetschen
☞ An einen schönen Strand oder Wald denken (oder im Netz anschauen)
☞ An ein starkes persönliches Vorbild denken
☞ An einem Fläschchen Pfefferminzöl oder Lavendelöl riechen
☞ Falls es einen gibt: den Bürohund streicheln
☞ »Nein!« sagen (dauert nur eine Sekunde)

Kleines Nein, große Wirkung

Anspannung – Entspannung: In der Balance liegt das Geheimnis jeglichen Wohlbefindens. Weder geht es dem Menschen gut, wenn er unentwegt arbeiten muss, immer unter Druck steht und im Stress ist, noch fühlt er sich wohl, wenn er nicht mehr gefordert wird und tagein, tagaus nur noch damit beschäftigt ist, die Beine hochzulegen. Die Belastung ergibt sich, solange wir im Arbeitsleben stehen, von selbst. Für die Entlastung müssen wir sorgen. Die kommt nicht von allein. Ein Anfang ist, zu schauen: Was will ich eigentlich … *nicht*?

Viele Menschen orientieren sich an den Maßstäben anderer und tappen in die »**People-Pleaser-Falle**«. Sie wollen es allen recht machen aus Angst vor Ablehnung. Sie sind natürlich sehr beliebt, weil sie zu allem »Ja!« sagen und ihre eigenen Bedürfnisse verleugnen.

Wer immer automatisch »Ja« sagt, immer für andere da ist und sich immer (»Ja gerne doch, kein Problem!«) zu viel aufbürden lässt, hat oft Angst vor Ablehnung – anders gesagt: Es fehlt an Selbstwertgefühl und an Selbstbewusstsein. Denn ein »Nein« führt selten zum Abbruch der Beziehung, selten zum totalen Chaos im Job, selten zur Kündigung. Und wenn doch: Welche Qualität hatte diese Beziehung, dieser Job? Fakt ist: Wer immer und immer wieder die Bedürfnisse anderer über seine eigenen stellt und dabei immer und immer wieder über die Grenzen seiner Belastbarkeit geht, riskiert nicht nur seine Autonomie, sondern auch seine Gesundheit. Wer stattdessen mit gesundem Selbstbewusstsein »Nein!« sagt zu einem zusätzlichen Projekt, einer untergeschobenen Verantwortung, einem »kleinen Gefallen«, der spart sich von vornherein jede Menge Stress, Sorgen und Ängste.

Natürlich: Als soziale Wesen brauchen wir andere, brauchen wir Gemeinschaft. Ohne andere Menschen und sichere Beziehungen fühlen wir uns unsicher. Das Bedürfnis nach Bindung und Zugehörigkeit ist entscheidend für unsere Lebensqualität. Und doch: So sehr wir uns nach menschlicher Nähe sehnen, so sehr fürchten wir sie manchmal auch. Die Kehrseite ist unsere Verletzlichkeit, wenn wir uns öffnen. Ganz extrem im Zustand der Verliebtheit. Unsere Gedanken kreisen um diesen besonderen Menschen, unser Herz geht auf und der Himmel lacht. Herzflimmern. Was aber, wenn er oder sie die Zuneigung nicht erwidert?

Manche haben so viel Angst vor Zurückweisung, dass sie ihre Gefühle nicht zeigen – und damit die Chance auf Liebe verpassen. Vor allem Menschen, die in ihrer Kindheit keine echte Nähe erfahren haben, vermeiden oft enge Bindungen – zu groß ist die Angst, alles zu verlieren und wieder allein zu sein. Die Angst vor Liebesverlust äußert sich aber auch anders: in der Angst vor Konflikten. Und das heißt, auch in der Angst, laut zu sagen: »Nein!« Und doch müssen wir Grenzen setzen, um uns selbst zu schützen: unsere Gesundheit, unsere Lebensfreude.

Die ersten Male »Nein!« zu sagen, kostet Überwindung, wird

aber oft überraschend schnell akzeptiert. Oder wie es der französische Schriftsteller Nicolas Chamfort (1741–1794) bereits im 18. Jahrhundert so treffend formulierte: »Die Fähigkeit, das Wort Nein auszusprechen, ist der erste Schritt zur Freiheit.«

☞ **Mehr Mut zum Nein! Grenzen setzen!**

Das ist nicht einfach, das weiß ich. Denn eine Entscheidung zu treffen, bedeutet immer auch Mut und die Bereitschaft, sich auf Unbekanntes einzulassen. Schließlich kann das Neue auch schiefgehen: Der tolle Job *könnte* sich als Rohrkrepierer entpuppen, die neue Beziehung als Fortsetzung der alten. Alarm im Oberstübchen: »Hilfe, das fühlt sich gefährlich an!« Und so bleiben viele in vermeintlicher Sicherheit stecken.

Angst und Mut sind bei jeder Entscheidung zwei Seiten der gleichen Medaille. Kommt es zu keiner Entscheidung, bleiben wir im archaischen »Gefrorensein« stecken, wir können regelrecht erstarren. Verpasste Chancen werden später, oft am Lebensende, bereut: Hätte ich doch nur den Mut gehabt. Natürlich sollte jede Entscheidung gut überlegt und nicht impulsiv getroffen werden – **ohne Klugheit wird Mut zu Tollkühnheit.**

Knoten lösen

Am Ende muss man springen. Oder wie es Mark Twain formuliert hat: »In 20 Jahren wirst du mehr enttäuscht sein über die Dinge, die du nicht getan hast, als über die Dinge, die du getan hast. Also löse die Knoten, laufe aus dem sicheren Hafen aus und erfasse mit deinen Segeln die Passatwinde. Erforsche. Träume. Entdecke.«

Damit sind die Knoten der Taue gemeint, die Schiffe im Hafen halten. Klar. Und doch erinnert mich diese Metapher an eine andere, die eng verwoben ist mit einer meiner Kindheitserinnerungen: Als kleiner Junge graute mir vor einer »Fummelarbeit«, die einerseits mühsam war, mir aber andererseits eine wichtige Lehre bescherte: Wenn ich damals bei meiner Großmutter war oder sie bei uns, musste ich häufig beim Einpacken von Sachen helfen und die Bänder verknoten. Oder, schlimmer noch, ich sollte Knoten lösen. Oma hatte jede Menge verknotete Paketbänder und Schnüre von Verpackungen in einem großen Korb gesammelt, und ich durfte die Knoten mit meinen kleinen feingliedrigen Händchen aufdröseln. Wegwerfen kam damals nicht infrage. Man wusste ja nie, was man wann wieder würde brauchen können! Dicke, dünne, mehrfach verschlungene, ganz fiese kleine und festgezurrte Knoten – mit Verknäuelungen aller Art musste ich mich rumschlagen.

Ich habe geschwitzt und mich gequält. Meine Großmutter hat sich über meine Anstrengung sichtlich amüsiert – und mir zum Zeitvertreib derweil Geschichten erzählt. Deshalb habe ich meine Arbeit gemacht. Die Ver- und Entknoterei selbst fand ich schrecklich. Leider war es meine Großmutter zunehmend auch nach dieser Zeit. Sie toppte den Erziehungsstil meines Vaters. Und trotzdem: Die Pfriemelarbeit hat mir in meinem Leben geholfen. Heilkunstvolles »Knoten« ist im übertragenen Sinne auch das, was ich mache, wenn ich mikrotherapeutisch tätig bin. »Entknoten« helfen sollen hingegen u. a. meine Vorschläge zur Lösung von Problemen in der Medizin, im Gesundheitswesen und der Gesundheitswirtschaft.

Und bis heute zerreiße ich nicht einfach Umhüllungen von Paketen oder zerschneide ihre Bänder. Wenn ich Geschenke oder andere Sendungen auspacke, dann geschieht das jedes Mal in Andacht und in inniger Erinnerung an Liebe, Lehren und Lebensweisheiten meiner Großmutter. Jeder Knoten wird sorgfältig aufgepult. Die kindliche Plackerei verklärt sich rückblickend im Erkenntnisgewinn, den ich daraus gezogen habe: Geduld lohnt sich. Beruflich habe ich von dieser Einsicht unendlich profitiert.

☞ **Probleme lösen ist wie Knoten entwirren. Nur zu!**

Vom Glück der Leistung (auch mit Angst!)

Der Volksmund kennt die Rückkopplung von Last und Lohn und bringt sie auf die uns allen bekannte Formel: Hunger ist der beste Koch. Und sogar die Bierwerbung hat erkannt: Bier wird durch Durst erst schön. Anstrengung oder Mangel einerseits sowie Freude oder Erfüllung andererseits sind keine Gegensätze. Ein Kind freut sich, wenn es mit großer Mühe einen Turm gebaut hat und dieses Bauwerk dann endlich steht. Es ist die Freude, die aus der Gestaltung und aus der eigenen Leistung erwächst. Diese simple Erfahrung ist uns weitgehend verloren gegangen, weil wir Durststrecken und Frustrationen nicht mehr ertragen wollen.

Sind wir darauf aus, alles, was anstrengt, zu vermeiden? Wollen wir Leiden entweder nicht wahrhaben oder von vornherein ausschalten? Sind wir degeneriert zu einer »Deo-Gesellschaft«: Alles Unangenehme parfümieren wir und schminken es auf? Alles in irgendeiner Form Ge- oder Zerstörte wird sofort repariert oder wenigstens übertüncht?

Ja: Wir machen alles »easy«. Nicht von ungefähr ein englisch-amerikanischer Begriff, das deutsche »leicht« ist dafür noch zu tiefschürfend oder einfach nicht »cool« genug. Mit zahllosen »Endgeräten« lassen wir uns unterhalten, jetzt nimmt uns Künstliche Intelligenz auch noch das Denken und Erinnern ab: An diesem Fehlen eigener Anstrengung krankt die Menschheit weltweit zunehmend in der Erziehung, in der Politik und im persönlichen Leben: Wir wollen erfolgreich im Sport sein und uns doch ums Training drücken. So tief sitzt bereits der Defekt.

Bei einer solchen Grundhaltung kann sich Freude kaum einstellen. Sie ist wie das Glück der Leistung ein dialektischer Prozess, also nur mit Schau- *und* Kehrseite der Medaille zu haben: Was im Moment sehr frustrierend, ja womöglich quälend ist, das kann im nächsten Moment tiefe Befriedigung bereiten.

Das Leben lehrt: Freude gewinnt an Intensität durch das Bestehen von Herausforderungen und ihre Bewältigung. Oder, nach Goethe: »Tages Arbeit! Abends Gäste! Saure Wochen! Frohe Feste!« Das aus Anstrengung geborene Glück ist für mich der Ernstfall des Lebens. Mit Fröhlichkeit wird es nicht nur leichter, akute Probleme anzugehen – die Arbeit am Problemlösen wird auf diese Weise selbst zu einem Teil der Fröhlichkeit.

Freude und Fröhlichkeit sind, anders als Fun und Spaß, nicht auf schnellen Konsum und oberflächliches Vergnügen aus. Durch Leiden hindurchzugehen und Schwierigkeiten zu meistern, schafft tief erfüllende Freude. Und das gilt nicht nur für eine überstandene Krankheit. Auch die Theorieprüfung für den Führerschein kann dazu führen: Mag das Bauchweh vorher noch so groß gewesen sein – wie strahlend dann erst die Freude, wenn die Zitterpartie geschafft ist und man als Lohn den »Lappen« in Händen hält.

☞ **So mancher Ernst des Lebens wandelt sich zu einem aus Anstrengung geborenen Glück.**

Wer nicht genießt, wird ungenießbar

Es klingt paradox: Aber gerade meine schweren Herzerkrankungen haben mir Kraft gegeben. Denn in diesen Momenten habe ich verstanden: Bewusstes Innehalten ist heilsam, auch wenn es im Job heiß hergeht. Es ist möglich, zu arbeiten, ohne unangenehme Gefühle wie Angst oder Wut zu unterdrücken. Gerade wenn es im Krankenhaus um Leben und Tod geht, ist es wichtig, das Körpergefühl und die Selbstwahrnehmung nicht zu verlieren.

Körper und Geist funktionieren am besten, wenn die sympathischen Nerven eben nicht Dauerfeuer geben, sondern ihrem Gegenspieler, dem Parasympathikus, immer wieder das Ruder überlassen. Das geht nur, wenn wir vor und nach der Arbeit bewusst Entspannung suchen. Oder, und das ist vielleicht noch wichtiger, wenn wir uns *in* der Arbeit entspannen.

Dass dies möglich ist, hat Mihály Csíkszentmihályi in seiner Theorie des »**Flow**« im Sinne von »Fließenlassen« eindrucksvoll beschrieben, und sicher kennen auch Sie dieses »Arbeitsgefühl«: Sie gehen völlig in dem auf, was Sie tun. Sie spüren keine Ablenkung von außen oder innen – Ihre Sorgen sind weg! Die Zeit vergeht wie im Flug. Und was Sie dann schaffen, ist befriedigend für Sie und produktiv für Ihre Arbeit. Ein solcher Zustand ist nur möglich, wenn das, was Sie tun, Sie gerade richtig fordert: Die Aufgabe ist weder zu schwer (das wäre frustrierend) noch zu leicht (das wäre langweilig). Interessant ist, dass man in einem solchen Flow nicht fieberhaft auf das Ergebnis hinarbeitet (»Wann ist es endlich fertig?«), sondern das Tun selbst als beglückend erlebt.

Wenn man das Glück hat, den genau richtigen Beruf und Arbeitsplatz erwischt zu haben, dann kann sich ein solches Flow-Gefühl auch im Job einstellen. Viele Menschen haben dieses Glück leider nicht: ihre Jobs sind repetitiv und damit langweilig, oder sie sind so chaotisch, dass sie zu permanenter Überforderung führen.

Dann tun die einfachen, unmittelbaren Erlebnisse zu Hause und in der Freizeit gut – diese glücklichen Momente, in denen man ganz mit dem, was man ist und mit dem, was man tut, verschmilzt: Mit den Kindern lachen und spielen, singen, lesen, sporteln, im Garten oder auf dem Balkon arbeiten, backen oder kochen oder mit der Liebsten oder dem Liebsten im Garten sitzen und die Seele baumeln lassen …

Ich selbst komme in der Küche am besten in Fluss, wenn ich mit Anja koche – sie kocht viel mehr als ich, tagtäglich – und wir uns necken und gemeinsam herzhaft lachen. Zusammen haben wir sogar ein Buch über Ernährung herausgebracht, die »Grönemeyer-Formel für gesundes Essen«. Wir kochen gerne nach den Prinzipien des Ayurveda, die uns seit langer Zeit inspirieren.

Ziel dieser indischen Heilkunst, auch der Kochkunst, ist es alle Sinne in Einklang zu bringen: sehen, riechen, schmecken, hören, fühlen, denken, meditieren und glücklich sein. Das Kochen kann dabei helfen! Und das fängt schon bei der Qualität der Zutaten an: möglichst saisonal und aus der Region, wenn möglich von den Bauern, die man kennt und deren Produkte man wertschätzt. Das viele frische Gemüse, die Kräuter und Gewürze fördern das Gefühl von Erdung, Naturverbundenheit und Zufriedenheit. Alle Speisen sollten mit Liebe und Achtsamkeit zubereitet werden, individuell und genau so, dass sie einem guttun, so wie man ist und isst. Zu festgelegten Zeiten und am besten nie so viel, dass man »pappsatt« ist. Eher vegetarisch, vegan, aber nicht dogmatisch, sondern mit Genuss. Also ein ganz anderes Prinzip als »Es wird gegessen, was auf den Tisch kommt« und »Iss deinen Teller leer«. Ich erlebe es so:

☞ **Ayurveda hilft, sich selbst besser zu verstehen und besser anzunehmen. Nicht selten auch abzunehmen.**

Es geht also nicht nur um das »Essen«, sondern um das Genießen insgesamt, auch beim Kochen, Tischdecken und Zusammensein. So, wie man ist. Eine Lebensphilosophie, die dem »KörperGeist« eines jeden von uns guttut, die Respekt vor dem Menschen und der Natur hat. Eine Philosophie, die ich mir für jede Arbeit wünsche: Wäre es nicht wunderbar, wenn viel mehr Menschen so arbeiten könnten, wie es wirklich zu ihnen passt, zu ihren Interessen, zu ihren Fähigkeiten, zu ihren Möglichkeiten? Im Einklang mit den eigenen und den natürlichen Ressourcen unserer Welt?

WIR
Zurück zum Miteinander

Die Dänen gelten als besonders glückliche Menschen. Das liegt nicht nur an ihrem Lebenskonzept »Hygge« (etwa: es sich gemeinsam gemütlich machen). Ja: Dahinter mag sich ein besonderes Lebensgefühl verbergen, das mit Gemütlichkeit zu tun hat. Aber es steckt viel mehr dahinter: Werte wie Einfachheit und Bescheidenheit. Die Bereitschaft, gemeinsam hart zu arbeiten. Keiner ist besser als der andere, das **Wir** ist **wichtiger als** das **Ich**. Diese Einstellung zieht sich durch alle Bereiche der dänischen Gesellschaft.

Man hilft sich gegenseitig, hält zusammen, passt aufeinander auf. Und wenn Bauer Nils einen Sack Kartoffeln zum Verkauf vor die Tür stellt und eine offene Kasse daneben, dann legt man den richtigen Betrag in die Kasse. Bis heute! Die Dänen halten sich an ihre traditionellen Normen und vertrauen darauf, dass die anderen das auch tun. Ihre Gesellschaft wird zwar auch von existenziellen Problemen erschüttert, aber sie ist anders als unsere »Gesellschaft der Angst«.

Zusammen gegen die Angst

Dass die Dänen so zufrieden durchs Leben gehen, ist aus Sicht der Glücksforschung nicht verwunderlich: Sie hat längst nachgewiesen, dass ein sicheres soziales Netz glücklich macht. So haben während des Corona-Lockdowns die emotionale Nähe von Anja, unser Lachen sowie Zuversicht und Vertrauen in unsere Stärke, trotz vorhandener Ängste entscheidend dazu beigetragen, dass wir gut durch die schwere Zeit gekommen sind. Auch konnten unsere Kinder und wir uns mental in dieser Zeit wechselseitig stärken, Freunde und Geschäftspartner haben aus der Ferne dazu beigetragen. So bestätigt es auch eine Studie des Bundesinstituts für Bevölkerungsforschung (BiB): Neben finanzieller Sicherheit und der Fähigkeit, optimistisch zu sein, waren die Familie und der Partner die entscheidenden Faktoren, um die Corona-Zeit gut zu überstehen. Und das gilt auch für den Beruf: So belegte eine Studie im Gesundheitswesen, wie stark soziale Unterstützung und Optimismus gegen Depressionen und generalisierte Angstzustände in den Pandemie-Jahren wirken. Gemeinschaft ist ein Schutzfaktor.[162]

Das gilt ganz besonders für ältere Menschen – wobei man sich darüber streiten kann, ob Menschen ab 50 Jahren »älter« sind. Einerseits gibt es viele mental und körperlich uralte 20-Jährige, andererseits aber auch sehr fitte 50-, 80-, 100-Jährige, darauf weise ich seit Langem hin. Jugend ist ein Geisteszustand, keine Lebensabschnitt! Oder? Wie auch immer: Ein Forscherteam der Universität Köln[163] hat untersucht, wie sich soziale Netzwerke und sozialer Zusammenhalt auf die Gesundheit von Menschen über 50 Jahren auswirken. Grundlage waren Daten aus dem »Survey of Health, Ageing and Retirement in Europe«. So konnten Informationen über die sozialen Aktivitäten von fast 40 000 Menschen aus 57 europäischen Regionen (einfacher: 14 Ländern) einfließen. Und siehe da: Je besser (größer, unterstützender, sicherer) das soziale Netzwerk einer Person war, desto gesünder war sie auch.

In meiner Heimat im Ruhrgebiet gibt es eine Vielzahl von informellen und formellen Netzwerken, von Sportvereinen bis hin zu Kirchen. Und nichts ist so vielfältig wie die Menschen, die sich in diesen Gemeinschaften zusammenfinden. Allein 220 verschiedene Religionsgemeinschaften gibt es in NordrheinWestfalen: Ich finde das Zusammenleben im Ruhrgebiet so wunderbar – ein Schmelztiegel kultureller Vielfalt und gelungener Integration. Das ist im Fränkischen oder im Alemannischen nicht anders, das ist in Italien nicht anders – überall gibt es

Spannungen und Herausforderungen, aber überall gibt es auch Menschen, die wunderbar zusammenleben.

Für die Zukunft ist es wichtig, auch den interkulturellen Austausch zu fördern. Keiner weiß mehr als alle anderen. Das Wunderbare der verschiedenen Religionen, der verschiedenen Denkweisen, der verschiedenen Philosophien kommt gerade an diesem zentralen Punkt zum Tragen. Gerade die Unterschiedlichkeit und Vielfalt wird uns letztlich befähigen, mit den schwierigen Fragen unserer Zeit ganz anders umzugehen. Wenn ich lerne, dem anderen zuzuhören, seine Denkweise nachzuvollziehen und die Denkweise des anderen mit meiner eigenen zu spiegeln, kann ich in der Konsequenz zu einem positiven Erkenntnissprung kommen. Jetzt erst, in diesem Austausch, würde diese Kraft der Vielfalt der Kulturen, der Mentalitäten wirklich wirken, jetzt erst könnten wir sie wirklich nutzen – wenn wir begreifen, dass wir alle Menschen sind.

☞ **Konzentrieren wir uns mehr auf das Verbindende und weniger auf das Trennende!**

Ein wunderbares Zeichen gegen Hass und für Völkerverständigung setzt das israelisch-palästinensische Restaurant Kanaan in Berlin. Es wird von zwei Freunden geführt: dem Palästinenser Jalil Dabit und dem Israeli Oz Ben David, die mit einem internationalen Küchenteam Gerichte aus ihren Heimatländern kochen.

Ihr Motto: Kulturen durch Genuss zusammenbringen. Toleranz wird im Restaurant großgeschrieben, alle Kulturen sind willkommen. Natürlich belastet der Krieg im Nahen Osten auch Jalil Debit und Oz Ben David, doch das Entsetzen über die Ereignisse konnte keinen Keil zwischen ihre Freundschaft treiben. »Sich für die Liebe entscheiden anstatt für den Hass, ist der einzige Weg vorwärts«, haben die beiden auf Instagram gepostet.

Das prägt meine freundschaftliche Zusammenarbeit mit Menschen aus Medizin und Wissenschaft aus aller Welt, seien es russische, ukrainische oder amerikanische, jüdische, muslimische, christliche oder hinduistische, persische oder afghanische, schwedische oder eben deutsche Kolleginnen und Kollegen. **Wir wollen in Ruhe und Frieden miteinander leben, lieben und lachen, forschen und arbeiten. Ohne Krieg. Ohne Angst.**

»Meinen Hass bekommt ihr nicht«

Sich dem Hass entgegenzustellen, ist auch die Entscheidung des französischen Radiojournalisten Antoine Leiris. Seine Frau wurde am 13. November 2015 im Pariser Konzertsaal Bataclan von Terroristen erschossen. Kurz darauf wandte sich Leiris in einem offenen Brief an die Terroristen: »Freitagabend habt ihr das Leben eines außerordentlichen Wesens geraubt, das der Liebe meines Lebens, der Mutter meines Kindes, aber meinen Hass bekommt ihr nicht.« Damit widersetzte sich Leiris einem wesentlichen Ziel aller terroristischen Anschläge: Angst, Panik und Wut zu verbreiten, um Demokratien zu schwächen. Leiris' Haltung zeugt von menschlicher Größe, die ich im Umgang mit Angst für unverzichtbar halte. Denn je mehr wir uns von Angst und Wut beherrschen lassen, desto intoleranter und misstrauischer werden Gesellschaften. Zumal Angst die Wahrnehmung verzerrt und die grotesken Bilder real scheinen lassen, die manche Medien, manche Parteien immer wieder in die öffentliche Debatte einschleusen: »Überfremdung«, »Klimakollaps«, »Heizungshammer«.

☞ **Die gefühlte Gefahr ist oft viel größer als das tatsächliche Risiko. Deshalb: »Jetzt erst recht!«**

Sich nicht von der Angst beherrschen lassen, sondern Liebe, Zuversicht und Solidarität pflegen, weil es für meine, für Ihre, für alle Familien wichtig ist, dass wir uns emotional nicht fernsteuern lassen. Weil ich, weil Sie das Leben lieben. Wir werden vermutlich nie wiederkommen. So schade! Deshalb: Sich nicht einschüchtern lassen. Nicht verhärten lassen. Mut leben. Gesicht zeigen.

Wer länger lebt, ist halt kürzer tot … LOL

Die menschliche Intelligenz hat sich entwickelt, um mit Situationen der Ungewissheit umzugehen. Das Verschweigen von Gefahren, von denen man befürchtet, dass sie die Menschen nur verunsichern, hilft nicht weiter. Die Bürger sind mündig, die Wahrheit ist ihnen, wie Ingeborg Bachmann einmal sagte, »zumutbar«. Nur wenn sie sich bewusst entscheiden, fühlen sie sich auch sicher. Als Arzt war und ist es mir ein wichtiges Anliegen, meine Patienten genau über ihre Krankheiten aufzuklären, ihnen die Behandlungsmöglichkeiten zu erläutern, Vor- und Nachteile genau aufzuzeigen. Ich habe die Erfahrung gemacht, dass ich den Patienten damit Ängste nehmen kann. Diesen Mut zur Differenzierung wünsche ich mir auch von den Verantwortlichen in Politik, Gesellschaft und Wirtschaft. Wenn wir aufhören, schwarz-weiß zu denken, können wir gemeinsam mehr erreichen. Wenn wir Fragen stellen und einander zuhören, wird gesellschaftlicher Wandel möglich. Vertrauen schaffen. Jeder kann dazu beitragen.

Jeder kann Liebe leben, kann Vertrauen leben. Beides sind Gegenpole der Angst. Jeder kann Zuversicht leben. Sie stärkt nicht nur das Individuum, sondern auch Gemeinschaften. Wenn wir gemeinschaftlich wieder an unsere Problemlösungsfähigkeit glauben und unseren Erfindergeist einsetzen, können wir auch ernste Krisen überstehen.[164] Jeder kann sich nach Initiativen oder einem Ehrenamt umschauen und fragen, ob helfende Hände gebraucht werden. Jeder kann Toleranz dem Andersdenkenden gegenüber üben. Und jeder, der anderen hilft, überwindet die eigene Hilflosigkeit, gewinnt seine Handlungsfähigkeit zurück und setzt damit ein Zeichen für alle: dass man auch schwere Zeiten durchstehen kann, ohne gleich die Flinte ins Korn zu werfen.

☞ **Der Realität ins Auge schauen und sich gleichzeitig auf die positiven Dinge konzentrieren – das bringt uns weiter.**

Keine Angst! Zusammen können wir viel realisieren

Unsere Zukunft hängt nicht nur von »denen da oben« ab, sondern entscheidend von uns selbst. Von den vorpolitischen Räumen der Dörfer, Städte, Regionen. Die Demokratie der Zukunft wird, so meine ich, mehr und mehr in regionalen Netzen stattfinden. Der Bürgermeister, die Bürgermeisterin wird viel wichtiger sein als diejenigen, die wir abstrakt, ohne dass wir sie und sie uns kennen, gewählt haben. Denn vor Ort können die Menschen ihre Lebenswelt mitgestalten, da können sie Einfluss nehmen. Regionales Engagement ist eine Riesenchance für die Demokratie: Wir können in diesem Miteinander gegenseitiger Wertschätzung lernen, dass wir nicht allein sind und dass Gemeinsamkeit gerade in unserer Zeit der Super-Individualisierung so viel wert ist. Je mobiler wir werden, desto wichtiger wird das Gemeinsame, wird Heimat für uns.

Das Regionale, das Eingebundensein in lokale Zusammenhänge gewinnt mehr und mehr an Bedeutung. Wir müssen uns dafür ein Umfeld aufbauen, das vertraut ist, uns Verständnis entgegenbringt und auf das wir uns verlassen können. Das ist gar nicht einfach, manchmal sogar anstrengend, aber es lohnt sich. In Deutschland packen viele an und helfen ihren Mitmenschen, ob bei der Sportgruppe für Kinder, Essensausgabe für Bedürftige oder in der Seniorenhilfe. Laut einer repräsentativen Bevölkerungsbefragung engagieren sich etwa 40 Prozent der Deutschen ehrenamtlich, das sind knapp 30 Millionen Menschen. Viele Menschen kämpfen um den Erhalt ihrer regionalen Infrastruktur.

Etwa in Wombach, ein 2000-Seelen-Dorf im Bayern. Der dortige Bäcker musste aus Krankheitsgründen seine Bäckerei aufgeben. Erst waren die Wombacher geschockt, dann setzten sie sich zusammen und überlegten, wie sie ihre Bäckerei retten könnten – was zur Gründung der ersten Dorfgenossenschafts-Bäckerei in Bayern führte. Ein kleines Wunder, geboren aus Tatkraft und Gemeinschaftssinn. Der neue Bäckermeister kommt aus der Nachbargemeinde, er gehört zu den Festangestellten. Was diese nicht schaffen, übernehmen Ehrenamtliche: Von Rechnungen schreiben über Maschinen warten bis zum Verkauf auf dem Wochenmarkt. Für ihren genossenschaftlichen Einsatz wurden die Wombacher mit dem Bayerischen Demografiepreis ausgezeichnet.

Ein schönes Beispiel für Heimatverbundenheit und wie Menschen in der Gemeinschaft Lösungen für Probleme entwickeln. Ich glaube auch, dass dieses Zugehörigkeitsgefühl den schwankenden Boden unserer Zeit ausgleicht. Wir brauchen Anker in unserem Alltag. Zu wissen, wer ich bin, zu wem ich gehöre und was ich auch nicht bin, dient der eigenen Orientierung und gibt Sicherheit. Mit Heimat verbindet sich das Gefühl, verstanden und verbunden zu sein.

☞ **Niemand kann auf Dauer ohne Verbundenheit leben. Geben wir uns also gegenseitig Heimat!**

Eine friedvolle Welt ist keine Utopie

»Yes, we can!« Mit diesem Slogan war es Barack Obama gelungen, das amerikanische Volk aufzurütteln. Und ich bin zuversichtlich, dass auch wir unsere Multikrise meistern werden. Denn so drastisch, so beängstigend sie auch ist – wir Menschen haben grundsätzlich immer die Möglichkeit, qualitativ ganz neue Perspektiven zu entwickeln. Das Steuer herumzureißen. Und das können wir auch jetzt.

So bescheinigt der Verhaltensökonom Dominik Enste Deutschland eine gute Resilienz. In einer Studie[165] untersuchte er Anfang des Jahres 2023 die Resilienz der OECD-Staaten. Demnach steht unser Land in Vergleich sehr gut da, etwa was den Zusammenhalt angeht, aber auch das Vertrauen in Politik oder Wirtschaft. Trotzdem fällt uns das gerade nicht so leicht. Warum, ist eigentlich klar:

Wir haben hier in Deutschland, eigentlich in ganz Europa, nach dem schrecklichen Zweiten Weltkrieg doch viele recht komfortable Jahrzehnte erlebt. Es war eine Zeit des Wachstums und des Wohlstands (zumindest gab es das Versprechen, er sei zu erreichen), der Sicherheit (auch ein Versprechen) und vielleicht auch der »Gemütlichkeit« (wenn auch nur in den Fernsehfamilien) – und jetzt ist diese Zeit vorbei. Die Versprechen haben sich als hohl erwiesen. Viele sind enttäuscht. Frustriert. Und mancher hat vielleicht auch vergessen, was es heißt, sich in bestimmten Situationen Herausforderungen zu stellen: Zu handeln, trotz der Angst, anzuecken, sich vielleicht Kritik auszusetzen oder sogar verlacht zu werden. Ich erinnere mich an das mulmige Gefühl, mit dem ich in den 1980er Jahren, unmittelbar nach der Katastrophe von Tschernobyl, mit einem Geigerzähler losgezogen bin, um die Belastung der Umwelt selbst zu messen. Und dabei ganz nebenbei herausgefunden habe, dass die schlimmsten Strahlen nicht aus Tschernobyl kamen, sondern aus dem benachbarten Atomkraftwerk. Klar hatte ich Angst (und hab's trotzdem getan). Wir alle hatten Angst.

Die Welt aufräumen

»Climate Anxiety« oder »Klimaangst« ist in der Wissenschaft längst ein eigener Forschungszweig geworden. Betroffen sind in erster Linie junge Menschen. So gaben in der Sinus-Jugendstudie 2021 knapp 40 Prozent der Jugendlichen an, große Angst vor dem Klimawandel zu haben. Am meisten befürchten die Jugendlichen die Zunahme von extremen Wetterereignissen, den Verlust von Lebensräumen für Tiere und Menschen sowie das Abschmelzen der Polkappen. Wohin diese Ängste führen können, zeigen die Aktivistinnen und Aktivisten der »Letzten Generation«, die sich aus lauter Verzweiflung auf die Straße geklebt haben, um gegen den »fossilen Pfad der Vernichtung« zu protestieren.

Ob diese Aktionen zielführend sind und die Klimabewegung voranbringen, sei an dieser Stelle dahingestellt. Sagen wir mal so: Ich habe meine Zweifel (und die »Letzte Generation« mittlerweile auch, sie probieren jetzt andere Protestformen). Ich glaube jedenfalls, es wäre besser, nicht auf die imaginierte »Apokalypse« zu starren wie das sprichwörtliche Kaninchen auf die Schlange (ein typischer Fall von »Freeze« übrigens), sondern pragmatisch auszuloten: Was geht denn jetzt noch? Was können wir konkret tun? Hier und jetzt? Und vor allem: **Wie zusammen? Ich, Sie und wir?**

Vor einem künstlich hochgepuschten Angstszenario – besonders in der Klimadebatte – warnt auch Professor Florian Holsboer. Der renommierte Angst- und Depressionsforscher bemängelt, dass von Teilen der Politik sowie von Teilen der Gesellschaft bewusst eine irrationale Angst geschürt werde. »Es wird ein Szenario geschaffen, welches impliziert, dass der Planet untergehen wird, wenn nicht sofort gehandelt wird«, sagt Holsboer in einem Interview. Besonders problematisch finde er, dass die Voraussagen über einen ungeheuer komplexen Sachverhalt wie dem Klimawandel auf Berechnungen von Wahrscheinlichkeiten beruhen, auf Modellrechnungen eben. »Es fordert die Redlichkeit der Klimaforscher zuzugeben, dass Modelle eben nur Modelle sind – und Modelle sind fehlbar«, so Holsboer.[166]

Also: Natürlich sind die Folgen des Klimawandels unübersehbar, natürlich muss man Maßnahmen dagegen ergreifen. Aber die Zukunft ist offen!

Das Gerede vom Weltuntergang gleicht einem Blick in die Glaskugel – und verängstigt vor allem die junge Generation, die durch das Aufwachsen in krisenhaften Zeiten und unsicheren Zukunftsaussichten ohnehin unter enormen Stress steht.

Und doch: Es sind immer wieder die Krisen, die kreatives Potenzial freisetzen. Gerade junge Menschen haben in Sachen Umweltschutz und Nachhaltigkeit schon einiges angestoßen. Ich denke da an das Projekt »The Ocean Cleanup« des Niederländers Boyan Slat, das den Plastikmüll an Meeresoberflächen einsammelt und dem Recyceln zuführt. Der Auslöser war ein Urlaub im Jahr 2011 in Griechenland. Der damals 16-jährige Boyan Slat entdeckte beim Tauchen mehr Müll als Fische – und beschloss, sich in diesem Bereich zu engagieren und den Plastikmüll mithilfe von Meeresströmungen einzusammeln. Zunächst interessierte sich niemand für seine Idee. Doch nachdem Boyan Slat einen TEDx-Talk gehalten hatte, fand er Tausende von Unterstützern und Sponsoren. 2013 ging »The Ocean Cleanup« an den Start, seither wurden mehrere Reinigungssysteme für die Meere entwickelt und auch welche für Flüsse.

Milena Glimbovski ist eine der Vorreiterinnen der Zero-Waste-Bewegung in Deutschland. Mit 22 Jahren gründete die Studentin 2014 Berlins ersten Supermarkt ganz ohne Verpackungen: »Original unverpackt«. Um das Geld zusammenzubekommen, startete sie eine erfolgreiche Crowdfunding-Kampagne. Auf öffentlichen Vorträgen wird Milena Glimbovski nicht müde, immer wieder die verheerenden Folgen des Verpackungsmülls auf das Ökosystem zu schildern.

Sie hat zu diesem Thema schon mehrere Bücher veröffentlicht und engagiert sich weiterhin in der Zero-Waste-Bewegung in Deutschland. Übrigens sind es mehrheitlich junge Frauen, die das Ziel eint, möglichst gar keinen Müll mehr zu produzieren. Auch in meiner ZDF-TV-Sendung »Leben ist mehr!« durfte ich mehrmals über junge Öko-Aktivistinnen und -Aktivisten berichten, etwa über die Sylter »Plastik Crew«. Eine Initiative von einheimischen Schülern und Schülerinnen, die regelmäßig die Sylter Strände und Dünen von Müll reinigen. Oder über den Fotokünstler Stephan Horch mit seinem so unterstützenswerten

»Clean River Project«.[167] Er nutzt den gefundenen Müll auch für spektakuläre Kunstausstellungen und lädt regelmäßig zu Aufräumaktionen ein.

Ich sage: Mitmachen! Noch besser ist es natürlich, gar keinen Müll zu produzieren und möglichst viele Dinge wiederzuverwenden. Dies alles getreu dem altbekannten Motto, dass man aber trotzdem nicht oft genug wiederholen kann:

☞ **Es gibt nichts Gutes, außer man tut es.**

Es gibt noch mehr ermutigende Beispiele. Wie gesagt: 51,8 Prozent des Stroms kommt inzwischen aus erneuerbaren Quellen.[168] Ein anderes Beispiel ist das Lausitzer Seenland: Dort wird die einst durch den Kohleabbau verwüstete Landschaft in das größte zusammenhängende Seengebiet Europas umgewandelt. Nach dem Motto: Renaturieren und die Natur machen lassen. Das lässt sich auch bei uns im Ruhrpott schön beobachten. Die Emscher im Ruhrgebiet war einst eine Kloake, sie galt als dreckigster Fluss Europas. Nach jahrzehntelangem Umbau ist der Industriefluss heute ein kleines Paradies geworden, an dessen Ufern sogar Eisvögel leben. Ich habe sie selbst gesehen. Was für ein erhebendes Glücksgefühl! Und die Anwohner freuen sich, ihre Lebensqualität ist durch das neue Naherholungsgebiet erheblich gestiegen.

Es hat sich also in den vergangenen Jahren schon einiges getan. Der Umweltverband (NABU – ich bin ein begeisterter Fan und langjähriger Spender) kauft immer wieder Land in allen Teilen Deutschlands auf – entweder um bestehende Lebensräume für seltene und bedrohte Arten zu schützen oder um neue Naturoasen anzulegen. Rund 22 000 Hektar befinden sich bereits in der Obhut der NABU und es sollen noch mehr werden. Das alles mögen »kleine Projekte« sein, das alles macht mich dennoch sehr zuversichtlich.

Kennen Sie das Zitat von Hölderlin? »Wo aber Gefahr ist,

wächst das Rettende auch.« Dieses Rettende ist von sich aus erst einmal nicht da, und es wächst auch nicht von allein. Es wächst, wenn wir uns der Realität stellen, es wächst in uns selbst. »Nicht, indem wir blind unserer Selbstwirksamkeit vertrauen. Das wäre verblendet«, schreibt Dierk Wolters in seinem preisgekrönten Hölderlin-Essay. »Aber indem wir, statt uns feige eine geschönte Wirklichkeit zurechtzulügen, die Möglichkeit dessen ausloten, was wir leisten müssen und was wir leisten können.«[169]

Die Kraft der Zuversicht

Zuversicht regt die Selbstheilungskräfte an, das habe ich immer wieder an meinen Patientinnen beobachten können. Meine Familie und meine Freunde sind der sichere Anker in unruhigen Zeiten. Daraus schöpfe ich den Mut, die Zuversicht und die Kraft, mich für eine friedliche und harmonische Welt zu engagieren.

Liebe als Gegenpol zur Angst. Dinge nicht einfach hinnehmen, sondern zum Besseren verändern. Diese Eigenschaft zeichnete bisher auch die deutsche Gesellschaft aus, die viele Krisen überwunden hat. Im demokratischen Dialog und im Verhandeln verschiedenster Interessensvertreter. Das ist zwar in den meisten Fällen mühsam und mit Kompromissen verbunden, aber eben auch ein Merkmal offener Gesellschaften. Also machen wir weiter!

☞ **Resignation oder Schockstarre angesichts der gegenwärtigen Herausforderungen ist keine Lösung, Verdrängung der Probleme ebenfalls nicht.**

Klein anfangen, jeden Tag weitermachen

Ich freue mich über jedes vergangene und neue Engagement, das die Welt von morgen nachhaltig gestalten will. Es macht mir Mut und es inspiriert mich, mein eigenes Verhalten zu überdenken. Ja, kaum zu glauben: Selbst in meinem Alter lerne ich gern dazu. Denn ich bin überzeugt, dass jeder für sich und an seiner Stelle und wir nur im Austausch und gemeinsam die Welt Schritt für Schritt ein bisschen besser machen können. Der kleinste Beitrag ist wichtig! Die Einstellung »Es geht sowieso alles den Bach runter!«, hilft nicht weiter. »Was soll ich schon dagegen tun?« Alles, was geht! Neben dem großen Ganzen zählen auch die kleinen Schritte.

Zehn Schritte zum Leben. In Frieden.

Es gibt viele konkrete Schritte, die wir unternehmen können, um für Frieden, Gerechtigkeit und Gleichheit einzutreten. Hier sind einige kleine und doch wichtige Impulse, die eine bedeutende Wirkung erzielen können:

1. Die Stimme erheben

Sich gegen Ungerechtigkeit und Ungleichheit auszusprechen, ist eine wirkungsvolle Möglichkeit, um für Frieden und Gleichheit im Kleinen wie im Großen einzutreten. Nutzen Sie Ihre Stimme, um sich für Veränderungen in Ihrer Gemeinde, an Ihrem Arbeitsplatz und in Ihrem sozialen Umfeld oder in der Politik einzusetzen. Schreiben Sie an Ihre gewählten Vertreter, sprechen Sie sich gegen diskriminierendes Verhalten aus und nutzen Sie die sozialen Medien, um Ihre Botschaft zu verbreiten.

2. Sich informieren

Nehmen Sie sich die Zeit, um sich über Themen wie Angst, Frieden, Gerechtigkeit, Toleranz und Gleichheit zu informieren. Hören Sie sich Vorträge an oder lesen Sie Bücher, Artikel und Forschungsberichte, um ein tieferes Verständnis der Ursachen von Ungleichheit und

Ungerechtigkeit und der damit verbundenen Ängste besser zu verstehen. Teilen Sie dieses Wissen mit anderen, um das Bewusstsein zu schärfen und fundierte Gespräche anzuregen.

3. Sich engagieren

Bringen Sie sich aktiv ein in Interessengruppen und Aktionsbündnissen, die Ihren Werten entsprechen.

4. Andere unterstützen

Helfen Sie im Rahmen Ihrer Möglichkeiten marginalisierten Gemeinschaften, indem Sie sich ehrenamtlich engagieren, indem Sie für relevante Zwecke spenden und überhörten Stimmen Gehör verschaffen. Nehmen Sie sich die Zeit, um Menschen mit anderen Erfahrungen zuzuhören, ihre Bedürfnisse zu verstehen und neue Wege zu finden.

5. Eine Welt für alle

Setzen Sie sich ein für inklusive und integrative Räume in Ihrem persönlichen und beruflichen Leben ein. Fördern Sie Fairness und nichtdiskriminierende Einstellungen und Verhaltensweisen in Ihrem Umfeld.

6. Empathie und Verständnis entwickeln

Führen Sie einen konstruktiven Dialog auch mit denen, deren Ansichten Sie möglicherweise nicht teilen. Versuchen Sie, Brücken zu bauen, andere Standpunkte zu verstehen und gleichzeitig Ihren eigenen Standpunkt auf respektvolle und einfühlsame Weise zu teilen.

7. Gehen Sie wählen

Nutzen Sie Ihr Stimmrecht, um Menschen in politisch relevante Positionen zu wählen, die Frieden, Gerechtigkeit und Gleichheit an die erste Stelle setzen. Halten Sie sich über politische Themen auf dem Laufenden und unterstützen Sie Initiativen und Gesetze, die darauf abzielen, systemische Ungleichheiten zu beseitigen und den Frieden im In- und Ausland zu fördern.

8. Ein Leben lang lernen
Nehmen Sie sich Zeit für Ihre eigene Weiterbildung und Selbstreflexion. Machen Sie sich Ihre eigenen Vorurteile und Privilegien immer wieder bewusst. Nutzen Sie jede Gelegenheit, um eigene schädliche Überzeugungen, Vorurteile und Verhaltensweisen zu verlernen.

9. Gegen Ungerechtigkeit und Angstmacher aufstehen
Öffnen Sie Ihre Augen für Unrecht. Seien Sie bereit, Ihre Stimme zu erheben, wenn Sie Diskriminierung, Unterdrückung oder Gewalt sehen, sei es an Ihrem Arbeitsplatz, in Ihrer Gemeinde oder im weiteren Umfeld.

10. Freundlichkeit und Empathie üben
Schon kleine Gesten der Freundlichkeit, des Mitgefühls, des Verständnisses und der Zuwendung können Angst, Stress und Aggression reduzieren. Dies hat weitreichende Auswirkungen auf die Förderung einer friedlicheren und gerechteren Gemeinschaft und Welt.

Das alles wissen wir längst, und doch macht es uns immer wieder Angst, alte Gewohnheiten aufzugeben. Warum eigentlich? Es gibt dieses schöne Zitat der deutschen Schriftstellerin Marie von Ebner-Eschenbach, das bis heute seine Gültigkeit nicht verloren hat: »Was wir heute tun, entscheidet darüber, wie die Welt morgen aussehen wird.«

»You may say I'm a dreamer. But I'm not the only one« – Sie kennen die Zeilen von John Lennon. Ich will nicht nur träumen, ich setze mich dafür ein, dass die Verschwendung psychischer und materieller Ressourcen durch Angst und Stress aufhört. Welche Kräfte würden freigesetzt, wenn wir uns für die eine Welt für alle einsetzen würden, statt uns mit »Ich bin gestresst« und »Ich habe Angst« bremsen zu lassen, uns selbst zu bremsen (oder vielleicht sogar: uns damit Sinn und Bedeutung geben zu wollen)? Was könnten wir mit mehr Mut und Gelassenheit gewinnen, für uns selbst und für das große Ganze: regional, national, global? Wie viel Kreativität würde freigesetzt? Kreativität, die wir jetzt brauchen, die wir dringend brauchen, um ein neues Bewusstsein zu entwickeln und schnell zum Handeln zu kommen, in der Schule wie im Studium, am Arbeitsplatz und in den Gemeinden, in Politik und Wirtschaft, in der Umwelt, in der Medizin und insgesamt für den Globus. Damit wir in Frieden leben können. Und gesund in einer lebenswerten Umwelt. Zeit für Veränderung! Lassen Sie uns eine schöne, eine friedliche, eine lebenswerte Welt bauen. Gemeinsam. **Jetzt.**

Und was ist mit der Angst? Die nehmen wir an die Hand, dann macht sie schon mit.

»Falls du glaubst,
dass du zu klein bist,
um etwas zu bewirken,
dann versuche mal zu schlafen,
wenn eine Mücke im Raum ist.«
Dalai Lama

EPILOG:
Krisen meistern, lachen und … leben!

Die Welt befindet sich an einem kritischen Punkt, und wir können es uns nicht leisten, den Kopf in den Sand zu stecken. Die Maßnahmen, die wir heute ergreifen, werden unser Wohlergehen und damit die Zukunft unserer Welt bestimmen. Alles, was wir tun, hat Folgen. Alles, was wir lassen, auch. Wir müssen anerkennen, dass das Erreichen eines – auch wenn es utopisch klingt: möglichst für die ganze Menschheit – wohlbefindlichen Lebens eine kollektive Anstrengung bedeutet, die die Beteiligung aller Mitglieder der Gesellschaft erfordert, unabhängig von Alter oder Status. Dies erfordert den *Mut zum Miteinander*, den ich seit langer Zeit einfordere und versuche, selbst zu leben.

Ich bin fest davon überzeugt: Wenn Kopf und Herz, Leidenschaft und Mut, Respekt und Nächstenliebe zusammenkommen, kann das Ich im Wir aufgehen, in einer versöhnten Weltgemeinschaft, die es erlaubt, das eigene Leben frei zu gestalten, mit Wissen, Empathie und Leidenschaft. Ob das gelingt, können immer nur die beurteilen, mit denen und für die wir leben. Sich darum zu bemühen, ist nicht zuletzt die Herausforderung des ärztlichen Wirkens. Ich habe es versucht, als Heilender, als Aufklärer, als Wissenschaftler, technischer Entwickler und

Unternehmer. Und ich versuche es weiter. Denn: Wir sind noch lange nicht »ein einzig Volk von Brüdern« geworden, wie es ein ganz Großer der Weltliteratur, Friedrich Schiller, in seinem *Wilhelm Tell* erträumte, dem letzten Drama, das er 1804, ein Jahr vor seinem frühen Tod vollendete. Weiter liegen wir uns – eigentlich als Schwestern und Brüder – über Länder und Erdteile hinweg in den Haaren, weil diese oder jene darauf beharren, im »rechteren« Glauben zu leben, der besseren Überzeugung anzuhängen.

Die Zerstörung unserer Welt, der menschlichen Gemeinschaften und Kulturen durch Machtmissbrauch, Kriege und rücksichtslosen Raubbau an der Natur können wir nur verhindern, wenn wir ein Weltethos entwickeln, das die unterschiedlichen weltanschaulichen und religiösen Haltungen der Menschen zu integrieren vermag. Das erneute Aufflammen extremistischer politischer und religiöser Bewegungen zeigt, wie notwendig es ist, dass wir endlich und konsequent ein gemeinsames Verständnis als Weltfamilie entwickeln – über Sprachen und Grenzen hinweg.

Nichts wünsche ich mir mehr, als dass junge Menschen und Erwachsene zusammenkommen und auf eine gemeinsame Vision für eine friedliche, harmonische und möglichst angstfreie Welt hinarbeiten. Und nicht nur auf eine Vision, sondern eine ganz konkrete Mission. Eine Mission, die mir am Herzen liegt, und für die ich dieses Buch geschrieben habe. Ein Sachbuch, das der Sache auf den Grund gehen will. Das zeigen will, wo wir stehen und wo sich der Abgrund befindet. Doch es ist nicht nur ein Lagebericht, sondern auch ein Wegweiser – raus aus der Angst. Und damit auch ein Gefühlsbuch. Denn Ängste sind Emotionen und damit im Kern alles andere als sachlich.

Liebe, Mut, Vertrauen, Hoffnung, Zuversicht – Angst hat viele Gegenpole. Diese zu verstehen und zu kultivieren, das ist mein Anliegen. Schließlich können wir als Individuen und als Gesellschaft nur ins Gleichgewicht kommen, wenn wir beide Enden des Spektrums erforschen und durchdringen. So können wir sie verbinden und den Kreis schließen – und damit die Angst in einer gesunden Form in den Lebenszyklus integrieren. Anstatt uns im Kreis zu drehen, können wir wieder lernen, die Achterbahnfahrt zu genießen.

Jede und jeder ist gefragt: Wir alle können der Angst begegnen, sie überwinden, indem wir unseren Teil dazu beitragen und Werte wie Nächstenliebe, Toleranz, Respekt, Friedfertigkeit und Gewaltlosigkeit in unserem täglichen Leben annehmen. Wir können uns dafür entscheiden, uns gegen Hass und Bigotterie auszusprechen und unsere Zeit und Ressourcen freiwillig einzusetzen, um Bedürftigen zu helfen. Wir können uns für eine Politik stark machen, die Frieden und Fortschritt und auch Barmherzigkeit fördert. Jeder von uns hat die Macht, in seiner Ecke der Welt etwas zu bewegen.

Mit der eigenen Angst friedlich zu leben, ist nicht einfach. Das hat mir meine eigene Kindheit leidvoll vor Augen geführt. Aber es kann eines der wertvollsten Dinge sein, die wir im Leben anstreben und umsetzen können. Jetzt, im Alter von mehr als 70 Jahren, habe ich mich aus den meisten meiner Ängste tatsächlich herausgearbeitet. Ich liebe das Leben und vor allem das Lachen.

Auch wenn ich »Didilein, alles wird gut« damals weder hören wollte, noch verstehen konnte: Rückblickend hatte meine Mutter recht! (So sind Mütter …)

IN ALLER KÜRZE:
Fakten, Tipps und Anti-Angst-Hacks

*»Wer gelernt hat,
sich recht zu ängstigen,
der hat das Höchste gelernt.«*
Søren Kierkegaard

Angst? 5 Fakten zum Weitersagen

1. Warum haben wir Angst?

Gehirn und Körper versetzen sich in einen Alarmzustand, wenn *reale* Gefahr droht (Geisterfahrer auf der Autobahn), oder wenn wir uns in unserer Existenz bedroht fühlen (Kündigung im Job) oder in unserer Integrität (Beschämung im Streit oder vor Publikum). Das alles sind reale, vernünftige Ängste.

2. Was ist eine »Angststörung«?

Daneben gibt es *irrationale* Ängste, die das Leben einschränken: etwa die übermäßige Angst vor Aufzügen, Viren oder Hunden. Die übermäßige Angst, rot zu werden, zu telefonieren oder sterbenskrank zu sein. Menschen, die von einer solchen Angststörung betroffen sind, gehen zum Teil nicht mehr aus dem Haus – nach dem Motto: »Sicher ist sicher«. Doch das Einzige, was bei einer solchen Angststörung sicher scheint, ist eine sinkende Lebensqualität.

Wichtig zu wissen: Angststörungen sind weitverbreitet, und sehr gut wirksame Therapien mittlerweile auch. Sprechen Sie (bitte!) mit jemandem darüber, dem Sie vertrauen: in der Familie, im Freundeskreis, sprechen Sie mit Ihrer Hausarztpraxis oder einer Praxis für Psychotherapie, mit der Telefonseelsorge (0800 1 110 111 und 0800 1 110 222), der Nummer gegen Kummer (für Jugendliche: 116 111) oder einem Hilfsangebot in Ihrer Nähe.

3. Wie fühlt sich »normale« Angst an?

Flacher Atem, verspannte Schultern, verengtes Blickfeld, rasender Puls, rote Flecken am Hals, schweißnasses Hemd und Seegang in der Kaffeetasse, weil die Hände zittern – das alles gehört zur normalen Angstreaktion unseres Körpers. Unser Körper bereitet sich so (ohne vorher den Verstand zu fragen) kompetent auf das vor, was uns in der Steinzeit den Kopf gerettet hätte: ganz schnell wegrennen oder ganz feste draufhauen.

4. Warum sollte man sich mit Angst auskennen?

Anders als in der Steinzeit bleiben wir heute auch bei massiver Angst höflich sitzen und stecken die geballte Faust in die Hosentasche. Dieses Verhalten haben viele Menschen so verinnerlicht, dass sie gar nicht mehr genau sagen können, was sie eigentlich fühlen: Stress? Müdigkeit? Den Gedanken, sie könnten »Angst haben«, verbieten sich viele Menschen selbst. Denn: Was soll die Chefin denken? Der Kunde? Die Kinder? Angst hat man nicht. Also fühlt man sie nicht mehr direkt, sondern über Umwege: als Rückenschmerzen zum Beispiel. Oder als Kopfschmerzen. Alles ohne »organische Ursache«.

Deshalb ist es gut, sich mit der körpereigenen Alarmanlage auszukennen: Je besser man weiß, dass Hormonkaskaden ausgeschüttet werden, dass Schweißausbrüche und Herzrasen dazugehören, dass man daran nicht stirbt und dass das alles von selbst wieder abklingt, desto gelassener kann man abwarten, bis der innere Angststurm vorbei ist. Wer die natürlichen Reaktionen seines Körpers kennt, hat weniger Angst vor der Angst.

5. Glauben Sie nicht allen Ihren Ängsten!

Ihr Gehirn hat leider keinen direkten Zugriff auf die Realität. Es muss sich auf die Infos verlassen, die Augen, Ohren, Nase, Haut und Organe nach oben melden, und diese Infos mit dem abgleichen, was im Archiv liegt (»Auto brennt? Oha, Alarm!«; »Nachbar schreit? Egal, abwarten …«). Nun ist unser Hirn aber so schlau, dass es auch ohne Gefahrenmeldung von außen im Archiv kramt oder Geschichten erfindet – und allein damit Stress, Angst oder sogar eine Panikattacke auslösen kann. Wichtig: Ausschlaggebend für Ihr Angstgefühl ist *nicht die objektive Gefahr*, sondern Ihre *subjektive Wahrnehmung*. Immer!

Das heißt konkret: Wenn Ihr Hirn wieder einmal »Gefahr!« schreit, haben Sie die Wahl. Sie können blind »Panik schieben« oder einen freundlichen Gruß ans Hirn schicken: »Super Gruselgeschichte, aber ich glaub dir nicht!«

Angststörungen: Ein Überblick

Hier die wichtigsten Angststörungen im Erwachsenenalter laut der »International Statistical Classification of Diseases« (ICD).[170]

Generalisierte Angststörung: Angst vor Dauergefahr

Man könnte die generalisierte, also »verallgemeinerte« Angststörung als ein typisches Problem unserer Zeit bezeichnen. Die Medien überfluten uns pausenlos mit negativen Nachrichten: Terror und Katastrophen sind nur einen Mausklick entfernt. Was auf der anderen Seite des Globus passiert, rückt ganz nah an uns heran. Positives wie Negatives. Weil unser Gehirn aber auf schlechte Erfahrungen und Bedrohliches stärker reagiert als auf Erfreuliches, können sich Ängste über den Zustand der Welt verstärken.

Das macht vielen zu schaffen. Menschen mit einer generalisierten Angststörung stecken in der Sorgenfalle aber regelrecht fest: Sie haben Angst vor Arbeitslosigkeit, Angst vor Krankheit, Angst, dass lieben Menschen etwas Schlimmes zustoßen könnte, Angst vor familiären und gesellschaftlichen Krisen, vor Inflation, den Kriegen, dem Klimawandel und Naturkatastrophen. Sie fühlen sich massiv in ihrer Sicherheit bedroht, die Welt ist für sie ein gefährlicher Ort.

Nicht selten verfolgen die Grübeleien sie bis in den Schlaf – mit dramatischen Folgen. Die erholsame Bettruhe kommt zu kurz, ständige Müdigkeit und Konzentrationsstörungen im Alltag sind die Folgen. Dazu kommen weitere körperliche Ausdrucksformen der Angst wie Kopf- und Rückenschmerzen, Herzrasen, Herzrhythmusstörungen, Schwindel, Übelkeit und Muskelverspannungen. Die Symptome müssen nicht gleichzeitig auftreten. Sie wechseln sich ab oder treten in Kombination auf, mal weniger, mal mehr. Die mentale Habachtstellung führt den Körper in eine Daueranspannung.

Vielen Betroffenen ist durchaus bewusst, dass ihnen die ständigen Sorgen nicht guttun und ihnen die Kraft und Freude am Leben rauben – was die negative Gedankenspirale zusätzlich verstärkt: Sie sorgen sich zusätzlich über ihre Besorgtheit. Ein wesentliches Ziel der Therapie der generalisierten Angststörung ist es, diese Sorgenspirale zu durchbrechen.

Alarmsignal Panikstörung: Wenn die Angst den Körper lahmlegt

Plötzlich Panik, das Herz rast bis zum Zerspringen, eisige Schauer laufen über den Rücken, kalter Schweiß bricht aus, Übelkeit steigt auf, Atemnot und das Gefühl, gleich zu ersticken: In eine solche Situation bin ich einmal geraten, als ich nach einer Grippe mit sehr hohem Fieber Vorhofflimmern bekam. Mein Herz schlug nicht mehr, es pumpte nicht mehr richtig – es schlug gefühlt in alle Richtungen.

Ich hatte panische Angst: Angst, dass mein Herz aufhört zu schlagen, Angst, dass mein Herz transplantiert werden muss, Angst, dass ich sterbe. Zumal es schon meine zweite »Herzgeschichte« war: Beim ersten Mal hatte ich nach einer Grippe eine Herzmuskelentzündung bekommen, die mich zuerst auf die Intensivstation brachte und dann noch monatelang ans Bett fesselte. Von hundert auf null, und das als Chefarzt mit gerade mal 40 Jahren … Für einen Arzt ist das eine einschneidende Erfahrung. Man erlebt die Hilflosigkeit vielleicht sogar doppelt: Als Patient kann man bei dieser Erkrankung nicht viel zu seiner eigenen Genesung beitragen, aber als Arzt kennt man alle Risiken und Eventualitäten, die ein »normaler« Patient nicht kennt. Doch zum Glück ging es wieder gut aus.

Panikattacken gehören zu den quälendsten Angststörungen überhaupt. Viele Betroffene berichten von ihrer Furcht, die Kontrolle zu verlieren, ohnmächtig zu werden oder zu sterben. Weitere Symptome sind Mundtrockenheit, Zittern, Engegefühl im Hals, Druck oder Engegefühl in der Brust, Übelkeit, Schwindel, Taubheit oder Kribbeln. Das Tückische an einer Panikattacke ist, dass sie die Betroffenen plötzlich überfällt, ohne erkennbare äußere Auslöser. Allerdings treten Panikattacken oft auch in oder nach Phasen von großem Stress auf, etwa wenn jemand einen schwerkranken Familienangehörigen pflegt und dieser dann ins Krankenhaus muss – also nun gut versorgt ist. Die pflegende Person kommt endlich zur Ruhe – und dann baut der Körper den Stress durch einen heftigen Adrenalinstoß ab.

Auch das Berufsleben fordert uns vieles ab, häufig ist es durch große Anspannung und Leistungsdruck gekennzeichnet. Allerdings geben nur die wenigsten ihre Ängste oder Überforderung zu, häufig herrscht die Vorstellung, dass man stark und furchtlos sein muss – Angst gilt vielfach immer noch als ein Zeichen der Schwäche. In diesem Sinn kann man Panikattacken als ein Ventil verstehen, über das sich der Körper und die Seele entlasten – auch wenn es sich nicht so anfühlt. Für die allermeisten Betroffenen sind Panikattacken zunächst eine traumatische Erfahrung, die sich ins Gedächtnis einbrennt und die sie fortan mit allen Mitteln vermeiden wollen. Indem sie zum Beispiel Situationen meiden, in denen die Attacke aufgetreten ist. Nicht selten tritt eine Panikattacke in Verbindung mit Platzangst auf.

Agoraphobie: Wenn der Fluchtweg fehlt

Viel geläufiger als das Fachwort »Agoraphobie« ist der umgangssprachliche Begriff »Platzangst« – allerdings ist er irreführend: Mit einer Angst vor öffentlichen Plätzen hat eine Agoraphobie wenig zu tun. Vielmehr haben die Betroffenen Angst in bestimmten *Situationen* und versuchen, diese zu vermeiden. Sie haben Angst davor, unter bestimmten Rahmenbedingungen in Panik zu geraten, ohnmächtig zu werden, mit einem Schwindelanfall oder einer Herzattacke zusammenzubrechen.

Meistens handelt es sich um Orte, an denen es schwierig wäre, einen Arzt zu rufen, oder an denen man peinlich auffallen würde, wenn man Angst hätte: auf öffentlichen Plätzen, im Aufzug, im Bus oder im Flugzeug. Viele Betroffene entwickeln Vermeidungsstrategien, um nicht in vermeintlich gefährliche Situationen zu geraten, sie benutzen zum Beispiel nicht mehr die öffentlichen Verkehrsmittel oder gehen, statt bequem mit dem Aufzug zu fahren, lieber zwölf Stockwerke zu Fuß. Im Extremfall kann sich der Aktionsradius derart einschränken, dass sich die Betroffenen nicht mehr aus ihren eigenen vier Wänden heraustrauen.

Psychologen raten von diesen Vermeidungsstrategien ab, weil sie die Gefahr bergen, sich zu verselbstständigen. Das Gehirn lernt: »Ich kann die Angst durch Vermeidung umgehen, also wende ich diese Strategie auch auf andere Situationen an.« Besser ist es, sich der Angst bewusst auszusetzen, also dosiert agoraphobische Situationen auszuhalten, um zu erkennen: Es passiert mir nichts, ich falle nicht in Ohnmacht. Aber das erfordert viel Mut – und oft auch professionelle Hilfe.

Spezifische Phobien: Angst vor Höhen, Hühnern und Spritzen

Bei spezifischen Phobien ist es besonders deutlich zu beobachten, wie Ängste den rationalen Teil unseres Gehirns schachmatt setzen können. Patienten mit einer solchen Form der Angststörung haben zum Beispiel Angst vor Spritzen (so erging es mir ...), dem Überqueren hoher Brücken oder Angst vor Hühnern. Den meisten ist es durchaus bewusst, dass ihre Angst nicht berechtigt ist, trotzdem stehen sie extreme Ängste aus, wenn sie nur eine Spritze sehen. Auch Situationen können Phobien auslösen, viele haben Höhenangst, trauen sich nicht, eine Leiter hochzuklettern oder von einem Balkon herunterzublicken.

Manchmal kann auch der Kontext phobische Ängste auslösen. Ich kenne zum Beispiel einen Arzt, der im Operationssaal professionell und souverän mit Blutungen jeglicher Art umgeht. Aber – so berichtete er mir – als er mit seinem Kind an einer Unfallstelle auf der Straße vorbeiging und sein Kind die sich ausbreitende Blutlache beobachten wollte, wurde ihm speiübel und er schaffte es gerade so, an der Unfallstelle vorbeizukommen, ohne sich zu übergeben. Dieses Beispiel ist sicherlich nicht typisch, zeigt aber, wie unterschiedlich sich Phobien zeigen können.

Häufig wird die angstauslösende Situation gemieden, was im Alltag durchaus möglich ist. Schließlich muss niemand Hühner streicheln oder Blutlachen anschauen. Als Krankheit gilt eine Phobie erst dann, wenn die Angst oder das Vermeidungsverhalten das normale Leben erheblich beeinträchtigen. Spezifische Phobien gehören zu den häufigsten Angsterkrankungen in Deutschland. Auch Flugangst gehört in diese Kategorie.

Soziale Angststörung: »Das kann ich nicht!«

Schüchterne Menschen kennen die Scheu, vor anderen einen Vortrag zu halten oder sich in einer fremden Gruppe locker am Smalltalk zu beteiligen. Bei Menschen mit einer sozialen Phobie ist die Angst, von anderen kritisch betrachtet und negativ bewertet zu werden, extrem stark vorhanden. Sie befürchten daher ständig, dass sich andere über ihr Aussehen, ihr Auftreten oder ihre Äußerungen lustig machen könnten.

Dahinter kann eine besondere genetische Veranlagung stehen, möglich sind auch Veränderungen in der Informationsverarbeitung in bestimmten Hirnregionen, ein schwaches Selbstwertgefühl und (zum Teil von familiären Einflüssen ausgelöste) Annahmen wie: »Ich bin nicht gut genug.« »Ich bin nicht schön genug.« »Ich weiß zu wenig, um kompetent urteilen zu können.« Die Liste lässt sich beliebig fortsetzen.

Wahrscheinlich begünstigt die weltweite Krisensituation das Auftreten von sozialen Angststörungen. So zeigt eine Studie aus dem (Corona-)Jahr 2020 mit jungen Menschen (16 bis 29 Jahre) aus Brasilien, China, Indonesien, Russland, Thailand, USA und Vietnam, dass 36 Prozent der Teilnehmenden die Schwellenkriterien für eine soziale Angststörung erfüllten – also erheblich mehr als in früheren Berichten.[171]

Besonders schwer fällt es Betroffenen, sich anderen in Situationen zu präsentieren, in denen alle Blicke auf sie gerichtet sind, zum Beispiel, wenn sie sich in einem Meeting zu Wort melden oder sich in ein Streitgespräch begeben müssen. Allein die Vorstellung löst seelische Qualen aus.

Hinter der Angst vor Kritik steckt auch die Angst vor Ablehnung, deshalb haben die Sozialphobiker oft auch im privaten Bereich Probleme, Kontakt aufzunehmen. Etwa, wenn es darum geht, eine fremde Person anzusprechen, zu einer Behörde oder zu einem zu Arzt gehen, eine Frau oder einen Mann kennenzulernen oder sich zu einer Verabredung zu treffen. Situationen wie diese werden von den Betroffenen häufig vermieden.

Eine soziale Angststörung kann sich in unangenehmen, von Betroffenen oft als peinlich empfundenen Symptomen wie Erröten, Zittern der Hände, Übelkeit oder Harndrang ausdrücken. Wie bei allen Angsterkrankungen empfehlen Psychologen, sich bewusst zu machen, dass die negativen Gedanken nicht die Realität, sondern die eigenen Gefühle und Glaubenssätze widerspiegeln. Therapeuten können helfen zu verstehen, woher die Angst kommt, warum sie auch im Erwachsenenalter noch so stark ist und wie man lernen kann, positiv mit ihr umzugehen.

Trennungsangst: Vom Horror des Alleinseins

Ein Neugeborenes weiß noch nichts über die Gefahren, die ihm drohen. Dass das Leben ein Wagnis ist, weiß es vielleicht schon – auf einer sehr tiefen Ebene. Und dass es dieses Wagnis nicht ohne Verbündete bestehen kann. Vielleicht sucht es deshalb Kontakt durch Gesten und Laute. Vielleicht ist das die erste Form von Mut – und im Idealfall sind die Eltern mit bedingungsloser Liebe für ihr Kind da. Ohne ihre Fürsorge könnte das hilflose Neugeborene nicht überleben. Und auch ohne ihre Liebe nicht.

Wie existenziell diese emotionale Zuwendung ist, zeigt das grausame Experiment von Kaiser Friedrich II., das der Monarch im 13. Jahrhundert durchgeführt haben soll. Um die »Ursprache« zu finden, ließ der Kaiser Säuglinge isolieren. Ammen fütterten und wickelten zwar die Babys, jegliche emotionale und sprachliche Zuwendung war ihnen aber untersagt. So hoffte der Kaiser, die menschliche Ursprache zu entdecken, zu der die Kinder frei von äußerer Beeinflussung finden sollten. Doch dazu kam es nicht: alle Babys starben. »Sie vermochten nicht zu leben ohne das Händepatschen und das fröhliche Gesichterschneiden und die Koseworte ihrer Ammen«, notierte der Kaiser.

Was zeigt, wie sehr wir als soziale Wesen die Sicherheit fester Bindungen benötigen. Deshalb fangen viele kleine Kinder an zu weinen, wenn ihre Mutter oder ihr Vater den Raum verlässt. Die Trennungsangst hat hier ihren Ursprung – und ist per se noch nicht problematisch. Schlimm wird es aber für Kinder, die unter krankhaften Trennungsängsten leiden. Sie erleben es als unerträglich, sich von ihren Bezugspersonen zu verabschieden. Sie werden von quälenden Ängsten geplagt, für sie wichtige Menschen könnten lebensbedrohlich erkranken, verunglücken oder gar entführt werden. Aus Angst wollen sie nicht in Kindergarten oder Schule gehen, Großeltern oder Freunde besuchen. Hinzu kommen Trennungsalbträume, Bauch- oder Kopfschmerzen bis hin zu Übelkeit und Erbrechen.[172] Auch Erwachsene können von Trennungsangst betroffen sein, bei ihnen kann sich die Störung zu Agoraphobie und Panikattacken ausweiten.

Raus aus dem Trauma

Sie kommen nicht raus aus dem Trauma? Holen Sie sich professionelle Hilfe. Bitte. Bei der professionellen Behandlung von Traumata – also in der Praxis, nicht nur bei Ihnen zu Hause in Eigenregie – gibt es heute mehrere vielversprechende Methoden, die speziell als Therapie gegen Posttraumatische Belastungsstörung (PTBS) sowie Angststörungen entwickelt wurden.

EMDR (Eye Movement Desensitization and Reprocessing)

Der sperrige Name lässt sich mit »**Desensibilisierung und Verarbeitung durch Augenbewegung**« übersetzen. Entwickelt wurde diese Therapieform von Dr. Francine Shapiro Ende der 1980er Jahre. Zu diesem Zeitpunkt war die Psychotherapeutin an Krebs erkrankt und ging im Park spazieren. Dabei stellte sie fest, dass sich beunruhigende Gedanken und Ängste verflüchtigt hatten – allein durch den Blick auf die Alleebäume von einer Seite zur anderen. Als sie darüber nachdachte, fiel Shapiro ein, dass sie dabei ihre Augen schnell hin- und herbewegt hatte. Aus dieser Zufallsentdeckung entwickelt die Therapeutin das EMDR-Verfahren. In den Sitzungen versetzt sich die Patientin gedanklich in die traumatische Situation – gleichzeitig folgt sie mit den Augen dem sich schnell nach links und rechts bewegenden Finger des Therapeuten. Wie genau EMDR wirkt, ist noch nicht bekannt. Aber es funktioniert. Die Wirksamkeit der Methode bei Traumafolgestörungen wie der PTSB ist mittlerweile wissenschaftlich in über 20 Studien gut belegt und wird von der WHO anerkannt. Meistens reichen schon einige Sitzungen, und die Erinnerung an das belastende Erlebnis löst kaum noch schlimme Empfindungen aus.

TRE (Tension and Trauma Releasing Exercises)

Diese Therapiemethode stammt von dem amerikanischen Traumaforscher David Berceli. Er war viele Jahre in Krisengebieten unterwegs, um dort Menschen zu helfen, die körperliche sowie seelische Verletzungen durch Krieg und Gewalt erlitten hatten. Dabei musste Berceli auch Bombenangriffe erdulden. Während er mit anderen Menschen im Schutzbunker saß, beobachtete er an sich und den anderen zwei zentrale Reaktionen auf die Angriffe: Zum einen spannen wir in jeglicher Art von Stressreaktion die Muskulatur an. Zum anderen entlädt unser Körper den Stress direkt nach dem Erleben durch Zittern. Heute unterdrücken viele diese körperliche Reaktion, weil sie als Zeichen von Schwäche angesehen wird. Die Verspannung setzt sich im Körper fest. Berceli entwickelte verschiedene Übungen, die das **therapeutische Zittern** bewusst auslösen sollen.

Seine Idee: Die nicht entladene Erregung zu lösen und den Körper – und damit die Seele – aus der Erstarrung zu führen. Der Vorteil des neurogenen Zitterns ist, dass die Übungen leicht zu erlernen sind und ohne Aufwand ausgeübt werden können. TRE wird hierzulande vor allem als Bestandteil alternativer Therapien angeboten.

EFT (Emotional Freedom Techniques)

Diese Methode (übersetzt in etwa: »**Techniken für emotionale Freiheit**«) wurde Anfang der 1990er Jahre in den USA als Verfahren zur Selbstheilung entwickelt und wird dem Bereich der energetischen Psychologie zugeordnet. Beim EFT werden verschiedene Energiepunkte am Körper abgeklopft. Daher ist die EFT-Therapie auch als **Klopftherapie**, Klopftechnik oder Klopfakupressur bekannt. Verschiedene Studien haben die Wirksamkeit der EFT bewiesen, insbesondere bei der Posttraumatischen Belastungsstörung (PTBS). Die Methode wurde unter anderem bei aktiven Soldaten als auch Veteranen in der US-Militärbasis Fort Hood untersucht.

Es hat sich gezeigt, dass EFT bei PTBS, Angstzuständen und Depression zu einer deutlichen Verbesserung der Symptome führte. Neurologen erklären die Wirkung von EFT so: Durch das Klopfen bestimmter Punkte am Körper kommt es zu einer körperlich spürbaren Entspannung, während sich der mentale Fokus auf das Problem, zum Beispiel die Angst, richtet. Beide Informationen – Entspannung und Problem – werden gleichzeitig an das Gehirn weitergeleitet. Angst kann aber nicht mit Wohlbefinden einhergehen. Das Gehirn löst diesen Widerspruch auf, indem es dem Problem eine neue Bedeutung gibt – nun ohne Angst.

Raus aus der Angst!
Ihr 8-Punkte-Notfallplan

Was tun bei diffuser oder plötzlicher Angst?

1. Tief ausatmen: Langsam und tief in den Bauch ein- und ausatmen. Das beruhigt den Körper.
2. Singen oder summen: Sobald sich Angst oder Panik melden, singen oder summen Sie. Ganz egal, was, und noch mehr egal, wie »schief«. Singen nimmt der Angst die Wucht.
3. Den Fokus ändern: Konzentrieren Sie sich auf eine Sache, eine Farbe, ein Geräusch in der Umgebung. Das lenkt das Hirn ab.
4. Sinne reizen: Lassen Sie ein Gummiband auf das Handgelenk oder die Handinnenfläche schnalzen. Oder: Riechen Sie an etwas intensiv Duftendem, essen Sie etwas Scharfes, berühren Sie etwas Spitzes – gerade so intensiv, dass das Gehirn sich mit diesem Sinnesreiz beschäftigt und keinen Platz für Angst hat.
5. Spannung runter: Treppe rauf- oder runterlaufen, einmal um den Block spazieren, mit den Armen rudern, auf und ab springen – das baut Spannungen ab.
6. Ohren massieren: Mit einer Ohrmuschelmassage regen Sie den Parasympathikus an. Er signalisiert dem Gehirn, dass es die Stressreaktion beenden soll.
7. Ein sicherer Ort: Suchen Sie sich einen ruhigen, gemütlichen Ort, an dem Sie sich entspannen können.
8. Reden: Wenn möglich, sprechen oder telefonieren oder chatten Sie mit jemandem, dem Sie vertrauen (und der im Idealfall tiefenentspannt bleibt, egal was kommt).

Was tun, wenn man in der Grübelfalle sitzt?

1. Halt, halt, halt! Das geht: Mit einem lauten »Stopp« das Gedankenkarussell anhalten. Wenn nötig mehrmals.
2. Aufschreiben: Angstgedanken und Sorgen in klaren Sätzen zu Papier bringen. Laut vorlesen. Immer wieder, bis die Sätze wie Scheinriesen in sich zusammenfallen.
3. Bewegen: Laufen, schwimmen, spazieren gehen – Bewegung macht den Kopf frei.
4. Rein in den Flow! Basteln, kochen, gärtnern, musizieren, mit den Kindern spielen – tun Sie etwas, das Ihre ganze Aufmerksamkeit auf sich zieht. Dann hat die Angst keinen Platz mehr.
5. Dankbarkeit üben: Jeden Tag schöne Dinge aufschreiben, für die man dankbar ist. Das lenkt den Fokus wieder auf das, was gut läuft im Leben.
6. Miteinander reden: Tauschen Sie sich mit guten Freunden oder mit liebevollen Familienmitgliedern aus, um neue Perspektiven auf Ihre Angst und für Ihr Leben zu entwickeln.
7. Mehr Achtsamkeit: Üben Sie sich in Achtsamkeit oder versuchen Sie zu meditieren, um leichter ins Hier und Jetzt zurückzukommen.
8. Knoten lösen: Raus aus dem Sorgenmachen, rein ins Handeln. Entwickeln Sie (vielleicht mit der Hilfe von anderen) konkrete Schritte, um die Probleme zu lösen, die Sie grübeln lassen. Wenn diese Probleme nicht zu lösen sind (zum Beispiel bei einer chronischen Krankheit), versuchen Sie, eine neue Haltung zu sich selbst und zu Ihrem Leben zu entwickeln (auch das braucht vielleicht Unterstützung von außen).

Was tun bei Prüfungsangst und Lampenfieber?

1. Tief in den Bauch atmen: Atmen Sie immer wieder bewusst tief ein und langsam aus, um Ihre Nervosität zu reduzieren. Während der Vorbereitung, kurz vor dem Termin und wenn möglich auch während der Prüfung oder des Vortrags.
2. In Bildern denken: Stellen Sie sich Ihren Erfolg im Detail vor. *Und* stellen Sie sich konkret vor, wie Sie im Vorfeld Ablenkungen (Stichwort: Aufschieberitis) widerstehen.
3. Üben, üben, üben: In sicherem Rahmen, oft und effektiv üben. Es führt kein Weg daran vorbei.
4. Pausen machen: Vorbereitung muss sein, aber in der Vorbereitung müssen auch Pausen sein – das entspannt nicht nur, sondern befeuert die Kreativität.
5. Bewegen: Sport, Spaziergänge und sogar Geschirrspülen bauen Stress ab.
6. Positive Affirmationen: Wiederholen Sie positive Affirmationen (»Nur Mut!« »Jetzt erst recht!«) um Ihr Gehirn zu überzeugen: »Du schaffst das!«
7. Paradoxe Intention: Wenn Ihre Hände zittern, versuchen Sie, bewusst noch mehr zu zittern. Dann hört das Zittern auf. (Unbedingt ausprobieren!)
8. Was wäre, wenn? Stellen Sie sich vor, wie es wäre, wenn wirklich eintritt, wovor Sie Angst haben: Was passiert schlimmstenfalls? Und wäre das wirklich der Weltuntergang?

Was tun, wenn der Humor verloren geht?

1. Hallo Absurdistan: Übertreiben Sie in Gedanken, schriftlich oder im Gespräch mit anderen das, was Ihnen Angst macht. Immer mehr, bis die Angst absurd erscheint. Werfen Sie dem Schicksal die Torte ins Gesicht! (Nicht sich selbst.)

2. Raus aus der Rolle: Betrachten Sie Ihre Situation von oben oder von außen: als Fliege auf der Gardinenstange, als Alien, als Publikum in einem Theaterstück. Innerer Abstand hilft, festgefahrene Perspektiven zu verändern – und Probleme zu lösen.

3. Soundtrack-Trick: In beängstigenden Situationen denken Sie sich einen Comic-Soundtrack; wenn Sie es geschafft haben, Ihre Angst zu konfrontieren – dann denken Sie sich epische Musik.

4. Heimliche Helfer: Denken Sie sich einen unsichtbaren Sidekick, der Sie durch den Tag begleitet.

5. Verkehrte Welt: Was könnte Ihre Situation jetzt noch viel schlimmer machen? Diese verdrehte Perspektive lässt Angst-Scheinriesen implodieren.

6. Lachyoga: Wenn die Wolken allzu schwarz werden, lachen Sie an einem geschützten Ort (etwa im Auto) extra lange und laut. So absurd das auch aussieht: Lachen regelt die Angst herunter, das Immunsystem rauf und macht gute Laune.

7. Mitlachen: Podcasts, YouTube-Videos und Twitterperlen: Warum nicht jeden Tag ein paar Minuten über den Humor der anderen lachen? Das hilft, inneren Abstand zu finden.

8. Sich selbst nicht so wichtig nehmen: Die eigene Verantwortung sehr ernst nehmen. Das eigene Ego nicht so.

LEBEN, LIEBEN, LACHEN – Dankeschön …

… euch und Ihnen allen, die mir in diesen Zeiten der Multikrisen mit unermüdlicher Tatkraft und Fröhlichkeit eng zur Seite gestanden haben. Trotz allem! *Leben, Lieben und Lachen und mutig handeln,* anstatt sich vor Angst »in die Hose zu machen« und behandeln zu lassen – das ist meine Lebensdevise. Und war sie auch schon immer. Sie ist ansteckend. Liebsten Dank für die Geduld und die mentale und emotionale Kraft, die vor allem Ihr mir dafür gebt, liebe Anja und lieber Ben und Ihr, meine lieben Kinder, lieber Till, liebe Friederike und liebe Charlotta mit Euren Familien. Ebenso ein liebes Dankeschön an dich, lieber Georg Francken, als Kopf meines *Go Getter*- Redaktionsteams, der du, wie immer in unserer langjährigen Zusammenarbeit, die gesamte Manuskriptentstehung großartig geleitet hast. Ganz besonders herzlich danke ich dabei Frau Elke Polomski aus dem Team, die mich so engagiert, inspirierend und unermüdlich redaktionell bis zuletzt unterstützte. Auch Tore Reichelt sei sehr gedankt für die vielen wichtigen Denkanstöße zur Buchgenese. Und last but not least geht mein großes Dankeschön an die Lektorin Frau Ginolas vom Ludwig-Verlag mit ihrem tollen Organisationsteam. Sie hatte immer ein offenes Ohr und sehr bereichernde Ideen für *Leben ohne Angst*. In diesem Zusammenhang danke ich von ganzem Herzen Frau Jacoby, die das gesamte Werk so akribisch lektoriert und inhaltlich sowie wissenschaftlich gegengecheckt hat. Danke auch für den so guten Gedankenaustausch zwischendurch. Über das große Vertrauen des gesamten Ludwig/Penguin Random House-Teams in mich und meine Arbeit freue ich mich riesig.

Herzlichst, euer *Dietrich Grönemeyer*

ANMERKUNGEN

1 So der treffende Titel eines Fassbinder-Films aus dem Jahr 1974.

2 Knischek, S.: Lebensweisheiten berühmter Philosophen. 4000 Zitate von Aristoteles bis Wittgenstein. Humboldt 2009

3 Ebd.

4 Scharbert, J., Reiter, T., Sakel, S., et al: *A global experience-sampling method study of well-being during times of crisis: The CoCo project.* Social and Personality Psychology Compass 2023 https://doi.org/10.1111/spc3.12813

5 Die Forscher Anselm Strauss und Barney Glaser nannten diese seltsame Art der Kommunikation »das rituelle Drama der wechselseitigen Täuschung«. Glaser, B.G; Strauss, A.L.: *The ritual drama of mutual pretense,* in: The Awareness of Dying. Aldine 2005 [1965], S.64–78.

6 Hitzer, B.: Krebs fühlen. Eine Emotionsgeschichte des 20. Jahrhunderts. Klett-Cotta 2020, S. 14 (Kindle-Version)

7 Höhl, S.: *Spinnefeind: Angst vor Schlangen und Spinnen ist in uns angelegt.* Max-Planck-Institut für Kognitions- und Neurowissenschaften 2017, www.cbs.mpg.de/1663736/research_report_11848386

8 Newsweek: *Drowning on Dry Land.* Newsweek.com vom 22.05.1994, update 13.03.2010. www.newsweek.com/drowning-dry-land-188750

9 Focus Magazin: *Der Berg spricht.* 75. Geburtstag von Reinhold Messner. www.focus.de/reisen/suedtirol/weil-ich-angst-habe-brauche-ich-mut-legende-messner-diktiert-sein-alphabet-des-lebens_id_11113754.html

10 Adolphs, R.; Mlodinow, L.; Barrett, L.F.: *What is an emotion?* Current Biology 2019, doi:10.1016/j.cub.2019.09.008

11 Fehr, B.; Russell, J.A.: *Concept of emotion viewed from a prototype perspective. Journal of Experimental Psychology: General* 1984, https://doi.org/10.1037/0096-3445.113.3.464 Jüngere Definitionen des gleichen Autors: *Core affect and the psychological construction of emotion.* Psychological Review 2003, https://doi.org/10.1037/0033-295X.110.1.145; *Introduction to Special Section: On Defining Emotion. Emotion Review 2012,* https://doi.org/10.1177/1754073912445857

12 Humphreys, R.K.; Ruxton, G.D.: *A review of thanatosis (death feigning) as an anti-predator behaviour*. Behavioral Ecology and Sociobiology 2018, https://doi.org/10.1007/s00265-017-2436-8

13 https://asknature.org/strategy/opossums-feign-death-to-evade-predators/

14 Vielleicht kennen Sie diese Geschichte aus meinem Buch: Medizin verändern. Heilung braucht Zuwendung, Vertrauen und Mut zu neuen Wegen. Ludwig 2022, S. 239 ff

15 Die Leitlinie wurde 2014 erstmals veröffentlicht und 2021 aktualisiert. Sie wurde unter Beratung und Moderation durch die Arbeitsgemeinschaft der Wissenschaftlichen Medizinischen Fachgesellschaften (AWMF) von einem Gremium erstellt, das 20 Fachverbände aus den Bereichen Psychotherapie, Psychologie, Psychosomatische Medizin, Psychiatrie und Allgemeinmedizin sowie Patienten- und Selbsthilfevertreter umfasste. https://register.awmf.org/assets/guidelines/051-028p_S3_Behandlung-von-Angststoerungen_2022-07.pdf

16 https://register.awmf.org/assets/guidelines/051-028p_S3_Behandlung-von-Angststoerungen_2022-07.pdf

17 Werner, J.: Tagesrationen. Ein Alphabet des Lebens. Tertium Datur2014, S. 25

18 Knischek, S.: Lebensweisheiten berühmter Philosophen. 4000 Zitate von Aristoteles bis Wittgenstein. Humboldt 2009

19 Werner, J.: Tagesrationen. Ein Alphabet des Lebens. Tertium Datur2014, S. 220

20 Original: »Panic is highly contagious, especially in situations when nothing is known and everything is in flux.« King, S.: The Dark Tower IV. Wizard and Glass. Scribner 2016, S. 657

21 Das Klassifikationssystem wird von der Weltgesundheitsbehörde (WHO) erstellt und fortlaufend aktualisiert. Die neue Version ICD-11 wurde im Mai 2019 verabschiedet und trat am 1. Januar 2022 in Kraft. https://icd.who.int/en

22 https://simon-schnetzer.com/blog/jugend-in-deutschland-2024-veroeffentlichung-der-trendstudie/

23 *Jüngere Generation würde lieber in der Vergangenheit leben.* Süddeutsche Zeitung vom 23.04.2022. www.sueddeutsche.de/leben/gesellschaft-juengere-generation-wuerde-lieber-in-der-vergangenheit-leben-dpa.urn-newsml-dpa-com-20090101-220423-99-12306

24 Gemeint ist eine Angststörung laut der aktuellen »DSM-Kriterien«. Die Abkürzung »DSM« steht für »Diagnostic and Statistical Manual of Mental Disorders« und wird herausgegeben von der »American Psychiatric

Association for classification of mental disorders«. Mittlerweile wird mit der fünften Ausgabe dieses »Manuals« gearbeitet, im Fachjargon: DSM-5.

25 Niermann, H. et al.: *Anxiety disorders among adolescents and young adults: Prevalence and mental health care service utilization in a regional epidemiological study in Germany. Journal of anxiety disorders* 2021, https://doi.org/10.1016/j.janxdis.2021.102453.

26 Craske, M.; Stein, M.; Eley, T. et al: *Anxiety disorders. Nature Reviews Disease Primers 2018,* https://doi.org/10.1038/nrdp.2017.24.

27 Die Sehnsucht nach »Ganzheitlichkeit« ist mehr als einhundert Jahre alt – man denke nur an die »Lebensreformbewegung« um das Jahr 1900.

28 Vgl. Grönemeyer, D.: Medizin verändern. Heilung braucht Zuwendung, Vertrauen und Mut zu neuen Wegen. Ludwig Verlag, S. 247

29 https://www.sozialministerium.at/dam/jcr:e1beb699-ae23-4c12-b326-47413772247e/praevalenz_des_burnout_syndroms_in_oesterreich_zusammenfassung_der_studie_barrierefrei.pdf

30 https://de.statista.com/themen/161/burnout-syndrom/#topicOverview; https://de.statista.com/statistik/daten/studie/239869/umfrage/arbeitsunfaehigkeitstage-aufgrund-von-burn-out-erkrankungen/

31 Freudenberger, H. J.: *Staff Burn-Out.* Journal of Social Issues 1974, https://doi.org/10.1111/j.1540-4560.1974.tb00706.x
Siehe auch: Fontes, F.: Herbert J. *Freudenberger and the making of burnout as a psychopathological syndrome.* Memorandum Memória e História em Psicologia 2020, https://doi.org/10.35699/1676-1669.2020.19144

32 Pro Tag sind das eine Stunde und 17 Minuten, rein rechnerisch beträgt die Engagement-Lücke also 43,8 Prozent. Enorm, aber schon kleiner als 2012/2013, als der Gender Care Gap noch bei 52,4 Prozent lag. www.destatis.de/DE/Themen/Gesellschaft-Umwelt/Einkommen-Konsum-Lebensbedingungen/Zeitverwendung/_inhalt.html

33 www.who.int/news/item/28-05-2019-burn-out-an-occupational-phenomenon-international-classification-of-diseases (Im Original in englischer Sprache)

34 www.rki.de/DE/Content/Gesundheitsmonitoring/Gesundheitsberichterstattung/GBEDownloadsT/depression.pdf?__blob=publicationFile
Gastpar, M.: *Depression und Komorbidität.* In: Stoppe, G.; Bramesfeld, A.; Schwartz, F.W. (Hrsg): Volkskrankheit Depression? Bestandsaufnahme und Perspektive. Springer 2006, S. 278–286

35 Koutsimani, P.; Montgomery, A.; Georganta, K.: *The Relationship Between Burnout, Depression, and Anxiety: A Systematic Review and Meta-Analysis. Frontiers in Psychology* 2019, https://doi.org/10.3389/fpsyg.2019.00284

36 Muschalla, B.; Fay, D.; Linden, M.: *Self-reported workplace perception as indicators of work anxieties. Occupational medicine* 2016, https://doi.org/10.1093/occmed/kqv160.

37 www.t-online.de/gesundheit/aktuelles/id_100172822/deutschland-studie-jeder-zweite-hat-regelmaessig-angst-vor-der-arbeit.html

38 www.aok.de/pp/bv/pm/fehlzeiten-report-2023

39 Im Jahr 2023 machten die Arbeitnehmer und Arbeitnehmerinnen in Deutschland rund 583 Millionen bezahlte und ca. 702 Millionen unbezahlte Überstunden. https://de.statista.com/statistik/daten/studie/76945/umfrage/ueberstunden-der-arbeitnehmer-in-deutschland-seit-2000/

40 www.sueddeutsche.de/wissen/steinzeit-arbeitskultur-arbeitszeit-1.5252375; www.faz.net/aktuell/wirtschaft/regelmaessige-arbeitszeiten-wie-die-menschen-fleissig-wurden-11519136.html

41 https://de.statista.com/statistik/daten/studie/1066248/umfrage/geschaetzte-entwicklung-der-weltbevoelkerung/

42 Vgl. Baumann, Z.: Liquid Fear. Fließende Angst. Edition Konturen 2021, S. 8 f.

43 Hitzer, B.: Krebs fühlen: Eine Emotionsgeschichte des 20. Jahrhunderts. Klett-Cotta 2020, S.28–29 (Kindle-Version)

44 Ebda. S. 416 f.

45 Ebd. S. 136–137

46 Bude, H.: Gesellschaft der Angst. Hamburger Edition 2014, S. 14.

47 Hitzer, S. 53 – 54

48 Hitzer, S. 55

49 Im Original: *The Hero with a Thousand Faces, 1949*

50 https://de.statista.com/statistik/daten/studie/1055110/umfrage/zahl-der-toten-nach-staaten-im-zweiten-weltkrieg/

51 Böll, H.: Heimat und keine. Schriften und Reden 1964–1968, dtv 1985. Zitiert nach: www.dra.de/de/entdecken/1945-der-krieg-ist-aus/ums-nackte-ueberleben-deutschland-nach-kriegsende

52 Zitiert nach Janker, K.: *Die Kinder der Traumatisierten*. Süddeutsche Zeitung vom 12.09.2015. www.sueddeutsche.de/politik/spaetfolgen-des-zweiten-weltkriegs-die-kinder-der-traumatisierten-1.2632536

53 Siehe auch Lethen, H.: *Verhaltenslehren der Kälte. Lebensversuche zwischen den Kriegen.* Suhrkamp 1994; zu Haarer: www.wikiwand.com/de/Die_deutsche_Mutter_und_ihr_erstes_Kind

54 Reddemann, L.: Kriegskinder und Kriegsenkel in der Psychotherapie. Folgen der NS-Zeit und des Zweiten Weltkriegs erkennen und bearbeiten – eine Annäherung. Klett-Cotta 2018, S. 81

55 Bude, H.: Gesellschaft der Angst. Hamburger Edition 2014, S. 10

56 www.ruv.de/newsroom/themenspezial-die-aengste-der-deutschen

57 www.rheingold-marktforschung.de/gesellschaft/deutschland-auf-der-flucht-vor-der-wirklichkeit/

58 https://de.wikipedia.org/wiki/Fangen; https://web.archive.org/web/20130416162643/http://www.philhist.uni-augsburg.de/lehrstuehle/germanistik/sprachwissenschaft/ada/runde_2/f11/

59 Reddemann, L.: Kriegskinder und Kriegsenkel in der Psychotherapie. Folgen der NS-Zeit und des Zweiten Weltkriegs erkennen und bearbeiten – eine Annäherung. Klett-Cotta 2018

60 Biess, F.: Republik der Angst. Eine andere Geschichte der Bundesrepublik. Rowohlt 2019

61 Biess, F.: Republik der Angst. Eine andere Geschichte der Bundesrepublik. Rowohlt E-Book 2019, S.21 (Kindle Version)

62 Hitzer, S. 429 – 430

63 Siehe dazu: Boltanski, L.; Chiapello, E.: Der neue Geist des Kapitalismus. UVK Verlagsgesellschaft 2003

64 Lengfeld, H.; Hirschle, J.: *Die Angst der Mittelschicht vor dem sozialen Abstieg. Eine Längsschnittanalyse 1984–2007*. Zeitschrift für Soziologie 2009, https://doi.org/10.1515/zfsoz-2009-0503.

65 Weis, B.; Witte, S.: *Die Sehnsucht nach Sicherheit*. Geo Wissen 2016. www.geo.de/magazine/geo-wissen/58-rtkl-angst-die-sehnsucht-nach-sicherheit

66 www.umweltbundesamt.de/themen/klima-energie/erneuerbare-energien/erneuerbare-energien-in-zahlen#uberblick

67 www.faz.net/aktuell/wirtschaft/so-viele-erwerbstaetige-wie-noch-nie-in-deutschland-19420688.html

68 Charf, D.: Auch alte Wunden können heilen. Wie Verletzungen aus der Kindheit unser Leben bestimmen und wie wir uns davon lösen können. Penguin Random House Verlagsgruppe 2018, S. 75–76

69 Brisch, K. H.(Hrsg.): Trauma und Bindung zwischen den Generationen. Vererbte Wunden und Resilienz in Therapie, Beratung und Prävention. Klett-Cotta 2022, S. 359 (Kindle-Version)

70 Ebd., S. 361 f.

71 Ebd., S. 365

72 www.deutsche-traumastiftung.de/trauma/

73 Reddemann, L.; Dehner-Rau, C.: Trauma. Folgen erkennen, überwinden und an ihnen wachsen. Ein Übungsbuch für Körper und Seele. Trias Verlag 2008, S. 35

74 Bode, S.: »Deutsche Kriegsenkel durchbrechen die Mauer des Schweigens«. In: Brisch, K. H. (Hg.): Trauma und Bindung zwischen den Generationen. Vererbte Wunden und Resilienz in Therapie, Beratung und Prävention. Klett-Cotta 2022, S. 73–92, hier S. 83 (Kindle-Version)

75 Wenn schlimme Erfahrungen von Eltern an ihre Kinder weitergegeben werden, spricht die psychologische Forschung von *transgenerationaler Weitergabe*; sind die Erlebnisse besonders schrecklich und grausam, von *transgenerationalem Trauma.*

76 Einer der ersten Artikel zu diesem Thema erschien 1966, in dem die kanadische Psychiaterin Vivian M. Rakoff und ihre Kollegen hohe Raten psychischer Störungen bei Kindern von Holocaust-Überlebenden beschrieben: Rakoff, V.M.: *Long term effects of the concentration camps.* Viewpoint 1966. Siehe auch: Sigal, J.J.; Rakoff, V.: *Concentration Camp Survival: A Pilot Study of Effects on the Second Generation.* Canadian Psychiatric Association Journal 1971, https://doi.org/10.1177/070674377101600503

77 Das Wort Epigenetik setzt sich zusammen aus *Genetik* (= Vererbungslehre) und *Epigenese*, das aus dem Altgriechischen stammt und so viel wie »nachträgliche Entstehung« bedeutet (*epí* = auf, dazu, außerdem). Die Epigenetik ist ein relativ junger Forschungszweig. Sie erforscht die Eigenschaften von Genen, die nicht direkt durch die DNA selbst erklärt werden können, sondern durch Mechanismen, die nachträglich durch Umwelteinflüsse oder Stress entstehen, und die die Funktionsweise unserer Gene massiv beeinflussen – obwohl sie die Gene selbst gar nicht verändern.

78 Die mikroskopisch kleinen Histonspulen bezeichnen Biologen als »Nuklesom«, die Summe aller Nuklesome als »Chromatin«.

79 Zoller, S.: *Unser Umfeld ist entscheidend.* Interview mit Isabelle Mansuy. Taz.de vom 25.01.2021, https://taz.de/Forscherin-ueber-Epigenetik/!5744430/

80 Yehuda, R.; Daskalakis, N.P.; Bierer, L.M. et al: *Holocaust Exposure Induced Intergenerational Effects on FKBP5 Methylation.* Biological Psychiatry 2016, doi:10.1016/j.biopsych.2015.08.005

81 Matosin, N.; Halldorsdottir, T.; Binder, E.B.: *Understanding the Molecular Mechanisms Underpinning Gene by Environment Interactions in Psychiatric Disorders: The FKBP5 Model.* Biological Psychiatry 2018, doi:10.1016/j.biopsych.2018.01.021; siehe auch www.spektrum.de/news/epigenetik-psychotherapie-fuer-die-gene/1737168

82 Franklin, T.B.; Linder, N.; Russig, H.; Thöny, B.; Mansuy, I.M.: *Influence of early stress on social abilities and serotonergic functions*

across generations in mice. PLoS One 2011, doi:10.1371/journal.pone.0021842.

83 Dias, B.G.; Ressler, K.J.: *Parental olfactory experience influences behavior and neural structure in subsequent generations*. Nature Neuroscience 2014, doi:10.1038/nn.3594

84 Švorcová, J.: *Transgenerational Epigenetic Inheritance of Traumatic Experience in Mammals*. Genes 2023, doi:10.3390/genes14010120. Full Text: www.mdpi.com/2073-4425/14/1/120

85 Watzlawick, P.: Anleitung zum Unglücklichsein. Piper Verlag 1983, S. 37–46, hier S. 37–38

86 Stubbs, B.; Koyanagi, A.; Thompson, T. et al.: *The epidemiology of back pain and its relationship with depression, psychosis, anxiety, sleep disturbances, and stress sensitivity: Data from 43 low- and middle-income countries*. General Hospital Psychiatry 2016, doi:10.1016/j.genhosppsych.2016.09.008

87 Fernandez, M.; Colodro-Conde, L.; Hartvigsen, J. et al: *Chronic low back pain and the risk of depression or anxiety symptoms: insights from a longitudinal twin study*. The Spine Journal 2017, doi:10.1016/j.spinee.2017.02.009

88 Mostofsky, E.; Maclure, M.; Sherwood, J.B. et al: *Risk of acute myocardial infarction after the death of a significant person in one's life: the Determinants of Myocardial Infarction Onset Study*. Circulation 2012, doi:10.1161/CIRCULATIONAHA.111.061770

89 Amin, H.Z.; Amin, L.Z.; Pradipta, A.: *Takotsubo Cardiomyopathy: A Brief Review*. The Journal of Medicine and Life 2020, doi:10.25122/jml-2018-0067

90 Steptoe, A.; Kivimäki, M.: *Stress and cardiovascular disease. Nature Reviews Cardiology 2012,* https://doi.org/10.1038/nrcardio.2012.45; Osborne, M.T.; Shin, L.M.; Mehta, N.N. et al: *Disentangling the Links Between Psychosocial Stress and Cardiovascular Disease.* Circulation: Cardiovascular Imaging 2020, doi:10.1161/CIRCIMAGING.120.010931

91 Karl, J.P.; Hatch, A.M.; Arcidiacono, S.M., et al.: *Effects of Psychological, Environmental and Physical Stressors on the Gut Microbiota*. Frontiers in Microbiology 2018, doi:10.3389/fmicb.2018.02013

92 Devakumar, D.; Birch, M.; Osrin, D. et al: *The intergenerational effects of war on the health of children*. BMC Medicine 2014, doi:10.1186/1741-7015-12-57

93 Lamichhane, N.; Olsen, N.J.; Mortensen, E.L. et al.: *Associations between maternal stress during pregnancy and offspring obesity risk later*

in life-A systematic literature review. Obesity Reviews 2020, doi:10.1111/obr.12951

94 Li, J.; Olsen, J; Vestergaard, M. et al.: *Prenatal stress exposure related to maternal bereavement and risk of childhood overweight.* PLoS One 2010, doi:10.1371/journal.pone.0011896

95 Das Zitat stammt von Jean-Paul Sartre, zitiert nach Eribon, D.: Eine Arbeiterin. Leben, Alter und Sterben. Suhrkamp Verlag. Kindle-Version 2024, S. 212

96 Siehe mein gleichnamiges Buch: Es gibt nur eine Welt für alle. Zeit zu handeln. Fischer 2021

97 Raspe, M.; Koch, P.; Zilezinski, M. et al.: *Arbeitsbedingungen und Gesundheitszustand junger Ärzte und professionell Pflegender in deutschen Krankenhäusern.* Bundesgesundheitsblatt – Gesundheitsforschung – Gesundheitsschutz 2019, https://doi.org/10.1007/s00103-019-03057-y.
Full Text: https://link.springer.com/article/10.1007/s00103-019-03057-y; zum Thema Substanzmissbrauch: Pförringer, D.; Mayer, R.; Meisinger, C. et al.: *Health, risk behaviour and consumption of addictive substances among physicians – results of an online survey. Journal* of Occupational *Medicine and Toxicology* 2018, doi:10.1186/s12995-018-0208-7

98 www.pwc.de/de/gesundheitswesen-und-pharma/fachkraeftemangel-im-deutschen-gesundheitswesen-2022.html

99 www.dw.com/de/warum-deutschland-f%C3%BCr-pflegekr%C3%A4fte-kaum-attraktiv-ist/a-62604761

100 www.faz.net/aktuell/wirtschaft/unternehmen/stress-bei-der-arbeit-betroffene-leiden-werden-aber-besser-bezahlt-19044912.html; zu einem vergleichbaren Ergebnis für Europa kommen Rigó, M.; Dragano, N.; Wahrendorf, M. et al.: *Work stress on rise? Comparative analysis of trends in work stressors using the European working conditions survey.* International Archives of Occupational and Environmental Health 2020, https://doi.org/10.1007/s00420-020-01593-8

101 TK: #whatsnext: Gesund arbeiten in der hybriden Arbeitswelt. www.tk.de/press/themen/praevention/gesunder-arbeitsplatz/whatsnext-studie-gesund-arbeiten-in-der-hybriden-arbeitswelt-2145332

102 www.dak.de/dak/bundesthemen/muedes-deutschland-schlafstoerungen-steigen-deutlich-an-2108960.html#/

103 www.aok.de/pp/bv/pm/fehlzeiten-report-2023

104 www.kfw.de/%c3%9cber-die-KfW/Service/Download-Center/Konzernthemen/Research/Indikatoren/KfW-ifo-Fachkr%c3%a4ftebarometer/

105 www.zdf.de/nachrichten/wirtschaft/fachkraeftemangel-wirtschaft-hoechststand-100.html

106 Rollwage, M.; Fleming, S. M.: *Confirmation bias is adaptive when coupled with efficient metacognition*. Philosophical Transactions of the Royal Society: Biological Sciences 2021, doi:10.1098/rstb.2020.0131

107 Gupta, P.; Gupta, M.; Koul, N.: *Overdiagnosis and overtreatment; how to deal with too much medicine.* Journal of Family Medicine and Primary Care 2020, doi:10.4103/jfmpc.jfmpc_433_20

108 https://archive.researchworld.com/bias-in-the-spotlight-cognitive-ease/

109 Bude, H.: Gesellschaft der Angst. Hamburger Edition 2014, S. 92

110 Ebd.

111 Ebd., S. 17: »Man könnte sage, dass Angst im Unterschied zu den 1930er Jahren damit zu einer persönlichen und privaten Angelegenheit wird, die sich sozialer Beschreibung und somit öffentlicher Befassung entzieht.«

112 Ebd., S. 21

113 www.bertelsmann-stiftung.de/de/themen/aktuelle-meldungen/2021/dezember/die-mittelschicht-in-deutschland-broeckelt

114 www.ifo.de/pressemitteilung/2023-08-07/mittelschicht-deutschland-leicht-geschrumpft

115 Baumann, Z.: Liquid Fear. Fließende Angst. Edition Konturen 2021, S. 191

116 Ebd., S. 255

117 Berning, C.C.; Schlueter, E.: *The dynamics of radical right-wing populist party preferences and perceived.group threat: A comparative panel analysis of three competing hypotheses in the Netherlands and Germany.* Social Science Research 2016, doi:10.1016/j.ssresearch.2015.09.003

118 »Make America great again« war Donald Trumps Wahlkampfmotto im US-amerikanischen Wahlkampf 2015/16; »I'll make Britain great again« versprach Boris Johnson im britischen Wahlkampf 2019. Wohl, M.; Stefaniak, A.; Smeekes, A.: *Days of Future Past: Concerns for the Group's Future Prompt Longing for Its Past (and Ways to Reclaim It). Current Directions in Psychological Science 2020,* https://doi.org/10.1177/0963721420924766.

119 Bude, H.: Gesellschaft der Angst. Hamburger Edition 2014. S. 15

120 Mau, S.; Lux, T.; Westheuser, L.: Triggerpunkte. Konsens und Konflikt in der Gegenwartsgesellschaft. Suhrkamp Verlag 2023

121 Agarwala, A.: *Wir haben viel zu verlieren*. Die ZEIT vom 17.08.2023.

www.zeit.de/2023/35/deutschland-krise-psychologie-dominik-enste Volltext: www.iwkoeln.de/presse/interviews/48.html

122 Lawrence, D.H.: *On Insouciance*. In: Boulton, J.T., ed.: D. H. Lawrence. Late Essays and Articles. Vol 2. Cambridge University Press 2004, S. 94–97. Vgl. auch Watt Smith, T.: Das Buch der Gefühle. dtv Verlagsgesellschaft 2017. Englischer Volltext: www.crisrieder.org/thejourney/wp-content/uploads/2022/04/The-Book-of-Human-Emotions-An-Encyclopedia.pdf

123 www.mpg.de/19179857/0906-bild-wie-beeinflusst-die-natur-das-gehirn-149835-x

124 www.mpib-berlin.mpg.de/pressemeldungen/zusammenhang-zwischen-natur-und-hirngesundheit?c=58887

125 https://worldhappiness.report/ed/2024/happiness-of-the-younger-the-older-and-those-in-between/#ranking-of-happiness-2021-2023

126 Irvine, K.; Warber, S.: *Greening healthcare: practicing as if the natural environment really mattered. Alternative therapies in health and medicine* 2002, PMID: 12 233 806. www.researchgate.net/publication/11156361_Greening_Healthcare_Practicing_as_if_the_natural_environment_really_mattered

127 www.science.org/doi/10.1126/science.1192439; www.spektrum.de/news/das-gehirn-beim-tagtraeumen/140186

128 Niazi, A. K.; Niazi, S. K.: *Mindfulness-based stress reduction: a non-pharmacological approach for chronic illnesses.* North *American Journal* of Medicine & *Science* 2011, doi:10.4297/najms.2011.320

129 Bandelow, B.; Reitt, M.; Röver, C. et al.: *Efficacy of treatments for anxiety disorders: a meta-analysis. International Clinical Psychopharmacology 2015,* https://doi.org/10.1097/YIC.0000000000000078.

130 Andrews, G.; Basu, A.; Cuijpers, P. et al.: *Computer therapy for the anxiety and depression disorders is effective, acceptable and practical health care: An updated meta-analysis. Journal of anxiety disorders 2018,* https://doi.org/10.1016/j.janxdis.2018.01.001.

131 www.instagram.com/reel/C2-czXWMEi2/?igsh=ejE5anVlaW14eDU3

132 Als ausgekoppeltes Bilderbuch für Kinder: Ende. M.: Jim Knopf und der Scheinriese. Thienemann 2008 (Bearbeitet von Beate Dölling)

133 Killingsworth, M.A.; Gilbert, D.T.: *A wandering mind is an unhappy mind.* Science 2010, DOI: https://doi.org/10.1126/science.1192439

134 Dobos, G.; Paul, A. (Hrsg): Mind-Body-Medizin. Die moderne Ordnungstherapie in Theorie und Praxis. Elsevier, Urban & Fischer 2011, S. 188

135 Brewer, J.: *Mindfulness training for addictions: has neuroscience revealed a brain hack by which awareness subverts the addictive process? Current Opinion* in Psychology 2019, doi:10.1016/j.copsyc.2019.01.014. Siehe auch: https://unwindinganxiety.com/articles/anxiety-habit-loop/

136 https://sz-magazin.sueddeutsche.de/gesundheit/zwangsgedanken-zwang-gefahr-93712?reduced=true

137 www.ndr.de/kultur/musik/Neurobiologe-Gerald-Huether-ueber-die-heilende-Wirkung-des-Singens,singen276.html

138 Lee, Y.; Kim, M.; Park, H.: *Effects of a laughter programme with entrainment music on stress, depression, and health-related quality of life among gynaecological cancer patients. Complementary therapies in clinical practice 2020,* https://doi.org/10.1016/j.ctcp.2020.101118.; Bude, H., S. 153: »Der mittelalterliche Mensch empfand das Lachen als Sieg über die Angst.«

139 Dionigi, A.; Duradoni, M.; Vagnoli, L.: *Humor and anxiety: The relationship between the comic styles, worry and general well-being. Personality and Individual Differences* 2021, https://doi.org/10.1016/J.PAID.2021.111028.

140 Christie, W.; Moore, C.: *The impact of humor on patients with cancer. Clinical journal of oncology nursing 2005,* https://doi.org/10.1188/05.CJON.211-218.

141 www.glanzundelend.de/Artikel/abc/a/hannah_arendt.htm

142 www.daserste.de/specials/ueber-uns/onlinestudie-2023-100.html

143 Lally, P.; Jaarsveld, C.; Potts, H.; Wardle, J.: *How are habits formed: Modelling habit formation in the real world. European Journal of Social Psychology 2010,* https://doi.org/10.1002/EJSP.674.

144 Vgl. die sehr treffende Beschreibung dieses Zusammenhangs hier: Bachim, S.: Therapie to go. 100 Psychotherapie Tools für mehr Leichtigkeit im Alltag. Remote Verlag 2024, Kapitel 18

145 Doyle, C.: *Wie virtuelle Welten bei der Therapie helfen können*. Deutschlandfunkkultur.de vom 02.06.2022, www.deutschlandfunkkultur.de/spinnenphobie-virtuelle-realitaet-therapie-100.html

146 Woo, A.: *Depression and Anxiety in Pain. British Journal of Pain 2010,* https://doi.org/10.1177/204946371000400103.

147 Wade, T.; Nehmy, T.; Koczwara, B.: *Predicting worries about health after breast cancer surgery. Psycho-Oncology 2005,* https://doi.org/10.1002/pon.866.

148 Dabei setzen die Nervenzellen bei der Informationsübertragung ein chemisches Signal frei, einen sogenannten Neurotransmitter. Der

Vagusnerv nutzt hauptsächlich Acetylcholin, kurz ACh, das eine entzündungshemmende Wirkung besitzt. Wenn also der Vagusnerv nicht optimal arbeiten kann, besteht die Gefahr, dass sich überall im Körper Entzündungen ausbreiten und dass diese dann beispielsweise zu Krankheiten wie Morbus Crohn oder Alzheimer führen.

149 Abdul, Q.; Yu, B.; Chung, H. et al.: *Epigenetic modifications of gene expression by lifestyle and environment.* Archives of Pharmacal Research 2017, https://doi.org/10.1007/s12272-017-0973-3.

150 Dadon, S.; Reifen, R.: *Vitamin A and the epigenome. Critical Reviews in Food Science and Nutrition 2017,* https://doi.org/10.1080/10408398.2015.1060940.

151 Ferioli, M.; Zauli, G.; Maiorano, P. et al.: *Role of physical exercise in the regulation of epigenetic mechanisms in inflammation, cancer, neurodegenerative diseases, and aging process.* Journal of Cellular Physiology 2019, https://doi.org/10.1002/jcp.28304.

152 Mandolesi, L.; Polverino, A.; Montuori, S. et al.: *Effects of Physical Exercise on Cognitive Functioning and Wellbeing: Biological and Psychological Benefits. Frontiers in Psychology 2018,* https://doi.org/10.3389/fpsyg.2018.00509.

153 Kashimoto, R.; Toffoli, L.; Manfredo, M. et al.: *Physical exercise affects the epigenetic programming of rat brain and modulates the adaptive response evoked by repeated restraint stress. Behavioural Brain Research 2016,* https://doi.org/10.1016/j.bbr.2015.08.038.

154 www.pharmazeutische-zeitung.de/wie-sich-koerperliche-aktivitaet-auf-die-epigenetik-auswirkt-137184/; Duncan, G.E.; Avery, A.; Maamar, M.B. et al.: *Epigenome-wide association study of systemic effects of obesity susceptibility in human twins*. Epigenetics 2023, doi:10.1080/15592294.2023.2268834

155 Nietzsche, F.: Ecce homo. Originalausgabe 1888. www.zeno.org/Philosophie/M/Nietzsche,+Friedrich/Ecce+Homo/Warum+ich+so+klug+bin.

156 **Zum Thema Mobbing**: Chenevert, M.; Vignoli, M.; Conway, P.M. et al.: *Workplace Bullying and Post-Traumatic Stress Disorder Symptomology: The Influence of Role Conflict and the Moderating Effects of Neuroticism and Managerial Competencies*. International Journal of Environmental Research and Public Health 2022, doi:10.3390/ijerph191710646; Brande, W.; Baillien, E.; Witte, H. et al.: *The role of work stressors, coping strategies and coping resources in the process of workplace bullying: A systematic review and development of a comprehensive model. Aggression*

and Violent Behavior 2016, https://doi.org/10.1016/J.AVB.2016.06.004. **Selbstmanagement bei Angst am Arbeitsplatz**: Villaggi, B.; Provencher, H.; Coulombe, S. et al: *Self-Management Strategies in Recovery From Mood and Anxiety Disorders. Global* Qualitative *Nursing Research* 2015, doi:10.1177/2333393615606092 Koeske, G. F.; Kirk, S. A.; Koeske, R. D.: *Coping with Job Stress: Which Strategies Work best?* Journal of Occupational & Organizational Psychology 1993, http://dx.doi.org/10.1016/0022-3999(67)90010-4Dijkstra, M.; Homan, A.: *Engaging in Rather than Disengaging from Stress: Effective Coping and Perceived Control.* Frontiers in Psychology 2016. https://doi.org/10.3389/fpsyg.2016.01415
Job-Angst-Skala der Charité Berlin: https://psychosomatik.charite.de/forschung/forschungsgruppe_psychosomatische_rehabilitation_fpr/arbeitsplatzbezogene_aengste/ Paper dazu: https://www.researchgate.net/publication/247397848_Die_Job-Angst-Skala_JAS_Ein_Fragebogen_zur_Erfassung_arbeitsplatzbezogener_Angste
Intervention für kognitive Umstrukturieren der Universität Potsdam: www.uni-potsdam.de/fileadmin/projects/klinische-psychologie/Intervention_Kognitives_Neubewerten.pdf
Intervention **für mehr Selbstmitgefühl der Universität Potsdam**: www.uni-potsdam.de/fileadmin/projects/klinische-psychologie/Intervention_Selbstmitgef%C3%BChl.pdf

157 Hintergründe dazu, siehe: www.uni-potsdam.de/de/klinische-psychologie/index/forschungsschwerpunkte/scham-und-soziale-angsstoerungen

158 Siehe dazu vor allem Dijkstra, M.; Homan, A.: *Engaging in Rather than Disengaging from Stress: Effective Coping and Perceived Control.* Frontiers in Psychology 2016, https://doi.org/10.3389/fpsyg.2016.01415

159 www.uni-potsdam.de/fileadmin/projects/klinische-psychologie/Intervention_Selbstmitgef%C3%BChl.pdf

160 Connor, M.; Hargreaves, E.; Scanlon, O. et al.: *The Effect of Acute Exercise on State Anxiety: A Systematic Review. Sports 2023,* https://doi.org/10.3390/sports11080145.

161 www.uni-potsdam.de/fileadmin/projects/klinische-psychologie/Intervention_Kognitives_Neubewerten.pdf

162 Schug, C.; Morawa, E.; Geiser, F. et al: *Social Support and Optimism as Protective Factors for Mental Health among 7765 Healthcare Workers in Germany during the COVID-19 Pandemic: Results of the VOICE Study. International Journal of Environmental Research and Public Health 2021,* https://doi.org/10.3390/ijerph18073827.

163 Deindl, C.; Brandt, M.; Hank, K.: *Social Networks, Social Cohesion, and Later-Life Health. Social Indicators Research 2016,* https://doi.org/10.1007/S11205-015-0926-5.

164 Dazu spannend: Pinker, S.: Aufklärung jetzt. Für Vernunft, Wissenschaft, Humanismus und Fortschritt. Eine Verteidigung. S. Fischer 2018.
Siehe auch die kritische Rezension von Dierks, B.: *Aufklärung jetzt.* Deutschlandfunk.de vom 19.11.2018, www.deutschlandfunk.de/steven-pinker-aufklaerung-jetzt-100.html

165 www.iwkoeln.de/studien/michael-huether-dominik-h-enste-jennifer-potthoff-zur-widerstandsfaehigkeit-von-wirtschaft-staat-und-gesellschaft-in-der-transformation.html

166 https://www.welt.de/vermischtes/plus246128166/Klimaaktivisten-Man-schuert-eine-irrationale-Angst-die-krankhafte-Zuege-annimmt.html

167 https://cleanriverproject.de/team/stephan-horch/

168 www.umweltbundesamt.de/themen/klima-energie/erneuerbare-energien/erneuerbare-energien-in-zahlen#uberblick. Gemeint ist damit die Menge an Energie, die in Deutschland *hergestellt* (also nicht importiert) wurde. Ja, Deutschland importiert auch immer wieder Strom aus anderen europäischen Ländern, der auch aus Atommeilern stammt. Der Anteil ist aber zahlenmäßig gering: www.handelsblatt.com/unternehmen/energie/energieversorgung-so-abhaengig-ist-deutschland-von-strom-aus-dem-ausland/29238638.html

169 Wolters, D: *Selbstbestimmung, ein Essay.* In: Thomas Knubben, Uta Kutter, Huber Klöpfer (Hrsg.): Wächst das Rettende auch? Eine Preisfrage. Kröner 2021; S. 35–45, hier S. 44

170 Das Klassifikationssystem wird von der Weltgesundheitsbehörde (WHO) erstellt und fortlaufend aktualisiert. Die neue Version ICD-11 wurde im Mai 2019 verabschiedet und trat am 1. Januar 2022 in Kraft. https://icd.who.int/en

171 Jefferies, P.; Ungar, M.: *Social anxiety in young people: A prevalence study in seven countries. PLoS ONE 2020,* https://doi.org/10.1371/journal.pone.0239133;
Schmitz, J.; Hoyer, J.: *Soziale Angststörung.* In: Schnell, T.; Schnell, K. (Hrsg.): Handbuch Klinische Psychologie. Springer 2019, https://doi.org/10.1007/978-3-662-45995-9_4-1

172 www.kli.psy.ruhr-uni-bochum.de/kkjp/team/public/Schneider%20Journals/2019/Sommer%20(2019)%20Nicht%20ohne%20dich.pdf